JN255642

現代社会政策の
フロンティア

12

妻の就労で夫婦関係は
いかに変化するのか

三具淳子 著

ミネルヴァ書房

社会政策にかかわる研究の飛躍的な発展のために
──現代社会政策のフロンティアの発刊に際して──

　現代は、社会政策システムの転換期にある。

　第二次世界大戦後における日本の社会政策システムには、その主要な前提の一つとして、男性労働者とその家族の生活が企業にふかく依存する、という関係があった。この依存関係は、いわゆる高度経済成長期と、それにつづく安定成長期のどちらにおいても、きわめて強固であった。その依存は、労働者の企業への献身と表裏であり、日本の経済的パフォーマンスの高さの主要な源泉ともみなされていた。

　しかし、バブル経済が崩壊し、1990年代に経済が停滞するなかで、この依存関係は大きく揺らぐこととなった。そして、この揺らぎとともに、社会のさまざまな問題が顕在化するようになった。それまでの社会政策システムが行き詰まったこと、これが明白になったのである。

　とはいえ、現在までのところ、これに代わる新しい社会政策システムが形成されたわけではない。それどころか、どのような社会政策システムが望ましいのかについて、社会的な合意が形成されたとはいえず、むしろ、諸見解の間に鋭い対立がみられる。そして、これに類似する社会状況は、現代日本のみならず、他の国にも存在する。総じていえば、20世紀後半に先進諸国の社会政策が機能する前提であった諸条件が失われたのであり、まさに現代は社会政策システムの転換期である。

　このような社会状況のもとで、ひろい意味の社会政策システムにかかわる研究を飛躍的に発展させる必要性を、私たちはつよく感じている。研究を発展させ、それによって豊富な知的資源を蓄積し、新しい社会政策システムをより望ましいものとするために役立てたいと考えている。

　社会政策システムにかかわる研究とは何かについて、私たちはひろい意味に理解している。政府による社会保障制度や税制、教育、福祉、医療、住宅などの社会サービス施策、雇用と労働にかかわる諸施策等々の研究は、もとよりこれに含まれる。また、これら分野の少なからずは、政府による諸施策のみでは十分な成果を期待できず、NPO／NGO、労働組合／協同組合、社会的企業などの機能も等しく重要である。したがって、それらに関連する事項の研究も含まれよう。そして、諸政策が取り上げるべき問題やその担い手に関する研究も不可欠であり、大いに期待される。

　これらについての新しい研究成果は蓄積されつつあり、より広範な読者を得る機会を待っている。私たちは、さまざまな研究成果に目を配り、より広範な読者との出会いを促したいと考える。

　2010年12月

現代社会政策のフロンティア

監修者　岩田正美　遠藤公嗣　大沢真理　武川正吾　野村正實

妻の就労で夫婦関係はいかに変化するのか

目　次

いま夫婦に何が起こっているのか

1　「働くこと」と夫婦

　女性の働き方は多様である。既婚者については，1970年代半ば以降専業主婦は減少し，なかでも結婚のスタートから一貫して専業主婦であり続ける人はますます少なくなってきている。一方で，女性労働力の活用が叫ばれながらも，中断することなく就業を継続する人は限定的である。この2つの極のはざまにあって，ある時期はフルタイムの仕事に従事して共働きを経験し，ある時期は仕事を辞め専業主婦となり，またある時期はパートタイムの仕事に就いて家計を支えるというように，労働市場との断続的な関わりをもつ女性が大半を占めている。まさにM字型就労を体現している女性たちと言える。

　本書の出発点は，こうした就業状況の変化を多くの妻が経験するとき，夫婦関係に何が起こるのかを実証データにもとづいて解明したいと考えたところにある。これまでの夫婦関係研究においては，妻の働き方が異なる場合に，夫婦の関係性，特に夫婦の平等な関係性に違いがあることが示されてきた。しかし，この知見は，一時点の調査研究から得たデータを妻の就業状況によってカテゴライズし比較検討した結果である。妻の働き方が夫婦の関係に影響を与えるとすれば，現代の妻は断続的な就業行動をとることが多いため，異なるタイプの夫婦関係への移行を経験することになると予想される。だが，長期にわたる夫

婦関係を，これまで明らかにされてきたような異なるタイプの夫婦関係の単な
る接合として見るのは不十分である。現実の夫婦関係には経験の積み重ねとい
う側面が重みをもつことを考慮すると，実態としては，一時点における調査か
ら得られた異なるタイプの夫婦関係の断片を機械的につなぎ合わせたものとな
ることは想像しにくい。

　本書では，現実の夫婦が，夫婦という関係を継続させながらこの変化にいか
にして対応していくのか，「働くこと」をめぐって夫婦の間にどのようなネゴ
シエーションが繰り広げられるのかを，時間的次元を取り入れた縦断的な視点
から明らかにすることを試みる。ここで論じる「働くこと」とは，労働市場に
おける労働であり，賃金が支払われる労働のことである。

　妻の就業状況の変化に連動して生じる夫婦関係の変化およびその解釈，対応
をリアルな水準で把握，解析すること，および，そこで得た知見を家族研究に
位置づけるとともに，その社会学的意味を思索することが本書の目的である。

　この課題に取り組むにあたって使用する主要な理論枠組は夫婦の権力論であ
る。家族内外にみられる非対称的なジェンダー・アレンジメント[1]とそれがもつ
変化に対する抵抗力の大きさには，「権力」と呼ぶにふさわしい重大な何かが
存在しているとみられ，本書をとおしてこの現象の機制を解明していきたい。

2　「働くこと」をめぐる夫婦間相互行為を問うことの意義

　妻の就業行動に着目して夫婦関係を問うことは，家族研究およびジェンダー
研究において次のような意義をもつ。

男女間の平等化に向けたもう１つの役割シフトへのアプローチ

　本書では，家族領域における男女間の平等を性役割に規定されない夫婦間の
流動的な役割関係ととらえる。すなわち，男性＝生産労働，女性＝再生産労働

と性別によって異なる労働に男女が固定的に割り当てられるのではなく，男性も再生産労働へ，女性も生産労働へ偏りなく参画することが可能な状況を想定している。

そもそも性別役割分業は家族の内部領域と家族の外部領域を貫いて存在し，しかも，2つの領域間には，一方の領域が他方の領域の存続を支えるという相互関係が成立している。したがって，性別役割分業の解体あるいは弱体化が見られるとすれば，それはこれら2つの領域において連動して発現するものと考えられる。

しかし，現実には必ずしも2つの領域が同じようなスピードで変化しているわけではない。男女雇用機会均等法や男女共同参画社会基本法の整備にともなって，近年，家族の外部領域においては，たとえば，労働，教育，政治，経済などさまざまな分野において，十分とは言えないまでも，男女間の不平等を放置したり公然と是認することは許容されない環境が整ってきた。だが，家族の内部における男女間の不平等は意識化されにくく，また，たとえ意識化されたとしても改善は進みにくいため，その態様は「立ち往生した革命」（Hochschild 1989 = 1990）と称されている。

それでは，性別役割分業の解体あるいは弱体化はどのようにとらえられてきたのか。これまでの研究においては2つのアプローチが採られてきた。すなわち，男性の役割とされてきた生産労働に女性がどの程度進出したのかを問題にするアプローチと，女性の役割とされてきた再生産労働を男性がどの程度担うようになったのかを問題にするアプローチであり，それぞれについて何らかの指標を設定し調査・測定することによってその程度が評価され，また，変化の阻害要因が探求されてきた。

このとき，男性の家事・育児参加は，家族という私的領域における妻と夫の二者関係のなかでの再生産労働の平等分担を問題にするのに対して，女性の生産労働への参加に関しては労働市場という公的領域における問題として論じら

れることがほとんどであり，管見の限り，夫婦という関係のなかでの生産労働の平等分担という論点はほとんどテーマ化されてはこなかった。夫の家事・育児参加に関する膨大な研究蓄積とは対照的に，妻の生産労働への参加に関する研究は極めて手薄であったといえる。

　性別役割分業の乗り越えは，男性側の変化だけによって達成できるものではない。夫婦間においても男性側の役割シフトに見合う女性側の役割シフトがあってこそ実現可能な課題である。そうであるなら，これまでの研究においては，私的領域における男女の平等化議論においてこれをけん引する車の両輪のうちの１つが欠けていたと言わざるを得ない。

　女性一般ではなく妻の就業行動に着目するということは，夫婦という私的領域における男女間の平等化という問題を，女性の生産労働への参加という，これまで取り上げられてこなかったもう１つの役割シフトの方向から論じることである。

ミクロ・マクロのジェンダー・アレンジメントの結節点への注目

　女性の就業継続あるいは就業中断の要因に関するこれまでの研究においては，おもに育児休業などの制度面や職場環境，保育の充実度などが問題とされてきた。そうした家族の外部要因が重要であるのはもちろんであるが，妻にとっては，夫との関係が自らの就業行動を決定する重要なファクターである。とりわけ，子どもの生育をめぐって，１組の夫と妻のあいだで誰が生産労働を（どの程度）担い，誰が再生産労働を（どの程度）担うのかというミクロレベルの交渉に夫婦関係のありようは大きく作用する。そして，そこでの決定と実践が，結果としてマクロレベルの男女の非対称的な配置を作り上げている。妻の就業行動はこの意味で，ミクロ・マクロレベルにおけるジェンダー・アレンジメントの結節点ということができる。したがって，「働くこと」をめぐる夫婦間相互行為に着目することは，まさにそれが生成される現場に立って，社会におけ

るアンバランスなジェンダー・アレンジメントが形成されるメカニズムに迫ることを意味する。

「近代家族」の矛盾との対峙

　近代家族論が登場して20年以上が経過した。周知のとおりそのインパクトは非常に大きく，家族を論じる際には必ず参照されるべき重要な位置を占めている。その重要性は現在もゆらいではいない。これまで普遍的なものと思われてきた家族のありようが，実は，近代の社会経済的変化のなかで生まれた歴史限定的なものであり，したがって可変性をもつという知見は家族研究にとって画期的なものであった。

　「近代家族」は，近代国家の基礎単位としてその安定性が期待されたのと同時に，戦後日本を象徴する民主的な家族モデルとしての顔をもつ。だがその反面，家族という私的な関係のなかに権力関係が潜んでいることをフェミニズムは告発してきた。それは，夫婦は，自立し平等な個人である男女が愛情を媒介にして結合することを基本としていながら，性役割によってもたらされる従属関係のうえに成立し継続が可能になるという，相反する2つの論理が存在しているからである。

　ここで妻の就業，すなわち妻の生産労働への参加を問題にすることは，「近代家族」の矛盾に正面から向き合うことでもある。「近代家族」においては，結婚の入り口では平等であるはずの夫婦が，結婚がスタートした後は性役割によって妻は生産労働から退き，夫に扶養される立場に置かれることになる。だが，資本主義経済を基盤とした現代社会において，就業は個人の生存を左右する重大なポイントを含んでいる。それはまず，当然のこととして，自らが稼ぎ出す収入の有無あるいは多寡として現れる。しかし，それだけにとどまらず重要なのは，就業はさらに，職場での人的ネットワーク，仕事を通じて得られる社会的ネットワーク，知識，情報，社会的信用（金融機関での融資を含む）など

の多様なリソースにつながっている。そのため，男女の生産労働への参加における非対称は，単に収入における非対称の域を超えて，就業をとおして得られる多様なリソースの非対称を生む。そこに，リソースとの結びつきの強いほうと弱いほうとの間に権力関係が生じる。個人として経済的自立の基盤をもたない，あるいは脆弱であることの結果として，夫婦というダイアドにおいて，妻は夫への従属やライフチャンスの制限を余儀なくされる。個人の希望としては，当然，働かない（経済的に夫に依存する）という選択も否定されるべきものではないし，働かないことが何ら従属と意識されない場合もあるだろう。しかし，それにもかかわらず認識されるべきは，意識されずにすむのは夫婦の関係がうまくいっている限りでのことであり，「個々の関係のあり方によって顕在化しないことがある事態がここに存在しているということ，それが予件として，構造的な制約として働いている」（立岩 2006：15）という事実である。本書は，この事実が現代の夫婦にどのように受け止められ，そして個別夫婦にいかなる対応を迫るものとなっているのかを探求するものである。

3　本書の構成

　本書は，妻の就業と夫婦関係とのかかわりを，意識と実践に注目してとらえようとするものであり，妻の就業状況の変化によって夫婦の関係に何が起こるのか，あるいは「働くこと」をめぐって夫婦間にどのような相互行為が展開され，いかなる帰着を見るのか，そうした変化のプロセスを実証データにもとづいて描き出すことを目指す。この目的に向かって，以下では次のように論考を進めていきたい。

　まず，第1章「夫婦関係研究の到達点と課題」において，戦後の家族研究の大きな流れを整理し，近代家族論のインパクトの大きさと，しかし，その一方で近代家族が内包する矛盾については十分に議論が展開されなかった点を指摘

する。その結果として夫婦関係の平等化に関する研究にも偏りがみられたことについて述べる。

　第2章「共働き世帯の増加と夫婦関係分析の視点」では，妻の就業行動に変化が見られ始めた1990年代以降の注目すべき社会状況について示し，この時期の夫婦関係を分析するにあたって必要な視点を提示する。まず第1は，夫婦関係を外部社会との連続性においてとらえるため権力関係に注目すること，第2は，従来の一時点における横断的調査から得た，たとえば「フルタイム勤務者」「専業主婦」「パート勤務者」の妻からなる夫婦のカテゴリー間比較分析ではなく，夫婦関係の時間的な経過がとらえられるよう縦断的視点を取り入れること，第3は，ジェンダーを分析視点として採用することについて述べる。

　第3章以下では，現代の夫婦関係を読み解くために多元的なアプローチを試みる。まず，量的な調査データを用いマクロなレベルで夫婦の関係をとらえる。第3章「既婚女性の『経済的依存』の実態」では夫婦の経済的依存の状況とその変化をパネルデータを用いて示し，第4章「『働くこと』と夫婦関係に関する意識」では，夫婦関係の対等性と女性の経済的自立に関して女性がどのような意識をもっているかを大規模な量的調査データから明らかにする。

　これらを踏まえ，次に，質的な調査データにもとづきミクロなレベルにフォーカスする。多くの女性がたどる働き方に沿って，第5章「平等志向夫婦における妻の労働市場からの退出」では，夫婦へのインタビュー調査から，第1子出産において共働きの妻が労働市場から退出するプロセスとそのメカニズムを探り，第6章「妻の離職と夫婦関係の変容」では，共働きを辞めたあとの専業主婦経験が妻自身にはどのようなものとしてとらえられるのか，夫婦の関係はどのように変化するのかをたどる。第7章「妻の再就職と夫婦関係の再編」では，共働き，専業主婦を経験したのちに妻がパート・アルバイトなど何らかのかたちで再び職業に就くことで夫婦の関係はどのように変わるのかを，妻へのインタビュー調査から明らかにする。終章「ジェンダー・アレンジメン

ト変革への内なる挑戦」では，上記の実証研究の結果から得た知見をまとめ，現代の夫婦が直面している問題について考察する。

注

(1) 本書で使用する「ジェンダー・アレンジメント」という用語は，男性であるか女性であるかによって，人が特定の領域に割り振られていく態様とその結果としてのジェンダー配置を意味する。

Gender arrangement(s)は，英語圏ではR. Connell（2002：6）によって使用されており，日本では「ジェンダー配置」（たとえば，2003〜2007年度お茶の水大学21世紀COEプログラム「ジェンダー研究のフロンティア」のサブプロジェクトに「アジアにおける国際移動とジェンダー配置」が置かれている）として使われている。

一方，家父長制的な家族と国家の関係をジェンダー分業パターンを基準にして類型化するものとして，「ジェンダー・レジーム」という用語が使われている。また，Connellは，gender regime（訳では「ジェンダー体制」）を「特定の制度に関わる構造構成をさし示す概念」と呼んでおり，家族，国家，街頭を「ジェンダー体制」として挙げている（Connell 1987 = 1993：161）。これに対し江原由美子（2001）はコンネルが示した「ジェンダー体制」を，「性別カテゴリー」と「活動」「行動」を結びつける成文化されたあるいは慣習上の規定であると考え，これを把握するには状況／社会的場面の特定が重要であると指摘した。その結果，便宜的に〈家族〉〈職場〉〈学校〉〈社会的活動〉〈法律・諸制度〉〈儀礼〉〈メディア〉を「ジェンダー体制」として示している（江原 2001：182-243）。

本書では，こうした「性別カテゴリー」と「活動」「行動」を結びつける成文化されたあるいは慣習上の規定を視野に入れつつも，家族，職場などの場についてではなく，「性別カテゴリー」と「活動」「行動」が結びついた結果としての配置について論じることに重点を置いているため，「ジェンダー・アレンジメント」を使用している。

第1章
夫婦関係研究の到達点と課題

1　日本の「近代家族」研究に残された課題

　本章では，夫婦関係研究の到達点と課題を明らかにするが，それに先立って，本節では戦後日本の家族社会学の大きな流れをとらえ，次節で，夫婦関係研究にフォーカスして論じる。

　戦後日本の家族社会学は，欧米における研究の多大な影響をうけて発展してきた。欧米の研究は，いったいどのような関心のもとでどのようなテーマが追求されてきたのか，まず始めにこの点について整理し，ついで，日本の家族研究にとっても画期的な発見となった「近代家族」および，「近代家族」の発見によって発展をとげた家族研究および隣接領域の研究を概観する。そのうえで，近代家族論の影響力の大きさの陰で，取り残されてきた問題について論じていく。

欧米におけるモダン・ファミリー研究

　近代以前と以降の家族に見られる質的な違い，これが家族社会学における中心的テーマであった。その背景には，次の図1-1に明らかなように20世紀半ば以降のアメリカにおいて急速に離婚率が上昇したことから生じた，家族の不安定化に対する危機感の高まりがあった。

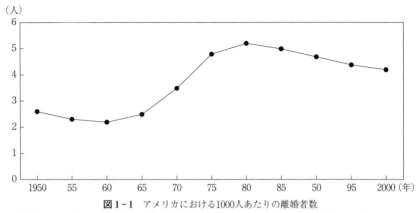

（人）

図1-1 アメリカにおける1000人あたりの離婚者数

（出典）Table 8.3 on P.4 of PDF of Section 2 of 2003 Statistical Abstract of the U.S., http://www.census. gov/prod/2004pubs/03statab/vitstat.pdf をもとに筆者作成。

　1949年に『社会構造』を著したアメリカの人類学者 G. Murdock は，そのなかで世界各地の250にのぼる社会に関する資料データを家族の形態に注目して分析し，核家族概念を確立したことで知られる。Murdock は「核家族」という用語を最初に使用したとされるが，これを1組の夫婦とその子どもたちからなるユニットとして定義し，1組以上の夫婦を含む大家族も核家族の集合として考えることができるとして，核家族こそ「人間の普遍的な社会的集団」であると主張した（Murdock 1949＝1986）。核家族論は，家族の基礎理論としてアメリカの T. Parsons らの社会学者にも影響を与えた。『家族』（Parsons & Bales 1955＝1981）は，全体社会とその下位体系としての家族との関連，家族を構成する（夫＝父・妻＝母からなる体系や母―子からなる体系などの）下位体系と家族との関係，パーソナリティの形成過程と家族の関わりに理論的関心が置かれており，構造―機能分析の代表的業績の1つと評価されている。子どもの社会化と大人のパーソナリティの安定化が家族の基本的な機能であることがそのなかで示された。[1]

　一方，Murdock の主張に対して，核家族をアメリカの産業化と結びつけて

とらえたのが W. Good（1963）であった。Good は，近代の家族をそれ以前の家族と識別する特徴は夫婦制家族にあるとした。夫婦制家族は，日常における親戚づきあいの減少，新居制，配偶者選択の自由，双系制，家族成員間の情緒的つながりを特徴とするものであるが，Good が重視したのはむしろ産業化と夫婦制家族を結びつける夫婦制家族のイデオロギーであった。夫婦制家族のイデオロギーは，個人の尊重や平等の概念を含んでおり，このイデオロギーが広く社会に浸透することで夫婦制家族への移行がスムーズに行われると考えたからであった。Good の注目した夫婦制家族は，産業化という一定の社会的・文化的条件のなかで見られる家族の特徴を示すものであり，その点で，Murdock の示した普遍的な核家族とは一線を画している。近代的な核家族として論じられているといえる。

　Murdock が家族の形態について論じたのに対して，E. Burgess と H. Locke（1945）は「制度から友愛」へという家族関係の情緒的側面に注目し，社会制度の１つとしての家族関係から，友愛に基づく家族関係への変化が近代の特徴であると主張した。Burgess と Locke，Good は，前近代社会では情緒的な関係が家族，特に，夫婦間で抑圧されていたが，近代化とともに解放されたという立場をとっており，この立場は E. Shorter にも引き継がれた（山田 1994：243）。

　Shorter（1975＝1987）は，カナダの歴史家であり近代家族概念の世界的普及に力があったとされるが，近代家族の〈愛情生活〉に関する人間の「心性」の変化に注目し，伝統的家族が近代家族へと変化した理由を次の３つの分野での感情の高まりによるものとした。第１は男女関係におけるロマンティック・ラヴの登場である。結婚相手を選ぶにあたって個人の幸福や自己陶冶が財産やリネージに優先するようになったことが挙げられている。第２は，母子関係における母性愛の出現，第３に，家族と周囲の共同体との間の境界線が明確化し，外界との絆は弱まり，家族との絆が強まる点である。

Shorter のこうした考えは，フランスの歴史学者 P. Ariès の『子どもの誕生』（1960 = 1980）に示された発見，すなわち，近代の家族が歴史的存在であるという発見とともに大きな影響力をもち，それまで家族の本質と考えられてきた親子や夫婦間の情緒的絆は近代家族という歴史限定的な家族において強調されるようになったものであるという認識が広く受け入れられるようになっていった。

　このように，欧米における家族社会学研究の大きな流れを概観すると，近代における家族への注目は，離婚率の上昇という家族崩壊の危機をどう乗り越えるかという強い関心のもとで，核家族という形態的側面と，ロマンティック・ラヴに代表される心性的側面の2点を中心に論じられてきたといえる。そして，この流れは戦後日本の家族社会学へと受け継がれていくこととなった。

日本における「近代家族」の発見

　戦前における日本の家族研究は，大きく分けて戸田貞三（1937）に代表される集団論的アプローチ[2]による家族論と，農村研究から家族の研究に接近した有賀喜左衛門（1943）や鈴木栄太郎（1940）らによる制度的アプローチ[3]による家族論の2つの流れとしておさえられる（石原 1992）。戦後にはいると，これら戦前からの研究の流れの継承ともいえる「伝統家族」を対象とした研究が存続する一方で，先に見たアメリカにおける家族研究の影響を受けて，現実に展開されている家族生活の諸側面をとらえようとする研究が台頭してきた（望月 1987）。

　前者に対して後者の研究関心が隆盛となるが，それは戦後日本で施行された新民法において民主的な家族が規定されたことによる。新憲法において，民主的な家族は個人の尊重と男女同権を基礎とすべきであるという理念に基づいており，欧米の家族に対するイメージがこれに重ねられ理想化されたのであった。すでに Murdock の核家族論は1950年代から日本に紹介されていたが，1960年

代にはいると，日本でも高度経済成長下において都市家族の急増によって世帯縮小と核家族化が現実のものとなったことを背景として，「核家族」という用語が訳語として定着した。ただし，核家族論が日本における家族社会学の理論的基礎として受け入れられるに至ったのは，10年以上におよぶ「核家族論争」を経たのちのことであった[4]。日本における「核家族」は，かつての権威主義的「家」との対比として，民主主義的家族としてとらえられ，その形態だけでなく核家族世帯すなわち夫婦中心の構造をもつという内容面が重視された[5]。そのため，3世代世帯もその内容によっては核家族の延長と見なされる特徴をもつ（山西 1991）。

　この間，分析の焦点は家族という集団の内部構造に集中したが，ここに前出のParsonsやGoodの研究が大きく影響した（石原 1992）。こうして集団論的なパラダイムによる核家族論と構造機能主義，家族周期論を基調とした家族社会学が確立し[6]多くの研究成果を生み出していくが[7]，80年代になると集団論的パラダイムに対して，女性の抑圧を告発するフェミニズムからの批判，新しい社会史・家族史研究の成果，家族政策への要請などのいくつかの問題が提起されるようになった。すなわち，1975年の国際婦人年以降，家族研究における集団論的パラダイムは核家族のなかの固定的性別役割分業を当然視するとしたフェミニズムからの批判がなされ，家族の個人化や私事化の傾向を指摘する立場からは分析単位を個人にシフトする必要があるという主張が示された。さらに，従来の集団論的パラダイムに基づく家族研究は，家族集団の内部構造の分析には成果をあげてきたが家族と外部システム，もしくは外部社会との関係研究が不十分であるとの課題も示された（上子 1975）。

　これに対して，新たなパラダイムを模索する研究が展開された。たとえば，社会的ネットワーク研究（野尻 1974など），ライフコース研究（森岡・青井1985，1987など），家族ストレス論（石原 1985など）などの導入とそれに基づく実証研究である。だが，過去20年の家族社会学研究を総括した池岡義孝

13

（2010）は，現在も集団論的パラダイムからの転換期を抜け出してはいないが，その進む方向は「家族多様化説」に集約されていると述べており，その多様化説の説明力を増大させたものとして近代家族論の貢献を高く評価した。

　P. Ariès（1960＝1980）などのヨーロッパにおける家族史研究に基づく近代家族論を日本に導入するにあたって大きな影響力をもったのが落合恵美子である。落合（1989，1994）は，日本の「近代家族」の特徴を以下のようにとらえた。「①家内領域と公共領域との分離，②家族構成員相互の強い情緒的関係，③子ども中心主義，④男は公共領域・女は家内領域という性別分業，⑤家族の集団性の強化，⑥社交の衰退とプライバシーの成立，⑦非親族の排除，（⑧核家族）」（落合 1994：103），の 8 項目である。最後の「（⑧核家族）」にカッコが付いていることについて，落合は，日本の拡大家族が質的には「近代家族」的な性格をもっていることを考慮してのことだと説明している（落合 1994）。これらの特徴が日本の大衆レベルで見られるようになったのは1950〜1975年ごろであることが，人口学的視点による分析から説得的に論じられ，「近代家族」が歴史的産物であり，したがって可変的なものであることが明らかにされた。近代家族概念によって，それまでの家族研究において前提とされていた普遍的な家族概念が覆されたのである。

　それではなぜ，近代家族論が家族多様化説の説明力の増大に寄与したのか。くり返しになるが，Murdock（1949＝1986）の核家族普遍説は，核家族がいつの時代のどのような社会においてもみられる普遍的なものであるとの主張であった。これに対して近代家族論においては，近代社会以降に典型としてみられる核家族の形をとる近代家族は近代以降の産業社会に適合的なものであると見る。したがって，一定の歴史的条件のもとに成立したものであるのなら，社会の変動によって変わりえるものであると核家族を相対化した点で，核家族パラダイムに対する有力な批判となった。これが家族多様化論に内包されていた相対化の説明力を増し，強力な言説となっていったのである。さらに，近代家

族論は，「近代家族」の成立とそのメカニズムを明らかにし，固定的な性別役割分業など内包する問題点を指摘した点でも重要な成果を残した（池岡 2010）。

この近代家族論は，家族社会学の発展に大きなインパクトを与え豊かな実りをもたらした。落合自身は「『近代家族論』は，少なくとも学問の領域では，現代家族についての共通理解と言ってもよい位置を占めるようになった」（落合 2000：iii）と述べており，それは隣接学問領域においても同様のことがいえる。たとえば，教育分野において1990年代は「近代家族という側面からの近代教育の問い直しが進められた」（小玉 2010：160）と評されている。その成果の一部を挙げれば，沢山美果子（1990）は「教育家族」という概念を提示し，現在の教育に全力を注ぐような家族形態の出現が大正期ごろであったことを論じ，小山静子（1991）は『良妻賢母という規範』において，従来の日本的イデオロギーとしてではなく，「近代家族」と不可分の思想として良妻賢母思想を位置づけようとした。また，1990年代後半から子どもが加害者となる事件やいじめ問題をきっかけとして家庭の教育力の低下に関心が集まったことを背景として，広田照幸（1999）は日本における「近代家族」を，パーフェクト・チャイルドに育て上げるべく子育てに努力と注意を惜しまない家族として描いた。さらに，本田由紀（2008）は家庭教育重視の傾向のなかで性別分業によって母親に過剰な責任が課され，しかもそれが果たせる家族とそうでない家族の間に格差が広がること，および母親の葛藤が拡大することの問題を訴えた。

一方，労働分野においては，家族賃金の成立が「近代家族」の物質的基盤を下支えする働きとなったことが明らかにされた（木本 1995）。木本は，「近代家族」モデルが労働者家族に波及し，これが現代化する過程において家族賃金という観念が決定的な役割を果たしたことを示し，ジェンダー視点を媒介として企業社会論と近代家族論を架橋した。

以上は，近代家族論が家族社会学のみならず隣接領域における研究に新たな視点を提供したことの一例である。ほかにも，福祉，法律，政治など広範囲な

研究領域において，近代家族論は従来の議論の見直しをせまり，豊かな研究成果を生み出すにあたって多大な影響力を及ぼしてきたといえる。

研究から取り残された「近代家族」の矛盾

　このように研究蓄積が豊富になっていく一方で，「近代家族」のもつ根源的矛盾への取り組みは十分になされてきただろうか。その根源的矛盾とは何か。この点について，山手茂（1969）の指摘は端的である。すなわち，封建的な家父長制的家族においては長子相続性による親子関係が家族関係の中心であったが，「近代家族」においては夫婦関係が基本となった。そして，「近代家族」における夫婦関係においてはまず，夫と妻の権利義務関係が平等化されている。だが，「近代社会は同時に資本主義社会であり，資本主義的生産関係において経済的に優位にある男性（夫）は，家族のなかにおいても扶養者あるいは私有財産所有者として妻に対して優位な地位を占めている。妻は就業労働において夫と対等の立場で働くことができず，経済的自立能力も財産ももたないため，人格的にも夫に依存・従属せざるをえない。近代家族における夫婦関係は，法制的・形式的民主化にもかかわらず，資本主義的経済関係によって実質的民主化がはばまれているといえよう」（山手 1969：148）と，その本質的矛盾を鋭く突いている。さらに，木本（1995）は，「近代家族」のもつ矛盾が露呈することによって，「近代家族」がそのままの姿を維持することが可能でなくなるという「家族の危機[8]」に言及した。矛盾とは，「『愛の生活共同体』というイデオロギーに守られながら，実態的には『愛』という名のもとでの従属関係，不平等な役割配分が構造化されてきた」（木本 1995：103）ことから生じている。すなわち，「近代家族」が性役割を組み込んでいることから不可避的に生じる矛盾であるといえる。だが，この性役割をめぐる議論は，必ずしも問題の本質に迫るに至らなかった。

　その理由はどこにあったのか。1960年代から1980年代半ばまでの性役割体制

の状況とそれをめぐる議論の変容について，庄司洋子（1986）は次のように指摘している。まず，戦後の経済復興期から高度成長期にかけての主婦の職場進出を背景に展開された主婦論争においては，伝統的規範に抵触することを批判し，既婚女性の就労が家族生活に及ぼす「弊害」を論じるばかりでなく，女性が専業主婦として生きることの価値あるいは家事・育児そのものの価値の評価を通じて，性別分業体制を積極的に擁護する論調を含んでいた。

　高度成長期から低成長期にはいっても既婚女性の就労は持続的に拡大し，もはや逆戻りすることのない潮流であることが確認されると，既婚女性の就労の是非は改めて問われなくなってくる。それにかわって具体的な家族問題としての子どもの問題が正面に据えられ，母親批判のかたちをとる「母親論」，父親の不在と権威喪失をテーマとする「父親論」を中心として，多様な「子育て論」が登場するが，こうした子育て論の多くは，性別分業体制を前提にしながら，そこでのあるべき育児を追求するものとなっており，論点が子どもの問題に移行してはいるものの，内容と性格は性別分業論そのものであるということができる。すなわち，性別分業論は夫と妻の関係のあり方としてではなく，子どもの育て方へと姿を変えてきているのである。

　さらに，家族政策という観点から見た場合，「性別分業論は，決して直截にその姿を現さず，かつ，その価値を，夫婦自身の関係にではなく，子どもや老人の問題を解決するという社会的利益に引き寄せることによって，説得力を確保しようとしている」（庄司 1986：199）と述べる。

　「近代家族」とは，「近代社会において，全体社会と個とをつなぐ戦略的な位置をしめる，極めて政治的な装置」（牟田 1996：i）であり，近代国民国家の基礎単位と見なされた家族である（西川 2000）。そこから当然にも，全体社会の安定を揺るがす性役割の逸脱など非「近代家族」なるものを問題視するという姿勢が，研究においても広く浸透していたことが推察される。そして，それは家族に見られ始めた新たな現象に対しても敏感に反応した。

「近代家族」のゆらぎ

　先に述べたように落合は，日本における「近代家族」を「家族の戦後体制」
と呼びその特徴を前述の8項目によって示した。そして，これが実態として存
在した時期は戦後から1970年代半ばまでであることを人口学的知見に基づいて
示したのは1990年代半ばであった（落合 1994）。それはすでに「家族の戦後体
制」の終焉から20年を過ぎた時期であり，1980年代以降徐々に現れてきた家族
をめぐる変化に対し，これを「近代家族」のゆらぎとしてとらえる論調が強
まっていった。たとえば，結婚しない人や子どもをもたない人の増加，高齢者
の1人暮らしなどの，典型的な「近代家族」モデルにあてはまらない多様な現
象が「近代家族」の存続を危うくすると考えられたのである。山田昌弘は，主
として感情社会学の観点から「近代家族」の変化をとらえるなかで，日本型近
代家族の形成が一段落した直後から，資本主義の構造転換が始まり現代家族の
変貌が始まったと述べ，現代化によって家族は，家族の再生産責任の増大，感
情マネージ水準の上昇，および，女性解放論（フェミニズム）の影響に直面す
ることを指摘した（山田 1994）。

　当該社会から期待される機能を達成するという家族の対外的機能と，家族成
員の欲求充足に応えるという家族の対内的機能（神原 2000）を「近代家族」が
維持していくことができるのか，その危機感が叫ばれる一方で，「近代家族」
がその特徴ゆえにもつ女性抑圧の構造を鋭く告発してきたのはフェミニズムで
あった。構築物としての母性や，母子密着の弊害，専業主婦の苦悩，家族内の
暴力などの問題を浮き彫りにし，「近代家族」の内部に潜む闇の部分を抉り出
していった（Friedan 1963＝1965；Badinter 1980＝1998；井上 1995；岩田 2000な
ど）。

　「近代家族」のゆらぎに注目が集まるなか，1990年代終わりごろから新たに
「ポスト近代家族」ということばが使われるようになってきた。たとえば，西
川祐子は戦後日本の住宅を国家政策と家族の側面から研究を進めてきたが，

「ポスト近代家族とニュータウンの現在」（西川 2003）と題してニュータウン
が建設され始めた1960年代からのおよそ40年間の変化をとらえている。だが,
「ポスト近代家族」が何を指しているのかは明らかではなく, 文中には「もは
や家族に頼る高齢者介護が不可能なポスト近代家族状況」（西川 2003：257）と
いう表現が見られるのみである。また, 千田有紀（2011）は, 雇用環境の悪化
から未婚化が進み, 誰もが結婚することを前提としたこれまでの性別役割分業
が変更を余儀なくされるなどいくつかの現象を「近代家族」の変化としてとら
える。千田は, こうした状況から,「『近代家族』が大きくゆらいでいるという
こと, そしてその変化はおそらく不可逆的な変化であることは明らかである」
としながらも,「現在完全にポスト『近代家族』が出現しているということは
できない」（千田 2011：101）と述べている。ここでもポスト近代家族を積極的
に定義づける作業はなされていない。

　犬塚協太は, 家族における規範や意識の歴史的変動過程の解明に取り組んで
おり, 70年代半ば以降の低成長期から現代にかけて, いったんは成立した日本
における「近代家族」の実態と規範が, 全体社会において進行する価値観の変
動と少子高齢化といった人口学的条件の変化, 経済環境の悪化などを背景とし
て大きく変容を遂げつつあるのがポスト近代家族的状況としての家族の現在と
見て, ほぼ大きな誤りはないであろうと述べている（犬塚 2006a）。しかし,
「ポスト近代家族」そのものが何であるかについては明示的ではなく,「家族規
範の理念型として, かつての『近代家族』に対置できる特定のモデルとしての
『ポスト近代家族』なる規範類型が, 現時点ではまだ明確に抽出できるという
わけではない」（犬塚 2006a：256）としている。

　このように, 何をもって「ポスト近代家族」と見なすかについて, 明確な根
拠に基づいた定義が与えられているわけではなく,「ポスト近代家族」という
ことばは社会的変化のなかで出現してきた「近代家族」におさまりきらない多
様な家族のとりあえずの受け皿として, あるいは,「近代家族」以降の家族を

模索する議論の名称として使用されてきたと言って差し支えないだろう。現段階においては「ポスト近代家族」は「近代家族」以降の非「近代家族」といえる程度のあいまいな位置づけにある。

2 夫婦関係研究における問題設定の偏り

ここまで，日本における家族研究の流れを概観してきたが，家族研究が「近代家族」のもつ根源的な矛盾に踏み込んだ議論を尽くしてこなかったことは，夫婦関係研究に対する姿勢にも表れている。矛盾とは先に示した通り，自立した個人が平等な立場で愛情によって結ばれた結婚である一方で，結婚後は性役割によって男性が生産労働へ，女性が再生産労働へと振り分けられ，その結果として妻が夫の扶養下に置かれるという現実であって，これは，まさに夫と妻の間の問題であるが，その掘り下げは不十分なものであった。

本書は，冒頭に示したように，夫婦間の平等化という課題がいまだに「立ち往生」している現実が何によってもたらされているのかに関心をもっているが，その核心部分はまさに上記の矛盾を引き起こす性役割にあると考える。このため本節では，これまでの夫婦関係研究が夫婦の平等という問題をどのように性役割と関連づけてとらえてきたのかを明らかにしておきたい。

夫婦関係研究は何を明らかにしてきたのか

一方向的な役割シフト くり返して述べるが，本書では夫婦関係における平等を，性別役割分業に規定されない夫婦間の流動的な，そして偏りのない役割関係ととらえている。したがって，夫が稼得責任を，妻が家事・育児責任を負うとする性別分業夫婦を，平等な夫婦とは位置づけていない。これは，男女とも同じように社会に参画することを目指す男女共同参画社会の理念とも重なるものである。

　犬塚（2006b）は男女共同参画社会を実現する社会システムの総体的な成立は，家族の内と外への双方向の男女の役割シフトを意味するものであると述べ，その場合に理論的に考えられる問題設定を以下の4つとした。すなわち，ａ.女性の生産労働への進出，ｂ. 女性の再生産労働からの解放，ｃ. 男性の再生産労働への進出，ｄ. 男性の生産労働からの解放である。そして，男女の役割シフトは，これら4つの「すべて」の方向に「同時」に促進するものでなければならないとしている。

　夫婦の役割研究においては，おもに夫婦間の役割の構造，配偶者に対する役割期待とその遂行に関する評価，役割葛藤が取り上げられてきた。性別分業下の夫婦の役割は，男性に割り当てられた稼得役割と女性に割り当てられた家事・育児役割の2つに分けられるが，夫婦の平等化という視点では，女性に割り当てられてきた再生産労働分野にもっぱら関心が集中した。上記の「ｃ. 男性の再生産労働への進出」に関する研究が深められてきたのである。それは，夫の家事・育児参加の実態把握および，参加を可能にする（あるいは阻害する）要因の探求という具体的な研究テーマとなってあらわれ，多くの研究者のエネルギーがこのテーマに傾注され，膨大な研究が蓄積されてきた（松田 2000；永井 2001；酒井 2006など）。

　その研究結果は，使用するデータや変数によって多様であり必ずしも一貫したものとはいえないが，その一例として，男性の家事・育児参加に対する性別役割意識,[(9)] 都市か農村かという地域性，夫の帰宅時間（社会的環境制約要因），妻の就業や収入の影響などがおもに検討され，日本的な特徴として，環境制約による要因がもっとも説明力を示した（西岡 2004など）とする報告が見られる。明らかにされたことを整理して述べるならば，妻の就業状況によって夫の家事への参加度が異なるということ，すなわち，妻が無職→パートタイマー→民間会社の常雇→官公庁勤務となるに従い，夫の家事参加が進む（岡村 1996）というものや，夫の家事・育児への参加度は，妻が無職よりも有職の方が高く，夫

の参加度は家事よりも育児において高い（岡村ほか 1996）というものであり，基本的に妻の生計への貢献が大きくなるほど家事分担が平等化するということが把握されている。

　夫の家事・育児参加に関する研究に高い関心が寄せられた背景の1つには，女性の労働市場への進出に伴って家事労働との二重負担の問題が広く実感されるようになってきたという現実があった。そしてもう1つ重要なことは少子化問題である。夫婦の平等化という視点を含みつつも，それ以上に，現実問題として深刻化する少子化をどう食い止めるかという関心から，子どもをもてる環境整備として男性の家事・育児参加の促進が図られたことも，男性の家事・育児への参加についての研究の増加を加速したといえる。

　しかしながら，この役割関係研究においては，男性の家事参加の規定要因の解明が主眼におかれ，生計維持に不可欠な収入における夫婦間の格差や比率に関しては，その説明変数として用いられるにとどまっていた（水落 2007）との批判がなされている。つまり，男性の女性役割への参入のみが研究の関心であって，夫婦にとって重要なもう1つの役割である稼得役割への女性の参入についてはほとんどテーマ化されなかったのである。

　その結果，「そもそも家事分担という言葉はあっても，生計（家計）分担などの表現は聞かない」（小笠原 2005：165）との痛烈な指摘がなされている。家族領域において女性の生産労働への進出に関する議論はほとんどなされておらず，「働く行為の意味が看過されてきた」（小笠原 2005：165）。ここに，夫婦関係研究における重大な偏りがあった。

　男性に担われてきた稼得役割の平等化については，先に見たように，妻たる女性が稼得責任をどれほど担っているのか，どのような要因がこれを左右しているのかという点に関する関心は低く，研究成果は管見の限りきわめて少ない。既婚女性の就労に関していえば，前述の犬塚が示した「a．女性の生産労働への進出」という役割シフトは，家計収入の稼得者という私的領域における問題

としてではなく，むしろ公的領域にある労働の場における男女間の平等という観点から論じられることが多かった。

　労働の場における男女の不平等は顕在化しやすいこともあり，それを問題化した女性労働研究が1つの研究領域を形成するまでに発展してきている。そこでは，女性の労働が権利として主張され，その権利が侵害されていないかどうかという点がもっとも重要な柱として存在している。そのなかで既婚女性特有の問題として，就業継続，育児休業，再就職といったテーマが掲げられ，対男性，あるいは対未婚女性との関連でさまざまに論じられてきた。

　では，なぜ，家族領域における女性の生産労働への進出が研究のテーマとされてこなかったのか。これは，先に見た性別役割分業の問題性が直截に問われなかった理由と重なる。「われわれは，何か社会問題が起きると，その原因を『家族』，特に，子どもの育て方に求めてしまう傾向がある」（山田　1994：18）ため，子育ての担当者たる母親が就業することには慎重にならざるを得ず，したがって，諸手をあげて母親の就業に賛成できなかったという事情がある。さらには，「その仕組自体が男女の分業を前提として成立している社会での妻＝母の賃労働者化は，その対応のしかたによっては，大きな問題やひずみをもたらし，家族を危機的状況においこむ危険性を含んでいる」（布施　1980：133）のであり，「今日の社会状況のもとでの共働きは，下手をすると，家族自体を崩壊させてしまうような危機と紙一重のところで営まれている」（布施　1980：145）と考えられていたからであった。

　また，一般的に見て，その意思さえあれば女性が自らの就労による収入で家計を支えることが可能な状況があったとはいえない。現実的に夫とその責任を互角に分担するに足る収入を得られる職業に就く女性の数が限られていたことも，家計維持責任に関する妻の分担程度がテーマ化されなかった理由として挙げられよう。女性の社会進出が進み「女性の時代」と言われた1980年代以降においても，女性が安定的に就業継続するには困難がつきまとい，現在もその状

況が大きく改善されたとは言い難い[10]。その実現可能性の低さが，女性の生計分担という問題を議論の俎上にのせるのを阻んだともいえる。

　さらに，このように，夫婦という1対の男女において，労働，そしてその成果としての生計維持への関与という問題が俎上に上らなかったのには，次のような理由が考えられよう。戦後，男性労働者に対する家族賃金の支給が浸透するに伴い，主たる生計維持責任は夫たる男性側に期待されたことから，既婚女性の就業はあくまで家計補足的なものととらえられてきた。「近代家族」においては，そもそもの前提として，家計を夫ひとりで支えることや支えることが可能な状況をモデルとしており，女性が男性の稼得役割に加わらなければならない状況はむしろモデル外であり，男性の稼得能力の不足を印象づけるものだったということがあろう。したがって，女性が就業によって収入を得，家計責任の一端を担うことが女性個人の経済的自立の基盤となり，さらに，夫婦間の平等化を促進する条件として機能するという認識自体が共有されにくかったからであると考えられる。

　夫婦関係の平等化をめぐる議論には，見てきたように問題設定において大きな偏りがあったことを指摘しなければならない。夫の再生産領域への進出という役割シフトの方向は，研究者側においても，良きもの，期待すべきものとの価値判断がなされていたように思われる。これに対して，妻の生産労働への進出という役割シフトの方向については，実現には困難を伴うもの，実現すると何か問題を引き起こすもの，家族生活を不安定化させるものとしてマイナスイメージが付与されていた。以下に見る一連の共働き研究や，現実にある過酷な状況の告発とともになされた女性の二重労働とストレスに関する研究には，そうした研究者側の懸念あるいは憶測が見え隠れする。

　これまでの多様な夫婦関係研究を総合して見ると，妻が職業に就いている場合の方が夫の家事・育児参加がより促進されるということが明白である。したがって，男性の再生産労働への参加という役割シフトは，女性の生産労働への

24

参加という役割シフトと連動してこそはじめてその効果があらわれるものといえる。しかし，夫婦関係研究における姿勢自体に，男性の家事・育児参加という役割シフトにはアクセルを踏み，その一方で，女性の家計分担という役割シフトにはブレーキを踏むという逆操作が行われてきたことが指摘できる。

　こうした問題設定の偏りのなかで，これまでの夫婦関係研究が，その個別の領域において夫婦の平等という問題にどのようにアプローチしてきたのかをテーマ別に以下で明らかにする。

家計管理研究　　　夫婦の平等に関わる問題へのアプローチの1つとして，家計管理の研究が挙げられる。家計を夫と妻のどちらが管理しているのかに関する一連の研究である。夫婦の社会経済的関係を明らかにした研究としてイギリスの J. Paul の『マネー＆マリッジ』（1989＝1994）が代表的である。Paul はそれまで経済学が基本的な経済単位として扱ってきた世帯を，さらにその内部の夫と妻という個人のレベルにまで踏み込んで，稼得収入から支出にいたるプロセスを分析し，貨幣管理のパターンとそのパターンを規定する要因を解明して，世帯内貨幣配分研究の基礎を築き，以降の日本における家計研究にも大きな影響を与えた。

　Paul の研究関心は社会政策とその効果にあったのであるが，家計管理に注目するようになった契機は，夫から暴力を受けてシェルターに避難してきた女性たちへのインタビューであった。そこで明らかになったことの1つとして，夫と別れたあとに得られたわずかな公的な所得補足給付によって，夫と暮らしていたときよりも彼女たちの生活が経済的に好転したという事実があった。そう語った女性たちのうち何人かの夫は高収入を得ていたが，夫がそれを独占しており，そのため妻や子どもは経済的に困窮していたということが判明した。

　このことは，世帯を1つの経済単位と考え，収入は世帯内で平等に配分されるものとする社会政策・社会保障制度の前提に疑問を投げかけた。この前提に立つ限り，十分な収入を得ている世帯にあっても，世帯内部で平等な配分が行

われない場合には個人レベルでの困窮が生じる可能性があることを看過し，また，改善のためにいくら税制や児童給付制度を変更しても政策側の意図する対象（個人）を救済しないという結果を招くのではないかという疑問となった。

　Paul は，一見平等であると思われてきた世帯内の不平等を鋭く見破り，ここから世帯内における貨幣の管理状況を明らかにすることが重要であると考え，その方法として調査データから貨幣管理パターンの分析を行ったのである。

　しかし，そもそも，こうした世帯内の不平等は家庭内で貨幣が適正に配分・管理されないことから生じる問題ととらえるべきなのだろうか。そのように考えることは，貨幣が適正に管理されさえすれば世帯内の不平等は解決されるということ，したがって，妻が夫に経済的に依存しているという状況を問題とはとらえないということである。だが，むしろここで問題とされるべきは，カップル内において既婚女性が経済的に自立できないという状況である。なぜなら，第3章で取り上げるように，妻が自分自身による収入を得ることができるか否かという問題は，カップル内の貨幣を誰がどのように管理するかという問題の上流に位置する問題であり，不平等にかかわるより根源的な問題だからである。

共働き研究　　1960年代以降の日本は高度経済成長に伴って，従来の農家や自営業従事者を中心とした社会から雇用者中心の社会へと転換した。これと連動して既婚女性の多くは，農家や自営業者の妻からサラリーマンの妻へと変化した。この時期，「夫が就業，妻が非就業」という完全な性別役割分業に基づく専業主婦世帯が増加したが，その一方で，既婚女性では中高年を中心とした職場進出が始まり，2000年以降は共働き世帯数が専業主婦世帯数を超え，その幅は拡大しつつある。この変化を袖井孝子らは，かつて病理の一種とみなされた共働きが，当たり前のこととして受けとめられるようになったと述べている（袖井ほか 1993）。また，1950年代には既婚女性の雇用労働者は「共稼ぎ」と呼ばれ，家計の必要に迫られて働くという意味合いを強くもっていたが，女性の高学歴化を反映して専門職に就く女性の増加や，職業を通しての自

己実現という側面が注目されるようになるなどの社会的傾向の現れとして「共働き」という語へと変化した（布施 1984）。

　共働き家族に関して，おもに社会学領域における研究をサーベイした布施晶子は，以下のように整理している。日本における共働き研究も，アメリカにおける研究の影響を受けており，その内容はおもに共働き家族の親子関係および夫婦関係の２つに分類される。日本の親子関係に関する研究では，「官庁統計を中心に，母親の就業中の子どもの状態についての報告がなされているが，母親の就業が現実に子どもにいかなる影響をもたらすかという課題の実証的な追求はごく限られて」（布施 1984：255）おり，官庁統計以外では，母親の就業と子どもの非行の関係，共稼ぎ家庭や母子家庭の子どものしつけについての調査などがなされている。これらについては，母親の就業に問題があるわけではなく，子どもに接する時間の質的なあり方が重要であるとの報告がなされた。

　一方，夫婦関係における家事分担について見ると，1960年代，70年代の実証研究から得られる結論は，共働き家族における家事分担は妻に集中する傾向があり夫の家事参加度が低いこと，共働きの妻は10時間余の収入生活時間に加えての家事生活時間を，生理的生活時間と社会的文化的生活時間を切り詰めて捻出していること，夫婦の家事分担を基本的に決定する要因は，家事に割き得る時間，遂行能力，社会規範であり，なかでも社会規範がもっとも重要であること，しかし，家事分担に見る性別分業に次第に崩れが見られ，特に育児面で顕著であることと整理している。

　意思決定の過程に関しては，高額な消費などの非日常的な重大な家事決定については妻の発言権が増大するが，日常的な家事決定では，妻の決定参加が逆に減少し夫のそれが増すことが，共働き家族に共通する。布施は，これら親子関係および夫婦関係の実証研究の結果は，アメリカでの結果とおおむね同じものであったと述べている（布施 1984）。

　以上1960年代，70年代の研究状況が布施（1984）によって明らかになったが，

これ以降についてはどうだろう。まず、親子関係について見ると、末盛慶(2002) は、就業群の母親と非就業群の母親を調査し、子どもへの影響を比較した。その結果、母親の就業状態によって子どもの独立心に違いは見られなかった。この点は、1980年代および1990年代におけるアメリカおよび日本の先行研究の動向と一致するものであると述べている。また、新たな発見として、就業継続する母親の子どもの独立心が他の群に比べ有意に高いことが明らかとなった。

　同様に、1980年代以降の共働きと夫婦関係についての研究では、松信ひろみ(1995) の「二人キャリア夫婦における役割関係」を見ておく必要がある。夫婦でキャリア（＝「特別な教育およびトレーニングが要求される」「ライフワークとして従事され、継続される」「高いレベルでのコミットメントが要求される」職業）に従事している「二人キャリア夫婦」を、従来の性別による夫婦間の役割分業の枠を超えた平等主義的家族となる可能性をもった家族形態と想定し、これが平等主義的家族に向かうものかどうかを夫婦間の役割代替性という視点から検討した。その結果、現状では「二人キャリア夫婦」のうち、平等主義的特徴をもつのは妻がフルタイムで就業し、子どもがいない場合のみであることが示された。

　以上を総合して見ると、親子関係において母親の就業が子どもに与える影響は確認されないこと、夫婦関係においては、妻の就業によって夫の家事参加が増加する範囲は限定的であるが、近年においては妻がフルタイムのキャリアに従事し、子どもがいない場合にはその影響が大である、ということになろう。

既婚女性の労働とストレス　既婚女性が職業をもつことによって、家族と職業の間の緊張が顕在化する。こうした緊張から個人が経験する不快な主観的状態に注目することで、ストレス研究は家族生活と職業生活の関連や夫婦の役割構造を解明してきた。

　アメリカを中心とした従来のストレス研究が着目してきた個人の生活領域は

家族と職業であり，特に女性の就業が女性自身に及ぼす影響についての研究は，ストレス研究の中核をなしてきた。結婚・出産後も職業をもち続ける女性が増加したにもかかわらず，社会構造がそうした変化に対応していないことに対して，これを問題告発するための有効なアプローチとしてストレス研究が採用された（稲葉 2002a, 2002b）。

　日本におけるストレス研究は決して多くはないが，共通して見られるのは，すべての年齢でほぼ一貫して女性にディストレスが高い傾向があるという点である。だが，女性の就業状態によるディストレスの差はあまり明確ではなく，フルタイム就業の女性に家庭内での負担感が有意に高いものの，少なくとも乳幼児を抱えた女性においては就業が否定的な効果をもたらしているわけではないことが発見された（岩井・稲葉 2000）。これは，フルタイム就業の女性が緊急時に子どもを預けることのできる別居の親族がいることにより，高いストレーンを経験していないためである（稲葉 1999）。

　1980年代初頭ごろまでは，女性のディストレスの高さは，主として職業生活からの疎外，および家事・育児と職業役割との二重負担による役割過重という視点から注目されたが，1980年代半ば以降は，こうした個人内のストレスに加えて，夫に生じたストレッサーが妻にどのように影響を及ぼすのか，妻に生じたストレッサーが夫にどのように影響を及ぼすのかという，個人間のストレッサーの影響過程（交差効果）にも射程が広がった[11]（稲葉 2002a）。

　既婚女性の就業が夫に及ぼす影響については，妻の就業によって家計が安定し，より高い生活水準が維持できるために夫の well-being が高まるとする「ダブルインカム仮説」，これとは対照的に，妻の就業は夫の well-being を低めるとする仮説の2つの仮説群がある（西村 2001）。後者には，妻の就業が夫の家事・育児負担を増大させるためとする「多重役割ストレーン仮説」と，妻の就業によって夫の稼得責任者としての役割が脅かされるとする「アイデンティティ関連ストレッサー仮説」が含まれる。だが，先行研究の結果は一貫し

ていない（裴 2006）。

　夫の性別役割分業意識と妻の働き方に注目して分析を行った裴智恵（2006）
は，夫のディストレスは，妻の就業形態ではなく，妻の就業形態と夫の性別役
割分業意識が一致した場合に有意に低いこと，妻の就業形態と夫の意識との一
致は，夫の家事参加によるディストレスを左右しないが，不一致の場合に高低
の差を示すと述べている。すなわち，夫は性別役割分業に否定的であるが，妻
が就業していない場合には夫の家事参加数が少ないほど夫のディストレスは高
く，夫は性別役割分業に肯定的であるが妻が就業している場合には，夫の家事
参加数が多いほど夫のディストレスが高いこと，さらに，夫の収入割合が夫の
ディストレスに及ぼす効果は，妻の就業と夫の性別役割分業意識が一致する場
合も，一致しない場合も同様であることを報告している。

夫婦関係満足度　　　　1960年代アメリカにおいて離婚率が上昇し，これに伴って結婚
　　　　　　　　　　　　の質に関わる研究が増加したことは前に述べたとおりである。
結婚の質の低下が離婚につながると考えられたことによる。だが，木下栄二が
指摘するように「『結婚（夫婦関係）の質（marital quality）』を包括的な概念と
する方向はあるようだが，その下位概念としては marital satisfaction, marital
happiness, marital adjustment などの概念群と測定の指標とが，なお整理され
きれていない」（木下 2004：277）ため，これを導入した日本においてもアメリ
カと同様，「結婚満足度」「夫婦関係満足度（感）」「結婚幸福度（感）」「配偶者
満足度」「婚姻満足度」などの測定指標がほぼ同じ意味に使われるというあい
まいな状況が現在も続いている。厳密には，「夫婦関係満足度（感）」や「配偶
者満足度」は夫と妻の二者関係に焦点化しているのに対し，「結婚満足度」や
「結婚幸福度（感）」「婚姻満足度」は家庭生活全般を意味すると考えられる
（稲葉 2004）。しかし，調査においては「結婚満足度」を夫婦関係あるいは夫
婦間コミュニケーションの満足度としてとらえるなど指標と概念が必ずしも整
理されているとはいえない（木下 2004）。

　これら結婚の質を問う一連の研究を大きく1つに括って概観するなら，結婚の経年変化に関してはおもに次のことが明らかにされている。それぞれの研究で使用した測定指標をここではそのまま記載すると，第1に，結婚満足度は，ほぼ一貫して男性に高く，女性で低い（稲葉 2004）。第2に，結婚年数でみてもライフステージ別にみても，結婚の初期段階で高く，中期段階で低く，後期段階で高くなるというU字型となる傾向がある（上子 1993；賀茂 2001；稲葉 2004；木下 2004）。ただし，永井暁子（2005）は妻の夫婦関係満足度が結婚生活の経過に伴ってどのように変化するかをパネル・データを用いて検証した結果，U字型にはならず，夫婦関係満足度は結婚の後期段階においても低いままであることを明らかにした。永井（2005）は，U字型は横断データを使用した結果であって，離婚によって結婚の質の低いサンプルが脱落したことによる見せかけの関係であることを指摘しており，この点は留意が必要である。

　これらの研究に共通して見られることは，結婚の初期において結婚満足度，夫婦関係満足度が低下する第1の理由を子どもの出現によって説明している点である。すなわち，親への移行によって，夫婦間に多様な緊張や対立が生じることが結婚の質を低下させるというものである。この解釈の根拠には，親への移行が夫婦関係を悪化させる要因となることを示した J. Belsky らの研究（1994＝1995）がある。だが，このように子どもの存在が夫婦関係に影響を及ぼすことはあるにしても，それを夫婦関係を説明する主要な要因とする解釈は十分といえるだろうか。子ども以外に「職業生活上の変化など，家族外部との関係のなかで生じる『夫婦関係の心理・社会的移行』という視点を同時に考慮する必要が大きい」（稲葉 2004：271）という指摘は重要である。

　夫婦関係の経年変化をとらえた研究は多いとはいえないため，一時点の横断的データによる研究の結果を参照すると，妻の就業の影響を分析した末盛（2001）が結婚満足度に妻の就業は影響しないことを示している一方で，心理学分野で夫婦関係研究を進めている平山順子と柏木惠子はその影響が少なから

ず認められるという異なる結果を示している（平山・柏木 2001）。夫と妻のコミュニケーションが夫婦関係の質を左右することはすでに知られているが，平山らは妻の収入が高い層ではその夫は妻に対する共感的態度が強く，妻の収入とそれを生む社会的地位や実績が妻に対する共感的態度を夫にもたせることを調査から明らかにした（平山・柏木 2001）。柏木はここから「経済的資源をもつ立場とそれを消費する立場間では対等なコミュニケーションは成立し難」（柏木 2003）いと指摘している。また，調査研究から，結婚の理想に夫と妻の間でずれがあり，夫は性別分業的な伝統的夫婦関係を理想とする傾向が強いのに対し，妻は夫から個人として認められ，尊重されるという対等な関係を理想としている（柏木 2003）点が明らかにされている。

　以上の知見および日本女性の就業行動が出産と深く関わっているという現実を併せて考えると，夫婦関係の変化をおもに親への移行だけを理由に説明するという子ども中心主義的解釈は一面的であった可能性を指摘できる。

勢力関係研究　夫婦間の権力関係に注目した研究は，欧米を中心として1960年代はじめから1970年代にかけて盛んに行われた。その起点ともいえる R. Blood と D. Wolfe（1960）の研究の背景には，工業化に伴って都市化が進むアメリカ社会における家族の変化とそれに対する危機感があった。1950年までに女性雇用労働者の過半数を既婚者が占めるという史上初めての事態が起こり，そのことは従来のように夫が一家のリーダーであり続ける理由を弱めていった。そのなかで，徐々に離婚率が上昇し1960年ごろには100組の夫婦のうち20〜25組が離婚するまでに至る。こうした状況は家族の安定性を揺るがすという点から，研究者からも家族崩壊の危機として憂慮されるようになった[13]（Blood & Wolfe 1960）。Blood らが注目したのは，「どのような要因が夫婦の相互行為のあり方を決定するのか，相互行為のパターンは夫婦や家族全体の福祉にどんな影響を及ぼすのか」（Blood & Wolfe 1960：4）という点にあった。つまり，安定的な夫婦関係，ひいては安定的な家族関係をもたらす要因を明らかに

することに主要な関心が置かれたのである。

　Blood らは，夫婦の観察可能な意思決定領域における決定の方法からその権力関係を把握してパターン化し，さらに，夫婦における権力は夫婦それぞれがもつ資源によって規定されるとする「資源論」を提唱した。それに続く研究者たちによって，主として夫婦の権力をどのように操作可能なものとして概念化して測定するか，また，「資源論」の妥当性および権力を規定する他の要因は何であるかを中心的テーマとして夫婦関係研究が進められた（善積・高橋 2000）。こうして夫婦の権力関係研究は，欧米を中心として世界の各国に広がっていった[14]のである。

　日本の家族研究においては，戦後，新憲法発布によって公認の原理となった男女平等がどの程度人々に浸透し，現実化されているかという問題関心のもと，Blood らの影響を受けて，1960年代はじめに日本における夫婦の権力関係研究はスタートした（渡部美知 1977）。初期の代表ともいえる増田光吉（1965）の研究[15]を例に挙げ，その概要を見ておこう。

　増田は，先の Blood らのデトロイト調査を踏襲して，夫婦のいずれが日常生活におけるものごとの最終決定者であるかを問い，それを得点化して夫婦関係の類型を「一致型」「自律型」「夫優位型」「妻優位型」に分類した。

　その際，増田（1965）は，Blood らの定義を次のように紹介しており，これが以降の日本における勢力関係研究を方向づけるものとなったと考えることができる。「勢力とは，他人の行動に影響を与えるような潜在的能力（potential ability）であり，それは家庭生活に影響を与える各種の決定の能力（ability of decision making）のなかに明らかに見られる。一方，権威とは，公認された勢力（legitimate power），すなわち家族員の誰かが，或る勢力を保つことを，正当なこととして自他ともに認めあっているような勢力を指す」（増田 1965：49）。そして，Blood らに倣って「勢力」を測定すべく「家庭という立場から決定を迫られるような問題の場面を想定し，その場合，最終的な決定者は誰か，また

33

どの程度に決定権を持っているかを問う」(増田 1965：51) たが，「公認された勢力」は議論の射程外に置かれた。その結果，日本においては「自律型」が際立って多いことが判明したが，これはすなわち，男女の性別分業が慣行化していたために夫と妻がそれぞれの責任領域をもつことによるものであるとされた (増田 1972：96)。

これ以降，夫婦の勢力関係をものごとの最終決定者だけでなく最終決定にいたるまでのバーゲニング（交渉）過程に注目する研究（片岡 1997）もあらわれ調査・研究が蓄積されていった。多くの研究で妻の自律的傾向が多く確認されている（菰渕 1991, 1992；渡辺深 1980, 1988など）。他の先進諸外国には「一致型」平等が多いのに対して，日本は「自律型」平等であるという肯定的評価がなされたり，また，「日本では，女性の社会的地位は低いが，"主婦" としての女性の地位は高い」(Ueno 1987) と評されることもあった。だが，妻の社会的地位の低さと家庭内での「自律」あるいは優位さという明らかな矛盾については深く追求されなかった。

欧米では夫婦の権力関係に関する研究は1990年代以降は停滞している（松信 2002）とされるが，日本においても同様の傾向が指摘できる。その原因はこれまでの「勢力関係研究」の射程のとり方にあるといえる。

まず第1に，夫婦を外部社会から切り離された対象として研究が進められてきたということである。家族研究のなかで，「勢力関係」研究がどのような位置を与えられていたかを，家族社会学の教科書として多く使用されてきた『社会学講座 第3巻 家族社会学』(森岡 1972) で確認してみると，「第4章 家族の内部過程」のなかで「勢力関係」「役割関係」「情緒関係」のそれぞれが1節を費やして論じられており，夫婦の「勢力関係研究」はあくまでも家族の内部を対象領域としていたことが確認できる[16]。

それでは，そもそも「勢力」ということばは何を指しているのだろうか。森岡清美・望月嵩は，「地位の影響力が社会規範によって支持されている場合，

34

これを権力（legitimate power）」と呼び，「社会規範の支持があるかどうかを問わず，潜在的なものも含めて事実としての影響力をいう場合，これを勢力（power）とよぶ」（森岡・望月 1983：101）と述べている。ここに示されている「権力（legitimate power）」は，先に Blood ら（1960）の定義として増田が記述した「公認された勢力（legitimate power）」と同義であり，明確に「勢力」と「権力」の住み分けがなされている。

　日本の勢力関係研究のベースとなった Blood ら（1960）の研究を目黒依子は次のように評している。「資源論は，妻と夫という家族内の個人を女と男という社会的・文化的に規定された個人に結びつける作用を持つ点で，従来の家族内勢力関係論の枠を超えて」おり，「家族と社会の相互浸透を分析の射程に入れる可能性をもつと思われる」が，「ブラッドらの資源論の持つ可能性がその後展開されたとはいえない。その理由は，彼らの理論は夫婦ダイアド（conjugal dyad）を基準単位とする前提で妻と夫の勢力関係を視ていたからではないかと思われる」（目黒 1988：245）。日本の「勢力関係研究」が依拠した Blood ら（1960）の研究自体，夫婦という個別カップルの内部領域だけを対象として見ていたためにその後の発展の可能性を閉ざしてしまったというのである。

　また，菰渕緑は，「勢力を関係的な概念と規定すれば，『行為の過程の方向や結果に影響を及ぼす能力』ということになり，個人の属性とみなす場合よりもダイナミックな視点が導入されることになるため，よりいっそう体系的な構成要素が加わってくる。しかし，勢力を個人自身に属するとみなすならば，分析的な有効性は個人間関係の入り口で終わってしまう」（菰渕 1992：20）と指摘した。勢力の概念規定に対する問題意識の表れである。

　さらに善積京子らは，「勢力」ということばによって権力を限定的にとらえている日本の研究に対して，「そもそも日本では，夫婦関係を全体社会の男性支配構造と関連させて支配－被支配の関係として『権力』をとらえる視点が弱く，英語の"marital power"の用語も『夫婦の勢力関係／勢力構造』と訳さ

れてきた」(善積・高橋 2000：57-79) と批判的に述べている。しかし，これら
の指摘にもかかわらず，Blood らの理論枠組を踏襲し，そこから一歩も踏み出
せないまま「勢力関係研究」は今日に至っている。

　このことの問題性は重大である。「家族を外部社会に対して閉じた領域とし
て切り離す方法論に安易に依拠する限り，家族社会学が他の社会学と相互に切
磋琢磨する地位に立つことはありえない」(木本 1995：29) との指摘があては
まる。

　こうした批判を乗り越えるために有効と考えられるのが，A. Komter (1989,
1991) の提示する，3 次元の権力という概念である。第 5 章で詳述するが，
Komter は，夫婦関係を顕在的権力，潜在的権力，目に見えない権力という 3
つの次元からとらえ，夫婦間に起こる表面的な行為の背後にある社会的な力を
も分析の射程に入れる。これによって，夫婦という家族内部の現象を家族外部
の現象との関連でとらえる道を開いたといえる。本書はこの新たな権力概念に
依拠して論じていく。

　「勢力関係」研究が停滞していることの第 2 の理由は，夫婦の「勢力関係」
が，家族の内部過程のもう 1 つの側面である「役割関係」と独立に議論されて
きたことである。妻の就業状況によって夫婦の「勢力関係」が左右されるもの
であることが多くの研究で示されてきた (湯澤・鈴木 1973；松信 2002；岩間
2005)。そのなかには，「就労している主婦は重大な家事決定権は増すが，日常
的な家事決定への参加はかえって減少する」(菰渕 1991：217) など，単に就業
している妻の意思決定の比重が高まるということだけでなく，それが瑣末なこ
とがらから重大なことがらへの関与を強める局面を伴うという，夫婦関係にお
いて重要な意味をもつ現実に対する指摘もなされてきた。しかし，これまで妻
の就業状況は常に「勢力関係」の説明変数として使用されており，役割取得そ
のものが被説明変数となることはなかったのである。

　「勢力関係」研究がスタートした時代には，就業しても女性は結婚によって

36

退職するケースが多く，夫婦関係の開始時期にはすでに夫と妻の役割は決定していたケースが多い。したがって，役割関係が勢力関係の規定要因として考えられたことには妥当性がある。だが，先に述べたように既婚女性の離職理由は結婚から出産・育児へと変化してきており，妻の離職が結婚開始後のイベントとなってきた。したがって，夫と妻の役割は，かつてのように結婚後の権力関係の説明変数としてではなく，むしろ，結婚後にどのようにして役割が取得されるのかという問いの被説明変数として扱われる必要が生じてきたといえる。

　このことは，家族と全体社会の関連性の欠如という問題と深いかかわりをもつ。なぜなら，役割取得，とりわけ稼得役割の取得は外部社会と家族をつなぐ重要なポイントとなるからである。フェミニズムの立場から，E. Lupri が，「結婚においてもっとも重要な局面は分業と権力配分である」（Lupri 1983：23）と指摘しているとおりである。夫婦における権力関係を見るには，夫婦内部の意思決定領域だけに限定することなく，実際に行われている分業のあり方そのものに注目する必要がある。[17]

注

(1)　Parsons らは，パーソナリティの形成から社会システムまでを一貫した理論（AGIL 図式）で説明し，その際に家族内役割を父親，母親など家族メンバーに割り当てた。これに対して，1970年代には，この家族役割の設定が性別役割分業を前提としているとしてフェミニズムの批判を受けることとなった。

(2)　集団としての家族に対する分析視角。戸田（1937）は，第1回国勢調査（1920年）の1000分の1データの分析から『家族構成』を著し，家族研究の形態アプローチを確立した。

(3)　制度としての家族に対する分析視角。古くは法社会学者川島武則の『日本社会の家族的構成』（1948）に代表される。

(4)　核家族説の導入に関しては，これに異議を唱えた山室周平と推進をはかる森岡清美・老川寛らとの間で1957年から1970年にかけて「核家族論争」が繰り広げられた。山室は，核家族の自立性などに見られる機能性および普遍性を問題視し，核家族を家族の理念型にすることによって生じる父子・母子世帯の逸脱視を懸念して核家族論を日本に適用することに反対した。一方，森岡は，家族構造において従来の直系家族の中心に分界を築

くような夫婦中心の近代的家族として核家族を積極的にとらえようとしたため，本来の核家族論の要素である普遍性や機能充足については，矛盾があってもよしと考えた。論争としての決着はつかなかったが，事実上森岡らの「方法論的核家族論」により体系化が進み，学会でも普及した（山西 1991；石原 1992）。

(5)　ただし，上野千鶴子（1994）は，「家」を「近代家族」の一種とみなし，戦前家族と戦後家族の連続性を強調する立場をとる。

(6)　池岡義孝（2010）は，この時代に「核家族論パラダイムもしくは集団論パラダイムが確立した」と述べている。

(7)　その一例を挙げれば，日本における核家族化のパターンについて述べた原田尚（1989）の「家族形態の変動」，家族周期に注目した渡邉吉利（1989）の「二つの時点間の世帯類型変化」，産業化と核家族化の関連を問うた清水浩昭（1985）の「家族形態の地域性」，などである。

(8)　「家族の危機」について，木本（1995）は次のように述べている。離婚の増大，子どもを産まないカップルの増大，法律的婚姻関係を結ばずに同棲するカップルの増大，シングル，同性愛者同士の共同生活，婚外子など，性別分業を受容して成り立つ核家族の枠に収まりきらない現象の出現によって，家族（「近代家族」）の存続自体が危機状況に置かれていることを意味する。と同時に，家族の実態的変化に促されて生じる既存の支配的家族モデルに対する危機意識であると言い換えることも可能である。

(9)　男性の性別役割分業意識については，家事・育児参加に影響を与えるという研究結果（永井 2001；石井 2004など）と，その反対に影響を与えない（加藤ほか 1998；松田 2006など）とする研究結果の両方が報告されている。

(10)　初職（正規雇用）を継続する女性の割合は全体の8分の1，さらに既婚である場合は全体の20分の1となる（三具 2015）。

(11)　ディストレスとは，個人の経験する不快な主観的状態，ストレッサーとは，ディストレスを生み出す可能性を有すると一般に認識される環境的刺激要因（稲葉 2002b）を指す。

(12)　末盛（2001）は，就業の効果は考えられるほど大きくはないとしている。木下（2004）は，妻の就業が結婚満足度を高めるという結果は示されなかったが，逆に，末子7～18歳の時期に，男性では妻が臨時雇用として就業することが，女性では自分が常勤で就業することが結婚満足度を低下させていたとして，妻の就業の負の効果を指摘している。

(13)　しかし，Burgess & Locke（1945）のように，この事態を「制度家族から友愛家族へ」ととらえ，必ずしも深刻な事態を招く変化とはとらえなかった研究者もあった（Blood & Wolfe 1960）。

(14)　その展開については松信ひろみ（2002）に詳しい。

(15)　増田は，親との同居率の高かった当時の家族状況をとらえるため，夫，妻，しゅうとめの三者の関係を調査した。本書の関心から，ここでは夫婦間に焦点を当てて論じる。

⒃　森岡清美・望月崇（1983）の『新しい家族社会学』においても，「Ⅴ．家族の内部構造」のなかに「家族の役割構造」「家族の勢力構造」「家族の情緒構造」が1節ずつ置かれている。

⒄　Connell は，ジェンダーに関する制度の主要3構造を，分業・権力および対象選択や欲望に関係するカセクシスであると述べている（Connell　1987＝1993：159）。

第2章
共働き世帯の増加と夫婦関係分析の視点

第1章では，日本の家族研究を概観した。夫婦の平等という問題がおもに夫の再生産領域への役割シフトという一面的なアプローチによって論じられてきたこと，および，家族を全体社会と連関づけて論じる視点が弱かったこと，そのため，夫婦の力関係の解明においても夫と妻という対個人間の「勢力」関係を問題にするにとどまり，外部社会と連なる「権力」を論じるに至らなかったことを指摘した。

これらを踏まえ本章では，現代の夫婦に起こっている現実を分析するための視点を示すが，それに先立って，本書が注目する現実とは何かをここで明確にしておきたい。

1　1990年代以降の既婚女性の就労と夫婦関係の変化

1990年代以降の既婚女性の就業を特徴づける要素は2つある。1つめは，就業者の増加である。1980年以降，夫婦ともに雇用者である共働き世帯は年々増加し1997年以降は，男性雇用者と無業の妻，すなわち専業主婦からなる世帯数を上まわり，両者の差は2010（平成22）年には約200万世帯，2014（平成26）年には約350万世帯へと急速に広がった（図2-1）。ただし，既婚女性における就業者の増加は，再就職による非正規雇用がほとんどを占める。

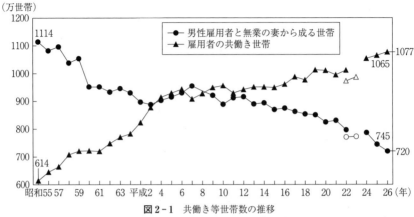

（万世帯）

図2-1　共働き等世帯数の推移

(注) (1) 昭和55年から平成13年までは総務庁「労働力調査特別調査」（各年2月。ただし，昭和55年から57
年は各年3月），平成14年以降は総務省「労働力調査（詳細集計）」（年平均）より作成。「労働力調
査特別調査」と「労働力調査（詳細集計）」とでは，調査方法，調査月等が相違することから，時
系列比較には注意を要する。
(2) 「男性雇用者と無業の妻から成る世帯」とは，夫が非農林業雇用者で，妻が非就業者（非労働力人
口および完全失業者）の世帯。
(3) 「雇用者の共働き世帯」とは，夫婦共に非農林業雇用者の世帯。
(4) 平成22年および23年の数値（白抜き表示）は，岩手県，宮城県および福島県を除く全国の結果。
(出典)「平成27年版男女共同参画白書」第1-2-9図。

　かつて「腰かけ就職」ということばが示したように，若年女性の就職は結婚
までの一時的なものと考えられており，1970年代半ばごろに専業主婦の数は
ピークを迎えた。当時は，結婚退職後はそのまま専業主婦としての暮らしを続
ける人が多かったが，その後再就職する人が徐々に増えていき1985年に59.2%
だった50〜54歳既婚女性の労働力率は，2007年には69.1%となった。同じ時期
に45〜49歳でも66.6%から73.7%へと増加している[1]。

　これは，サービス産業化に伴って女性労働力の需要が高まったことも一因で
あるが，社会全体の景気の低迷によって既婚女性にも働く必要が迫ってきたこ
とを如実に反映している。1991年のバブル崩壊や1997年の山一証券の経営破綻，
さらには2008年のリーマン・ショックに象徴される経済環境の悪化とその後の
低迷による。経済グローバル化のなかで生き残りをかけて企業は厳しい合理化

をすすめ，日本的特徴とされてきた終身雇用制度や年功序列型賃金制度の見直しも図られた。ボーナスのカットや昇給のストップだけでなく「リストラ」ということばが，一般のサラリーマンにとって他人事ではない時代となってきた。こうした社会経済的変化への対応として，妻の就業への期待が高まってきている。

　そのことは2つめの特徴として，若年層の離職理由の変化にも見ることができる。就業構造基本調査では，調査開始の1956年以降，離職理由を尋ねている。1979年には，それまで「結婚・育児のため」であった離職理由を，「結婚のため」と「育児のため」に分けて調査するようになったのであるが，25歳から34歳においてはこの年以降継続して，「育児のため」が「結婚のため」を上回っている。また，15歳以上でみても表2－1に見るように，1997年（平成9年）には「結婚のため」より「育児のため」を理由とする離職女性が多くなってきている。このことは，結婚の初期に共働きを経験する人が多くなってきたことを意味する。

　だが，共働きは子どもの誕生によって中断される。平成27年版男女共同参画白書によれば，1985〜1989年に第1子を出産した女性のうち，妊娠前に就業していて出産で退職したのは全体の37.4％であったが，2005〜2009年には43.9％となった。妊娠前に就業していた人を100％とすれば，出産後無職の人の割合は，1985〜1989年61.0％，2005〜2009年62.0％にのぼる。

　これらはまず，女性にとっては，就業の継続を断つ契機が結婚から出産へと変化してきたことを意味する。同時に，夫婦という単位から見ると，出産がそれまでの共働き夫婦から片働き夫婦すなわち性別分業夫婦に変化する転換点となることを意味している。1980年代半ば以降は，共働き世帯で第1子が生まれるとそのうちの約6割は，こうした夫婦関係の変化を経験しているということができる。

　また，厚生労働省のデータによれば，結婚生活に入ってから第1子出生まで

表 2 - 1 男女，現在の就業状態，前職の離職時期別結婚，出産・育児により前職を離職した
15歳以上人口（平成14年～24年）

男女 現在の就業状態／前職の離職時期		平成19年10月～24年9月						平成14年10月～19年9月	平成9年10月～14年9月
		総　数	平成23年10月～24年9月	平成22年10月～23年9月	平成21年10月～22年9月	平成20年10月～21年9月	平成19年10月～20年9月		
結婚のため前職を離職した者	総　数	617.8	123.7	105.1	118.3	119.1	126.4	813.0	1079.2
	有業者	242.8	38.2	46.5	52.6	45.5	48.5	241.6	294.3
	無業者	375.0	85.5	58.5	65.7	73.7	77.9	571.4	784.9
	男	37.9	8.6	6.8	8.4	5.2	7.6	26.7	32.6
	有業者	34.9	7.3	6.7	8.1	5.0	6.5	25.6	30.5
	無業者	3.0	1.4	0.1	0.3	0.2	1.0	1.1	2.0
	女	579.9	115.1	98.3	109.9	113.9	118.9	786.3	1046.6
	有業者	207.9	30.9	39.8	44.5	40.5	42.0	215.9	263.8
	無業者	371.9	84.1	58.6	65.4	73.4	76.9	570.3	782.8
出産・育児のため前職を離職した者	総　数	1255.7	259.9	244.9	241.0	229.0	232.6	1183.5	1181.3
	有業者	290.5	22.8	42.3	59.1	68.9	89.2	242.2	211.3
	無業者	965.2	237.1	202.7	181.9	160.1	143.4	941.3	970.1
	男	10.2	1.8	1.1	3.2	1.6	1.8	7.6	5.1
	有業者	7.1	1.2	0.7	2.2	0.9	1.8	5.7	3.7
	無業者	3.1	0.6	0.4	1.1	0.7	0.1	1.9	1.3
	女	1245.5	258.1	243.9	237.8	227.4	230.8	1175.9	1176.3
	有業者	283.4	21.6	41.6	56.9	68.0	87.4	236.6	207.5
	無業者	962.1	236.5	202.3	180.9	159.4	143.3	939.3	968.8

（出典）「平成24年就業構造基本調査　結果の概要」表Ⅱ - 2 - 10。

の平均期間は1980年の1.61年から徐々に伸びており，2012年には2.33年となっ
ている（厚生労働省 2014）。平均的には，結婚から出産まで2年前後の共働き
経験をもつ人が増えてきたと考えられる。

　先行研究において明らかにされてきたことは，夫片働き夫婦，共働き夫婦
（そのなかでも妻がフルタイムの場合と，パートタイムの場合に分けられる）がそれ
ぞれ異なる特徴をもつということであった。しかし，見てきたように妻の就業
状況が変化するなら，個別夫婦において，この異なる特徴をもつ夫婦の形態へ
の移行が必然的に起こるということである。

　このとき，それぞれの夫婦は，何の抵抗もなくこれら異なる夫婦の形態へと
機械的に次々にスイッチを切り替えて移行し，何ごともなかったかのように日

44

常生活を営み続けることが可能なのだろうか。現実問題として，結婚当初から夫片働きを通すことのできる夫婦は，不安定な社会経済状況下においては少数にとどまる。将来的にはさらに減少することが予測される。そして，たとえ現在専業主婦でいることが可能であっても，将来に備えて職業に就きたいと考える既婚女性は多い。また，これとは対照的に，結婚のスタート時点からずっと共働きを続けることが可能なカップルは，これもまたわずかである。妻が働き続けることを求められる経済状況にある場合でも，子どもが幼い時期の就業継続はかなり厳しい。

　したがって，夫婦という長期にわたる関係のなかで，こうした変化を経験しないカップルのほうが，むしろ少ないのである。大多数のカップルは，妻の離職，再就職という就業上の変化によって，たとえば，共働き夫婦から夫片働き夫婦へ，そして妻がパートで働く共働き夫婦へというように，異なる関係のあり方を特徴とする夫婦のタイプへと移行し，そこでは夫婦関係の組み換えが起こる可能性が多分にあるということになろう。本書が注目するのは，こうした妻の断続的な働き方であり，それによって異なるタイプの夫婦関係への移行が起こっているという現実である。

　これまでの研究から他のタイプの夫婦に比べて共働き夫婦がもっとも平等な関係をもつとされているため，結婚の初期に共働きを経験する夫婦の増加は，その後に経験するタイプの夫婦関係をより平等度の低いものとしてとらえる傾向があるのではないだろうか。

　この現実をとらえるためには，これまでの夫婦関係研究に見られたいくつかの限界の乗り越えを図る必要がある。既存の夫婦関係研究に代わるどのようなアプローチによってこの現実をすくい取れるのか。本書が採用する分析視点について，次節で論じる。

2　現代の夫婦関係をとらえる分析視点

権力論

なぜ「権力」を
とらえるのか　第1点目として，妻が労働市場で働くことに着目するというこ
とは，それによって生じる夫婦の権力関係を問題にするという
ことでもある。なぜ，夫婦関係を「権力」という視点からとらえようとするの
か。それは，家族内外の非対称的なジェンダー・アレンジメントとそれが示す
変化に対する抵抗力の大きさには，「権力」と呼ばれるにふさわしい重大な何
かが存在していると考えるからである。盛山和夫に従えば，「権力理論がなす
べきことは，さまざまな権力現象の仕組みを明らかにすること」（盛山 2000：
187）であり，それが本書の基本姿勢となっている。

　日本において1999年，「男女が，社会の対等な構成員として，自らの意思に
よって社会のあらゆる分野における活動に参画する機会が確保され，もって男
女が均等に政治的，経済的，社会的及び文化的利益を享受することができ，か
つ，共に責任を担うべき社会を形成[3]」することを目指して男女共同参画社会基
本法が施行された。だが，それから15年余を経過した今日も，日本の夫婦にお
いては「男は仕事，女は家事・育児」というジェンダー・アレンジメントの顕
著な非対称性が依然として存在し続けており，この非対称性は，そこに権力関
係が生じることを容易に推測させる。差異化はカテゴリー相互の間にも，また
カテゴリー内部にも権力関係を持ちこむ（上野 1995）からである。

勢 力 関 係
研究の限界　夫婦関係におけるこうした権力に関わる問題は，日本では勢力関
係研究として家族研究の重要な一角を占めてきた。第1章では，
勢力関係研究が家族の内部過程研究として位置づけられ，家族外部との関連を
十分に視野にいれてこなかったという重大な問題があったこと，さらに，役割
関係研究とのかかわりにおいて，勢力を規定する要因となる夫婦の役割を夫と

妻がいかなるプロセスを経てどのようなバランスで取得するのかという議論へ発展しなかったこと，したがって，女性の就業状況は常に男性の家事・育児参加の説明変数として置かれ，女性の生産労働への参加という役割シフト自体が研究のテーマとされてこなかったことを指摘した。それでは，夫婦関係の平等化を論じるにあたって，勢力論のこれらの限界をいかにして乗り越えのることができるのか。これを探るために，盛山和夫による議論を参考にしたい。

　権力は夫婦関係にのみ使用される概念ではない。盛山（2000）は，多様な権力論を新しい社会理論の構図のもとに位置づけるために，権力を3つのレベルからとらえようとする。第1は，個人レベルの概念化である。これは M. Foucault 以前，1970年ごろまで広く使用されてきたもので M. Weber をその代表とする。Weber（1922＝1972）は「権力（Macht）とはある社会関係のなかにおいて，抵抗を排除してでも，自己の意思を貫徹しうるおのおのの可能性を意味する」と考え，権力という現象を個人の行為や意志や利害といった個人的な諸要素だけによって概念化することを特徴とする（盛山 2000：2）。

　第2は観念図式レベルの概念化である。1970年代終わりごろから使用されるようになった。Foucault に代表される概念化で，「ある人が，自明視された社会的知識と科学的知識のもとで行為することが権力の作用であり，その意味において『知識』こそが権力だ」と考えられた（盛山 2000：15）。第1の個人レベルの概念化との違いとして，「個人レベルの概念化では，二人以上の行為者が相互作用する場においてのみ権力が存在するのに対して，観念図式レベルでは，権力が存在するのに他者や他者との相互作用の場は必要不可欠ではない。行為者は何らかの知識にとらわれたとたんに権力のもとに置かれるのである。したがって，『権力者』とか『権力主体』とか『権力行使者』といった概念がこのレベルのもとでは無意味になる」（盛山 2000：15-16）点をあげている。

　第3は集合体あるいは制度レベルの概念化である。これを明示的に概念化したのは T. Parsons で，「権力は集合的組織体系の諸単位による拘束的義務の遂

行を確保する一般的能力」であり，この集合体あるいは制度レベルの概念化に
よって説明しようとした現象は，組織レベルでの集合的決定とその遂行におい
て現れる「権力」と考えられる（盛山 2000：17）。

　この分類によれば，夫婦の「勢力関係研究」においては夫と妻という個人間
に生じる事象，すなわち家庭という場で決定を迫られるような問題に直面した
ときの意思決定状況を対象にしており，個人レベルの概念化によるものである
ことが明らかである。盛山は，個人レベルの概念化は，権力という現象を個人
の行為や意思や利害といった個人的な要素だけによって概念化しており，その
ため，個人を超えた制度的なものを取り込んでおらず，社会空間にある構造的
なものが捨象されてしまうと指摘している。したがって，こうした概念によっ
て把握可能な変数は，影響を及ぼしているか及ぼされているか，どの程度意志
を貫徹しているかの度合い，最終的に手にする利益の大きさという点にとどま
る（盛山 2000：87）。

　さらに，その結果，こうした「個人レベルの概念化」は，第1に，ここでの
権力の非対称は一時的なものでしかない，第2に，相反する非対称性を導く可
能性がある，第3に，先に見た影響の方向と意志貫徹の度合いに関して，個人
AとBとが同時にともに権力者であり服従者であることを妨げない，という限
界をもつ（盛山 2000：88）。

　先に見た「勢力関係研究」で指摘した「勢力関係研究」に関わる第1の問題
点，すなわち夫婦の外部社会との関連を捨象してきたという問題点は，こうし
た個人レベルの権力概念によってのみ夫婦関係をとらえようとしたことによっ
て生じた当然の結果であると理解できる。

多次元の権力論　ところで，夫婦の権力関係研究において，個人レベルだけでな
く，権力を多次元的にとらえる必要があることを提唱している
のは A. Komter（1989, 1991）である。Komter は S. Lukes（1974 = 1995）の
「権力の三次元」というアイディアをもとに「顕在的権力」「潜在的権力」「目

に見えない権力」によって夫婦関係の分析を行った。ここで「顕在的権力」は顕在的な対立をめぐって具体化される権力，「潜在的権力」は対立が表面化するのを回避させるように作用する権力，「目に見えない権力」は不満を顕在化させないように働く権力（Komter 1989, 1991）を意味する。

　「潜在的権力」「目に見えない権力」は，前述の盛山の分類によれば，観念図式レベルの概念化および集合体あるいは制度レベルの概念化に該当するものである。それでは，このように多元的なレベルで概念化される権力を，夫婦を対象にどのような一貫した理論のもとに語ることができるのか。多次元の権力を把握した場合，これらの関連性をどのようにとらえるのかが問題（松信 2002：43）となってくる。

　この点に関して，盛山は，「権力現象の制度的な側面と純粋に個人的なレベルのものとを概念的に区別すれば解消される」（盛山 2000：108）と述べる。しかし，区別するだけでは問題は解決しない。必要なのは，夫婦関係研究において，どのようにしてこれらの異なるレベルの権力概念を関連づけることができるのかである。この点を次に考察しよう。

　ここで指針となるのは，江原由美子（2001）の議論である。江原は『ジェンダー秩序』において，「男らしさ」「女らしさ」という意味でのジェンダーと，男女間の権力関係である「性支配」を同時に産出していく社会的実践のパターンを「ジェンダー秩序」とし，それに沿った社会的実践によってジェンダーと「性支配」が同時的に社会的に構築されることを示した（江原 2001）。「性支配」には夫婦の権力関係も含まれていると考えられる。

　江原は，ジェンダーと性支配は個々の社会的相互行為場面のみから構築されているわけではなく，いわゆる「構造」水準の出来事に照準する概念であるべきだと述べ，したがって「必要な課題は，具体的な相互行為列と，いわゆる『構造』とのかかわりについて，より明確に把握することである」（江原 2001：65）とした。

このなかで江原は,「性支配」の記述が困難であることを指摘し, その理由について次の2点をあげ, それぞれに対する乗り越えを図った。第1に, 従来の「権力」の概念化は「強制」を核としてなされてきた。そのために, 集合体の水準で生じる「権限」は, 最大に行使されれば「強制」を組織員に感じさせないためその「権力」定義と矛盾し, 集合体レベルの「権力」を見逃してしまう (江原 2001：384-385)。そこで,「強制」に代わって「他者を動員しうる力」によって権力を定義することにより, この問題をクリアした。

第2に, 従来の「権力」の概念化は個人と社会という二元論に基づいていた (江原 2001：384)。ここで江原が A. Giddens と P. Bourdieu を参照しつつ提示したのが, 構造と実践の不可分の関係である。従来の社会理論は「行為」と「構造」を,「個人」と「社会」の関係, すなわち部分と全体の関係としてとらえてきたが, Giddens は, そうした二元性に対して,「実践 (行為)」と「(社会) 構造」の関係を「二重性」として把握することを主張した (江原 2001：67)。一方, Bourdieu は,「構造」を「実践」によって構成されるものとして把握する。その際「実践」そのものが,「構造」によって「構造化」されている側面をもつことに着目する (江原 2001：73)。両者の議論の間には異なる部分もあるが, 重要な共通点は, 構造は実践によって構築され, 実践は構造によって規定されるという相互の連関関係の把握にある。

こうした議論に依拠しながら, 江原は,「具体的な相互行為」を「相互行為水準」,「構造」を「社会的地位水準」に位置づけられるものとして,「相互行為水準の性支配と社会的地位水準の性支配は, 大きくみた場合には, 循環構造を形成している」(江原 2001：111) と考える。異なったレベルにおける権力が, 循環的に, しかも「相互行為水準の性支配」においてすでに「社会的地位水準の性支配」が作用している (江原 2001：385) と見るのである。

盛山が示した個人レベルにおいて把握される権力と, 観念図式レベルおよび集合体あるいは制度レベルにおいて把握される権力を, それぞれ「相互行為水

準の性支配」「社会的地位水準の性支配」に置き換えて考えることが可能である。この江原の示した権力の循環的構造とさらに，ミクロレベルの権力がすでにマクロレベルの権力の作用のなかにあるという位置づけは，「勢力関係研究」に内在する限界，すなわち，夫婦関係を全体社会の権力構造と関連づけて論じる射程をもたないという問題を打開する道筋を示している。

　以上より本書では，「勢力関係論」を脱して，個人レベルだけでなく社会というマクロレベルの権力を視野に入れ，そこでの相互の連関関係がいかなるメカニズムによって織り成されているのかを具体的な事例のなかから把握したいと考える。

　その際に，男女の関係について論じた江原は，「権力」を「他者を動員しうる力」としたが，そこに「資源」という概念を立てていない（江原 2001：107）。だが，筆者は夫婦関係に権力論を適用するにあたっては，その規定要因として資源，とりわけ労働によって獲得する収入に注目する必要があると考える。なぜなら，夫婦という関係は，排他的で外部から見えにくく，当事者である夫婦自身においてさえも情緒的な結合を理由に経済的依存という問題を直視しない傾向があると考えられるが，経済的依存を含む資源の非対称性は夫と妻の立場を差異化し二者の関係に多大な影響を及ぼすからである。また，「資源論」は「家族と社会の相互浸透を分析の射程に入れる可能性をもつ」（目黒 1988）との指摘のように，資源に注目することは，夫婦の権力関係を外部社会との連関のなかで把握するもっとも有効なツールであると考えるからである。

動態としての夫婦関係

　第２点目にあげるのは，夫婦関係をとらえる時間という分析視点である。すなわち長年にわたる夫婦という関係が作り出す軌跡への着目である。それは，先行研究によって明らかにされてきた知見を，現代の夫婦が置かれている社会状況に重ね合わせたときに必然的に導き出されるものである。

まず，これまでの夫婦関係研究が明らかにしたことはこうである。たとえば，夫婦の役割関係においては，男性の家事・育児参加の程度が１つの重要な指標としてとらえられ，その規定要因を解明することに多くのエネルギーが注がれた。規定要因として，夫の就業状況，親族からのサポートなどに加え，女性の就業状況（たとえば，フルタイム，パートタイム，専業主婦）もその１つとされた。女性の就業状況は夫婦の権力関係や夫婦関係満足度などの規定要因として使用され，妻の経済的地位が高いほど，夫婦の役割関係や権力関係がより平等になること（長津 1991；鎌田 1999），妻が高学歴かつ高収入（年収200万円以上）の場合に夫が妻のあり方・生き方を尊重する行動をとる傾向があること（柏木・平山 2003）などが明らかにされた。つまり，女性の就業状況が夫婦関係を規定する重要なファクターであることは多くの研究における共通の知見であって，共働き夫婦と夫片働き夫婦，あるいは，共働きであっても，妻がフルタイム就業の場合とパートタイム就業の場合の夫婦関係の特徴は異なるということがわかっている。

　本章第１節ですでに述べたように，1990年代以降の特徴として，夫１人の稼ぎで生計を維持することが困難となりつつあり，その現実的対応として妻が働くケースが増加している。だが，子どもをもって働く環境はいまだに整備されておらず，たとえ働く意思があってもやむなく仕事を辞めて専業主婦となる。これが一部を除いて大多数の既婚女性が辿る道筋となっている。結婚の始めから生涯専業主婦であり続けたり，フルタイム就業であり続ける女性はむしろ少ない。結婚の初期にフルタイムで就業していた人が，子どもの誕生に伴って専業主婦となり，その何年か後に多くがパートタイムの職に就く。まさにこうした女性たちの働き方がM字型就労といわれる日本型就労パターンをつくりあげている。

　このとき，妻のM字型就労によって夫婦は異なる特徴をもつ夫婦関係を連続的に経験することになる。したがって，求められるのは，さまざまな内的・外

的要請によって妻の就業状況は変化するということを前提として，それに伴っ
て多様に変化する夫婦関係の動態をとらえようとする視点である。一時点の横
断的な視点ではなく，同一夫婦の時間的変化に着目した縦断的視点を取り入れ
ることが不可欠となろう。

「ジェンダー」という分析視点

　本書が採用する第3点目はジェンダーという分析視点である。第1章でもふ
れたことであるが，フェミニズムが家族研究に与えた影響は大きく，とりわけ，
近代家族に内在する性役割／性分業批判や女性抑圧の構造の解明（Friedan
1963 = 1965；Oakley 1974 = 1986；Chodrow 1978 = 1981；Badinter 1980 = 1998な
ど）に関わる欧米の研究成果は，日本にも新たな研究視点をもたらした。多様
な視点や問題意識に立ち，さまざまなアプローチによって展開されたフェミニ
ズム運動と理論は，複雑に錯綜しており単線的な発展の形としてとらえること
は困難であるため，ここでは，主要な論点に注目してその流れをあとづけてみ
たい。

フェミニズムの軌跡　近代に入り経済的には資本制が，思想的には啓蒙主義が発
　　　　　　　　　　展するなかで，女性の権利を要求する主張があらわれた。
Olympe de Gouges は，フランスの人権宣言（「人間と市民の権利の宣言」）に女
性が含まれていないことに抗議し「女性および女性市民の権利宣言」（1791）
を発表した。また，Mary Wollstonecraft は『女性の権利の擁護』（1792）で，
フランス革命の主導的立場にある思想家たちは女性を理性的に低いものと見て
おり，政治や自然権から女性を排除していることに強く抗議した。
Wollstonecraft の主張は体系的な女性解放思想の最初のものとされ，その後に
続く欧米の女性運動の指導者に多大な影響を与えた（ホーン川嶋 2000）。

　20世紀初頭に起こった第1波フェミニズムは，女性参政権の要求を目指す運
動として広く知られている。アメリカでは1920年に20歳以上の男女に選挙権，

25歳以上の男女に被選挙権が与えられることで一定の成果を獲得した。しかし，女性参政権が確立された後の社会においても，男女平等の法的権利は内実を伴っていなかった。そうした状況に対して，1960年代末以降，実生活における男女の平等を実現すべく社会・経済的条件を要求する運動が広がった。第2波フェミニズムである。

アメリカにおける第2波フェミニズムは，1966年の全米女性機構（National Organization for Women：NOW）の発足とともに始まった。そのきっかけは創始者である B. Friedan が『新しい女性の創造』（1963＝1965）において，恵まれた暮らしを享受し幸せに満ちていると考えらえていた中産階級の専業主婦のもつ虚しさや自尊心の欠如を指摘したことであった。それは女性が主婦と母親役割に閉じ込められ1人の人間として自己を確立できないことから生じる問題であり，解決のためには個々人の努力を超えた社会的レベルでの女性差別制度の撤廃，社会慣行の変更が必要であると訴えたのである。

女性解放運動の火付け役となった『新しい女性の創造』および NOW は，公的領域における性差別をなくし，雇用や教育や市民的・政治的領域における女性の進出と権利の拡張を中心課題としつつ，リベラリズムの原理にのっとって男女同権運動を推進していった（吉原 2013）。リベラル・フェミニズムの代表とされるゆえんである。しかし，この主張は，エリートの中流階級以上の白人女性の声を代表しているとの批判がマイノリティの女性から起こり，リベラリズムへのアンチテーゼとしてさまざまな主張をもつ多様なフェミニズムが次々と登場してくる。代表的なものとして，ラディカル・フェミニズムおよびマルクス主義フェミニズムの中心的な主張を見てみよう。

ラディカル・フェミニズムは1960年代後半のアメリカに登場した。その理由について伊田久美子は「マルクス主義の伝統が比較的希薄であり，したがってマルクス主義理解が概してかなり素朴であることと，黒人解放運動という同化ではない平等を目指す運動の洗礼の存在が，新しいフェミニズムを徹底的にラ

ディカルなものとすることを可能にした」（伊田 1997：20）と述べている。

　K. Millet の『性の政治学』（1970＝1973）は，ラディカル・フェミニズム理論を代表する著作である。[4] Millet は，「政治」ということばの意味をあらゆる権力関係へと拡大し，権力関係としての男女間の関係をあらゆる政治的関係，権力関係のもっとも基本的な類型と見なすべきであると主張した。Millet は，あらゆる領域で生じている，男性優位の権力関係を「家父長制（父権制）」と呼び，個人的関係であるとみなされてきた男女の関係がすぐれて政治的意味をもつものであることを明らかにし，この公私にわたって作用する「家父長制」との闘いをフェミニズムのもっとも中心的課題とした（伊田 1997）。

　『性の政治学』は多数の言語に翻訳され「個人的なことは政治的である」というスローガンとともに国際的にも大きなインパクトを与え，「女性の抑圧からの解放と社会変革にかんするその後の数多くの理論的研究や著作をうみだす源泉となり，とりわけ女性学，文学のフェミニスト・クリティシズムの成立をうながす契機になったことは記憶にとどめられなければならないだろう」（藤枝 2002）と高く評価されている。ただし，「家父長制」の起源とそれが歴史的に再生産されてきた理由が示されなかったため，女性解放のための戦略が立てられない点が批判された。[5]

　一方，マルクス主義は，19世紀以来の思想状況のなかで，人間解放の理論としてもっとも体系的で影響力のある思想であったが，1960年代半ばにラディカル・フェミニズムによってマルクス主義における女性の不在という問題が指摘された。すなわち，「従来のマルクス主義理論は，男性をモデルとして構築されたものであり，ブルジョアジー（資本家）とプロレタリア（労働者）という二大階級の対立を資本主義の根本矛盾であるととらえる結果，女性差別問題をその理論の中心に組み込んではいなかった」（古田 1997：319）ことの告発である。これを受けて登場したのが，階級抑圧と性抑圧の関係を重視し両方を問題にする必要があるとする理論的潮流をもつマルクス主義フェミニズムである。

マルクス主義フェミニズムは，その論点の違いにより1970年代の前期マルクス主義フェミニズムと1980年代の後期マルクス主義フェミニズムに分けることができる。前期マルクス主義フェミニズムは，マルクス主義の生産関係分析，階級理論を中心にした史的唯物論に，再生産関係，性関係の分析を取り入れたところに特徴があり，議論の焦点は家事労働論争に代表される[6]。すなわち，家事という女性の不可視化された労働を中心に，生産と再生産の関係，資本主義と家父長制の相互関係を問うことによって，女性の抑圧の物質的基礎を理論化することにその焦点が置かれた（竹中 2011）。

　これに対して後期マルクス主義フェミニズムは，女性の労働を家事労働および市場労働を包括するものとしてとらえたうえで[7]，それまで軽視されていた市場における女性労働に分析の焦点を移し，「80年代に入ってからの MF（マルクス主義フェミニズム：筆者注）理論は，まさしく生産と再生産の両領域をトータルに踏まえた上で，この家父長制的資本主義をどうとらえるかが，最大の問題になった」（竹中 2011：69）とされる。

　資本制に議論の中心をおくマルクス主義フェミニズム，家父長制に議論の中心をおくラディカル・フェミニズムに対して，マルクス主義理論にラディカル・フェミニズムによる女性抑圧分析の洞察を取り入れてより包括的理論を構築しようとする試みが社会主義フェミニズムの流れを作り出した（ホーン川嶋 2000）。社会主義フェミニズムには，2つの立場がある。第1は，資本制社会における女性の地位は，それぞれ固有の生産様式をもつ相互に独立した資本制と家父長制の両者の作用の結果であるとする二元論[8]，第2は，資本制は本質的に家父長制的であり，女性の縁辺化，二次労働力化は資本の本質的性質を構成するとする統合論[9]である。両者間の論争を通してジェンダーの理論化が進展していくこととなる[10]。

　1970年代に構築されたフェミニズム理論は，1980年代になると，有色人種のフェミニストたちから「女」の同一性に対する批判を受け，その批判は，アメ

リカ国内にいる有色人種の女性だけではなく，第三世界の女性たちにも広がっ
てポストモダン・フェミニズム論やポストコロニアル・フェミニズム論への発
展につながった。セクシュアリティの視点からも，レズビアン・フェミニズム
の理論はクイア理論へと発展していった（吉原 2013）。

　さらに，フェミニズム運動は女性学だけではなく，男性学やジェンダー学の
出現をも促した。1970年代のフェミニズム理論と運動は多くの問題を内包しな
がらも，その後のフェミニズム理論や運動に多大な影響を与えたのである（吉
原 2013）。

　1990年代に入って登場した「ポストフェミニズム」は，第 2 波フェミニズム
の行き過ぎを批判し，フェミニズムの要求は達成されたとしてフェミニズムを
もはや不要視する若い女性たちによる主張である。こうしたポストフェミニズ
ムに対抗し，「第三波になる（Becoming the Third Wave）」というエッセイを発
表した Rebecca Walker（1992）によって第 3 波のフェミニズムのスタートが
切られた。第 3 波フェミニズムは，第 2 波フェミニズムを肯定的にとらえ，自
らをその連続体と認識する。人種，民族，宗教，経済的地位，性的指向におけ
る相反する立場を許容するフェミニスト・コミュニティを重視し，対象とする
テーマがポップアイドル，ヒップホップ音楽，ファッションといったサブカル
チャーにある点が特徴としてあげられる。しかし，第 2 波フェミニズムのよう
な社会にインパクトを与える大きな波ではない（吉原 2013）とされる。

分析軸としての　　上記のような展開を見せたフェミニズムは，多くの学問上の功
ジェンダー概念　　績を残した。その 1 つは，女性の視点からあらゆる問題を分析
しようとする女性学の誕生である。大学に女性学プログラムが開設され，[11] 1970
年代には 'Signs', 'Feminist Studies', 'Women's Studies Quarterly' などの女性
学専門誌が刊行された。日本においても，1970年代半ばに女性学講座が開かれ，[12]
フェミニズムが学問として徐々に認知されていく。

　そのなかでもっとも重要なのは，「ジェンダー」という概念が登場したこと

である。それまで単に性別を表すセックスという語の同義語，または文法における名詞の性を表すことばとしてしか使用されなかった「ジェンダー」ということばが，フェミニズムの主要概念として使用されるようになったのは，第2波フェミニズムにおいてである。

　ジェンダーは，それが創出された背景によって異なる意味づけがなされている（江原 1995）。第1にあげられるのは，セックスと対比的に導入されたジェンダーであり，現にある男女の役割の違いや性格の違いが，社会によって文化的に作られたものであり，それゆえに変更可能であると主張した[13]。こうした考え方は，「役割」として「性別」を見る視点を生み出し，「性役割」論という理論的成果として1970年代から80年代にかけて女性学の中心を占めた。

　しかし，ジェンダー概念が含意するものはそれだけではなかった。第2にあげられるのはラディカル・フェミニズムによるジェンダー概念である。近代的人間観における「人間」という中立概念に男性中心性が潜んでいることを告発するもので，これはのちに，近代科学のあらゆる領域における基盤となってきた「客観性」それ自体に性的偏向があることを指摘し，そこから「知」の相対化という大きなパラダイム転換を引き起こしていくことになる（伊田 1997）。

　第3にあげられるのは，ジェンダーを「性別」ではなく「性別秩序」を示す概念として定義するジェンダー概念である（江原 1995, 2001；Connell 1987 ＝ 1993）。「性別秩序」とは，「性別」や認知された「性差」を根拠として，あるいはそれを参照することによってつくられている「社会秩序」「社会関係」を意味する。この社会秩序や社会関係の記述の際に動員される知識のなかで「性別」や「性差」に関わるものが，ジェンダーという概念で表されるものである（江原 1995）。この含意に立ったジェンダー概念をのちに江原は「ジェンダー秩序」と呼ぶのであるが，「ジェンダーを現代社会の権力現象の不可欠な構成要素として位置づけ，「ジェンダーと権力」のかかわりあいにおいて，男女間の（不平等な）社会関係に関わる社会構造の形成や変動を考察するという，理

論的パースペクティブ」(江原 1995：53) となりえることを示唆する。

　第4にあげられるのは，分析カテゴリーとしてのジェンダー概念である。ホーン川嶋 (2000) は，

　　現実も，主体も，文化や知も，言葉や言説のなかで構築されるというポスト
　　モダン的な考え方の影響が強まるなかで，フェミニズムの関心も，資本制と
　　か，家父長制という社会構造についての決定論的モデルから離れ，文化，主
　　体，セクシュアリティ，エイジェンシーの問題へと移行した。(中略) この
　　ような展開は，知，文化，主体，セクシュアリティ，エイジェンシーの分析
　　には，家父長制概念では限界があるという認識を強め，むしろジェンダーを
　　知／力と結び付け，主体の構築および社会組織の編成にどのようにジェン
　　ダーが作用しているかを分析していこうとするパースペクティブを開いたと
　　言える。(ホーン川嶋 2000：57)

と述べ，ポストモダン的状況におけるジェンダー分析の有効性を示している。

　さらに Connell (1987＝1993) は，現実を生み出しているのは人々の日常行
動であり，ジェンダーとは社会生活の内部で生起するある現象のことであると
とらえ，日常行動の過程にこそ，平等主義的な性の形式を構築するようなジェ
ンダーの再編の契機があることを示唆している。このようにジェンダーを位置
づけ，ジェンダー再編の可能性が日常行動の過程にあるとする考え方は，夫婦
関係を動態として詳細に見ていく際に不可欠の視点であると考える。

　前節で述べたように，本書がとらえようとしているのは，妻の就業が断続的
にならざるを得ない現代の夫婦において，夫・妻という主体がいかなる過程で
どのようにジェンダー化され，そのうえでとる実践が，どのように夫婦間の平
等および全体社会の男女の平等の問題と連関しているのか，そこにどのような
権力関係が働き，どのような権力関係を構成しているのかをリアルな水準で明

らかにすることである。したがって，これを実現する分析視点として，ジェンダー概念，特に第3，第4のジェンダー概念を採用する。

3　使用するデータ

　第3章以下で使用するデータは次のとおりである。詳細については，各章で記載する。

第3章（2次分析）
　　調査名：「消費生活に関するパネル調査」
　　調査時期：1993〜1997年
　　対象者：1993年時点で24〜34歳の女性1500人
　　調査地：全国
　　調査方法：質問紙調査・パネル調査（層化2段無作為抽出法・留め置き法）
　　調査主体：家計経済研究所

第4章（2次分析）
　　調査名：「女性とキャリアに関する調査」
　　調査時期：2011年11月
　　対象者：年齢25〜49歳の女性5155人（短大・高専卒以上）
　　調査地：東京都，神奈川県，埼玉県，千葉県
　　調査方法：質問紙調査（インターネット調査）
　　調査主体：日本女子大学現代女性キャリア研究所

第5章
　　調査名：「出産後の就業に関するカップル調査」

調査時期：2005年4〜8月

対象者：1〜4か月後に第1子出産を控えた夫婦23組

　　　　夫年齢26〜43歳，妻年齢23〜38歳

調査地：東京都

調査方法：インタビュー調査

調査主体：三具淳子

第6章

調査名：「セカンドチャンスと資格取得に関する調査」

調査時期：2009年8〜9月

対象者：31〜80歳の女性180人（回収130人）

調査地：全国

調査方法：質問紙調査（郵送配布，郵送回収）

調査主体：日本女子大学現代女性キャリア研究所

第6章・第7章

調査名：「女性のセカンドチャンスと夫婦関係調査」

調査時期：2009年6〜10月

対象者：30代前半〜60代前半の女性25人

調査地：首都圏

調査方法：インタビュー調査

調査主体：日本女子大学現代女性キャリア研究所　担当：三具淳子

注

⑴　労働力率の変化は，25〜29歳既婚女性においても大きい。1985年38.9％から2007年50.7％と増加した。ただし，これは晩婚化による第1子出産年齢の上昇を反映しており，

出産前の女性就業者の増加と考えられる。30～34歳では微増，35～39歳および40～44歳では減少となっている。

(2) 1992年以降は，選択肢に「介護のため」が追加された。下に，1992年以降の離職理由別割合を示す。

離職理由の割合（25～34歳女性）(%)

	結婚のため	育児のため
1992（平成 4）年	26.2	29.5
1997（平成 9）年	21.9	25.6
2002（平成14）年	11.8	13.3
2007（平成19）年	10.5	14.1

（出典）就業構造基本調査より筆者作成。

(3) 男女共同参画基本法　第1章　総則（定義）

(4) ラディカル・フェミニズム理論に貢献したフェミニストに，「家父長制」の起源は「生物学的家族」にあるとした S. Firestone（1970＝1972），Millet や Firestone を批判しマルクス主義とフェミニズムの結合を目指した J. Mitchell（1971＝1973）が挙げられる。

(5) また，ラディカル・フェミニズムは「女性の抑圧」の根源に夫婦や恋人などの男女関係において支配―従属関係があることを指摘したが，その主張は「異性愛」を前提としていたため，レズビアニストから女性抑圧の根源に「強制的異性愛」制度があることが突き付けられた。

(6) Dalla Costa は『家事労働に賃金を』（1986）において，主婦も労働者であると述べ，再生産労働は資本に利潤を生むのであるから資本のための労働であり，再生産労働を担う女性にも労働者として賃金が支払われるべきであると主張した。家事労働の分析によって私的領域とされてきた家族の社会的機能を明らかにした。なお，同書は，イタリアにおいて出版された書籍の翻訳ではない。1970～1980年代に書いた論文を著者自身が選択・編集した日本語版の論集である。

(7) 代表的な著書として『お金と愛情の間』（Sokoloff 1980＝1987）。労働市場における女性の位置は，資本主義以外に家父長制という要因を導入することによって解明されると主張した。Anne Oakley（1972）は，資本制はプロレタリアと主婦の両方を作り出したと主張し，Christine Delphy（1977）は家内制生産様式による女性の生産力，再生産力の搾取こそ女性抑圧の根源であると主張した。

(8) その代表的論者として，家父長制を資本制から自立したシステムとしてとらえた Hartmann（1976），Sokoloff（1980＝1987）など。

(9) 生産様式と分離した独自形態としての家父長制システムは存在しないとして二元論を批判し，意識的にマルクス主義とフェミニズムの統合を目指す立場（Young 1981）。

(10) 詳細はホーン川嶋（2000），竹中（2011）を参照。

(11) 1970年に女性学プログラムがサンディエゴ州立大学で開設された。

⑿　1974年に和光大学で日本初の女性学講座が開設された（井上 2012）。

⒀　セックスとジェンダーの概念的区別を最初に行った研究者の1人として Oakley
　　（1972）がいる。

第3章
既婚女性の「経済的依存」の実態

1 妻の経済的自立への注目

　第1章で見たように，これまでの夫婦関係研究において，平等化という問題は夫の家事・育児参加に偏って焦点化され論じられてきたが，その一方で妻の生産労働への参加という問題はほとんど取り上げられることがなかった。だが，男性の再生産労働への役割シフトと女性の生産労働への役割シフトは，この両者が同時に動いてはじめて実効性をもつ。家族領域においても，妻の生産労働への参加状況を有効な指標によって把握することができれば，議論を深める手がかりとして期待できるのではないか。本章では，これを可能にする「経済的依存」という概念に着目する。

　夫婦においては，家計は平等に分配されるという前提のもとで，夫の収入が高ければ当然妻も豊かな生活を送ることができると考えられてきた。しかし，結婚における夫の現実と妻の現実は異なる。それは，「近代家族」が性別役割分業を組み込んでいる以上必然の結果であるが，「近代家族」モデルが規定力を強めれば強めるほど，不平等によって生じる夫婦間の異なる現実は見えにくくなる。そうしたなかで，結婚における不平等な現実の一端を解明するために，夫婦間で一方が他方にどの程度経済的に依存しているかを数値化してとらえ可視化することは有効である。ミクロレベルの個別夫婦においても，また，マク

ロなレベルにおける全体社会の男女の関係をとらえることも可能となる。

　ところで，日本における女性の雇用者数は，総務庁統計局「労働力調査」によれば，1970年の1096万人から2000年の2116万人へと30年間に約２倍へと増加した。この変化のなかで，女性雇用者（非農林業）に占める有配偶者の割合は1970年の41.4％から1997年の57.3％⁽¹⁾へと拡大し，既婚女性のライフコースや夫婦のライフスタイルは大きく変化した。このような女性の労働市場への参入は，夫婦間における妻（ここでは法律婚であるか否かを問わない。以下同様）の経済的地位にどのような変化をもたらしたのだろうか。この問いに答えようとするとき，日本の既存の公的統計には，女性の経済的自立の度合いを確認できる厳密なデータが存在しないという壁につきあたる。自らの経済的基盤をもつことは非常に重要な課題であり，しかもそれは有配偶者であることによってうち消されるものではないにもかかわらず，従来日本においては，妻の経済的地位を的確に把握する方法が十分には確立されてこなかった。

　翻って海外（アメリカ，オランダ，イギリス）においては，1980年代以降，カップル内における女性の経済的依存に関する研究が展開されている。そこでは，カップル内の個人がその生活水準のどこまでを自分の収入によって支えることができるのか，収入が不足しているとすればどれだけ相手に依存しているのかという視点から，経済的依存の度合いを数値化する標準式が設定され，さらに実際の調査やデータ分析，さらには国際比較も行われている。

　こうした流れをふまえて第２節ではこれら海外の新たな理論動向を示し，第３節で日本における既婚女性の経済的依存に関する先行研究を批判的に検討し，その後第４節でデータを用いて日本における「経済的依存」の状況を把握する。

2　海外における「経済的依存」研究

「経済的依存」に関する理論動向

　家族領域内における夫婦の経済的な問題を扱った研究は，J. Paul（1989＝1994）らによっても行われているが，ここでは，特に経済的依存をテーマ化し，収入額に基づいて依存の度合の数値化に取り組んだ研究として，以下の4つの論文を検討する。

　まず，A. Sorensenn と S. McLanahan による研究（Sorensen & McLanahan 1987）を取り上げる。これは，1940年から80年までのアメリカで生じた既婚女性における経済的依存の変化に注目し，依存度の数値化を最初に行った研究である。

　さらに，この研究をもとに実際に経済的依存状況を把握したものとして，1979年から91年までのオランダにおける既婚女性の経済的依存の変化を探ったM. Berkel と D. Graaf の研究（Berkel & Graaf 1998），イギリスにおけるカップル内の収入依存に関する C. Ward と A. Dale, H. Joshi の研究（Ward et al. 1996），そして，同じくイギリスで女性の職業的地位と収入がカップルの関係に与える影響について分析した S. Arber と J. Ginn の研究（Arber & Ginn 1995）を見ていきたい。これらの研究は，対象とする国は異なるが，いずれも経済的依存とジェンダー不平等の問題を究明しようとするものである。その共通の問題意識と研究の視点を整理すると次のようになる。

　第1に，これらは1960年代以降の産業化の下で，労働市場や職場という公的領域においては，男女の平均賃金あるいは職業的地位達成におけるジェンダー不平等は不十分ながら一定の改善をみせたという認識に立つ。しかし，「改善された機会は一部の女性により大きな経済的自立を与えたが，すべての女性に十分に適用されているわけではない」（Ward et al. 1996：95）とし，特に，「世

帯内の経済的役割におけるジェンダー不平等は根強く残っており」(Arber &
Ginn 1995)，家族という私的領域における妻の夫（カップル内の男性）への経済
的依存という観点から見ると平等化には程遠いことに着目する。

　第2に，これらの研究は家庭内での経済的依存の問題を重視するのであるが，
そこで用いる「依存」という概念に大きな特徴がある。Ward らは「自立は，
自律と尊厳に関わる」ものであるのに対し，「依存 (dependency)」は権力の不
平等な分配，選択の欠如および寄生を含む」ものであると把握する。「依存」
とは単なる「寄りかかり」ではない。他者との関係において権力の不平等をも
たらし自らの選択をも阻害するという点で，生き方を抑圧しライフチャンスを
制限するものとして注目するのである。そして，こうした「依存」は日常生活
にも影響を及ぼし，家族成員の権力差によっては，食べ物や衣服，空間，暖か
さ，明るさへのアクセス等の不平等をも生み出すとする (Ward et al. 1996)。

　第3に，このように「依存」概念をいわば広義に把握することによって，
カップルにおける経済的依存は社会やジェンダー問題における本質的課題──
家父長的な権力の問題──としての性格を現すことになる。Arber らは，「世
帯というプライベートな領域における婚姻関係にある男女の賃金や職業的レベ
ルのジェンダー不平等が，社会における不平等のより根深い原因であり，家父
長的な力を維持するのにより大きく影響している」(Arber & Ginn 1995：21)
と述べている。それは Sorensen らによれば，「男性に依存するのはほとんど
いつも女性であるから，そうした依存を当然のものと予測したり，依存を社会
的に認めてしまうことは，労働市場における女性の従属的地位を維持する重要
な媒介手段となる」(Sorensen & McLanahan 1987：662) からなのである。しか
も，この問題は既婚女性ばかりでなく，依存を選ばない女性，つまり未婚の女
性の労働条件も劣悪にするという点で，すべての女性の問題となっていること
を指摘する。こうした連鎖的構造をとらえ，彼女らは，既婚女性の経済的依存
を「社会における女性の従属的地位が維持される中心的メカニズムの1つ」

(Sorensen & McLanahan 1987：661) と見なすのである。

　第4に，カップルにおける「隠れた貧困 (hidden poverty)」(Ward et al. 1996) への着目である。そこで注目されるのは，男性への経済的依存が女性の経済的リスクと脆弱さを常に引き起こすという点である。すなわち，女性は離婚，死別などによっていったん依存する対象を失うと，その低い稼得能力のゆえに，その世帯は「『目に見える』貧困 ('visibly' poor)」世帯として公式な統計に表れることになる。このこと自体非常に重大な問題であるが，さらに男性世帯主の世帯に属している女性でも，カップルの収入がプールされシェアされない場合，低収入あるいは無収入の妻は貧困に直面するという現実がある。しかも，それらは公的な統計には表れてこない。経済的依存は，こうした見えざる貧困を招来するものとして重視されている。

　第5に，このようにきわめて本質的な意味をもつ重要な問題であるにもかかわらず，このカップル内の経済的依存に関する研究は大きく立ち後れてきたと認識されている。その理由の1つとして，これまでにも賃金におけるジェンダー不平等の研究は行われてきたが，基本的には女性全般の平均収入およびその賃金の低さについての分析に焦点があてられてきたと指摘する。つまり，「賃金のジェンダー不平等に関する研究は，たいてい一般的な男性と女性の比較を扱っており，夫と妻を比較する研究はわずかしかない」。そのため「カップル内の収入の優勢に関する全国的なデータを使った研究例は非常に少ない」(Berkel & Graaf 1998：97) という状況が通例であった。

　それは，なぜか。この点でも，掘り下げた議論が行われている。すなわち，そうした研究がこれまで行われてこなかった，いわばアカデミック・パラダイムともいうべき問題の指摘である。その1つとして，T. Parsons らの機能主義に基づく家族把握がもたらした問題があげられる。この点を Arber らは「Parsons は，それぞれのパートナーが別々の補完的な役割をもつ家族を単位と見なした。彼は妻が職業的にもっと成功したり夫と平等であるならば，コン

フリクトと不調和をもたらすだろうと述べている。Parsons は，婚姻内では夫がより高い地位につき，よりよい賃金の仕事をもって経済的に優勢でなければならないという規範的イデオロギーを正当化した」(Arber & Ginn 1995：24)と鋭く指摘する。

　さらには，家族現象を合理的選択理論からアプローチした Becker (1974)らの経済学のパラダイムの問題も取り上げている。そこでは，高賃金を得られる夫は外で働き，妻は家事労働を分担することが合理的な選択の結果であると考えられていた。それゆえに，妻が夫への経済的依存を余儀なくされている現実が学問的テーマとして設定され得なかったのだという指摘である。そして，もう一歩問題の原因を掘り下げ，これらの理論は「妻の経済的自立が結婚の不安定を導くことを示す経験的な研究から成っている」(Sorensen & McLanahan 1987：660) とし，既婚女性の経済的自立を問題視する立場に立っていたことを批判するのである。

経済的依存度の算出方法

　以上のような認識から，カップルにおける経済的依存の理論化が進められていく。まず，経済的依存を「妻が夫の収入に依存する程度を示すもの」(Sorensen & McLanahan 1987：661) と定義し，経済的依存の度合いを数値によって表す独自の標準式を設定する。以下に DEP＝「経済的依存度」，INCW＝「妻の収入」，INCH＝「夫の収入」とすると，「カップルはそれぞれの収入を1つに合わせ，それを平等にシェアする」という前提から，夫と妻のそれぞれの生活水準の額として（1）の式が得られる。

$$(INCW + INCH)／2 \cdots\cdots\cdots\cdots\cdots\cdots\cdots\cdots\cdots\cdots\cdots\cdots\cdots\cdots\cdots\cdots\cdots \quad (1)$$

　しかるに，実際にはこの額と妻の収入には差がある。それが（2）式となる。

$$(INCW + INCH) / 2 - INCW \cdots\cdots\cdots\cdots\cdots\cdots\cdots\cdots\cdots\cdots\cdots (2)$$

　この差額分は，カップルの生活水準を維持するのに必要な資源と妻自身の収入の差を示しており，その差を妻は夫から「移転」してもらっていると考える。そして，この「移転」の額が生活水準を維持するのに必要な経済的資源に対しどの程度の割合を占めるのかが，次の（3）式で求められる。

$$DEP = |(INCW + INCH) / 2 - INCW| / |(INCW + INCH) / 2| \cdots (3)$$

　これを整理すると，

$$DEP = INCH / (INCW + INCH) - INCW / (INCW + INCH) \cdots\cdots (4)$$

となる。（4）式が経済的依存の度合いを表す標準式である。

　DEP は−1から1までの範囲をとり，DEP＝1の場合は妻が夫に100％依存していることを，−1の場合は夫が妻に100％依存していることを示す。DEP＝0は夫と妻の収入が等しいことを意味する。

　ここで注目すべきは，この標準式によって「個人が現在の自分の生活水準を満たしうる資源をどれだけ獲得しているか，どれだけ不足しているか」を明示しようとする点である。個人に注目した結果，経済的依存という概念によって，抽象的・観念的に論じるだけでは明らかにされなかった女性のカップル内における経済的地位を数値化し，これを客観的に評価することが可能になったのである。

「経済的依存度」が明らかにしたもの

　この計算式を用いて Sorensen らは，1940年から1980年までのアメリカのカップルを対象に分析を進めた。このときに用いたのは国勢調査データから得られた夫および妻のすべての収入源からの収入である。厳密な意味では経済的

表3-1　アメリカにおける年齢階級別経済的依存度（1940〜1980年）

	1940年[a]		1950年[b]		1960年		1970年		1980年	
	白　人	非白人	白　人	非白人	白　人	非白人	白　人	非白人	白　人	非白人
20歳未満	0.86	0.80	0.84	0.92	0.72	0.74	0.68	0.68	0.60	0.64
20〜29歳	0.86	0.80	0.84	0.84	0.76	0.72	0.66	0.54	0.52	0.46
30〜39歳	0.84	0.72	0.86	0.80	0.80	0.68	0.74	0.54	0.64	0.44
40〜49歳	0.88	0.74	0.84	0.76	0.72	0.62	0.68	0.54	0.62	0.44
50〜59歳	0.92	0.72	0.88	0.74	0.68	0.64	0.64	0.54	0.62	0.48
60〜69歳	—	—	0.82	0.76	0.68	0.56	0.60	0.50	0.50	0.40
70歳以上	—	—	0.68	0.54	0.62	0.36	0.52	0.42	0.44	0.32
全　体	0.86	0.76	0.84	0.80	0.74	0.66	0.66	0.54	0.58	0.44

（注）（a）　1940年の数字は，労働による収入のみ。60歳以上はサンプル数が少ないため，分析していない。
　　　（b）　1950年の数字は，カップルだけか，または，18歳未満の子どもと生活しているカップルを対象にしている。
（出典）三具（2002），表1。

資源として，現金収入だけでなく土地などの不動産を含めた資産についても評価すべきであるが，データ上の問題から社会保障給付を含む現金収入に限定している。

　その分析から明らかになったのは，表3-1に見るように，この40年間に女性の「経済的依存度」が急激に低下したという事実である。1940年に0.86であった白人既婚女性の依存度は1980年には0.58に，非白人既婚女性は1940年の0.76から1980年の0.44へと変化した。また，白人女性よりも非白人女性のほうが速い速度で依存度が減少していることが明らかにされたが，これは非白人女性のほうが夫とより平等な関係にあることを意味する反面，皮肉にもアメリカ社会におけるマイノリティ男性の相対的に低い収入に基づく結果として理解される必要があるという。さらに，年齢による差も確認された。たとえば，1980年の白人女性の依存度を見ると，70歳未満では0.50以上であるのに対して，70歳以上では0.44というように，70歳以上の高齢女性では他の年齢の女性よりも低い。これは，社会保障給付が直接妻に届くというルールによって可能になったものととらえられている（Sorensen & McLanahan 1987）。

　Sorensenらは，さらに，今日の女性の経済的依存はもっぱら男女間の賃金

格差に原因があるとする J. Smith（1984）の主張を検討し，それへの反論とな
る分析を提示している。その方法は，収入額の代わりに夫と妻の労働時間（ペ
イドワーク）を使い，「予測依存度」として算出する[3]というものである。もし
男女の賃金差がないならば，この「予測依存度」と実際の「経済的依存度（観
察依存度）」の差はないはずである。これを1960年から1980年の20年間につい
て見ると，年齢集団によってばらつきはあるものの，全体としてこの差は白人
においても非白人においても減少し，両者が接近してきていることが明らかに
された。たとえば「予測依存度」から「経済的依存度（観察依存度）」を引いた
値は，白人女性全体では1960年0.06，1970年0.06，1980年0.02，非白人女性全
体では，それぞれ0.12，0.12，0.02と変化しており，男女間の賃金格差は縮小
してきていることが示されたのである。このことによって，Smith（1984）の
説が支持されないことを論証し，同時に賃金の男女間格差が縮小してきたにも
かかわらず存在する経済的依存は，むしろ夫と妻の労働時間（ペイドワーク）
の差によるものであることを指摘した。

　これは，いくつかの変数を投入した重回帰分析の結果からも確認され，「既
婚女性の経済的依存の2つの主たる決定要素は，カップルの合計労働時間（ペ
イドワーク）に対する夫と妻それぞれの相対的な貢献と，家族の収入に対する
不労収入の割合」（Sorensen & McLanahan 1987：682）であることが示された。
つまり，妻の経済的依存の度合いは，支払われる労働に費やした夫と妻の時間
のバランスと，社会保障給付金等の額によって決定づけられるという主張であ
る。

　以上のようなアメリカでの経済的依存に関する研究の成果をふまえ，オラン
ダでは Berkel らがアメリカ，オランダの2国間比較を展開している。4年ご
とに行われている全国調査[4]のデータを分析し，その結果，完全依存の妻の割合
は1979年71.8％から1991年48.1％へと減少の方向へ進んでいることを明らかに
した。アメリカと比較すると，オランダは依存度が非常に高いが，1979年の約

80％から1991年の65％へ減少しているのに対し，アメリカ（白人）では1960年の74％から1980年の58％に減少しており（表3-1），両者の変化の度合いが似ていることが明らかにされている。ただし，オランダの妻たちがアメリカの1970年レベルと同じ依存レベルに到達したのは1990年代はじめ以降のことであったため，オランダの変化はアメリカから20年遅れているという興味深い指摘もされた。[5]

　労働時間と依存度の関連を調べると，特にフルタイムで働いている既婚女性の依存度が対象期間のすべてにおいて低く，ほとんど夫と対等であることを示す値が出ている。このことは，オランダではフルタイム雇用男女の賃金格差が小さいことを意味している。また各年とも25歳から34歳の年齢集団においては他の年齢集団に比べて依存度の低下が大きく，これは出産後に働く女性の増加によるものと考えられている。

　Berkelらは重回帰分析によって「経済的依存度」と，就業の有無，1週間に働いた時間数，年齢，同居の子ども数，教育程度，職業レベル，社会保障給付受給の有無，受給している社会保障額との関連を調べた。その結果，妻の教育年数および就業の有無が依存度に対して大きな説明要因となっていることを明らかにした（Berkel & Graaf 1998）。

　イギリスにおいても，同様の関心から研究が進められている。Arberらは，カップルの職業的地位と収入に着目し，全世帯調査データ（Office for National Service 1988, 1989, 1990）の分析により「家庭領域においては，収入におけるジェンダー不平等は職業レベルにおける不平等よりも大きい」（Arber & Ginn 1995：39）ことを明らかにした。しかも，妻の「低い収入は家庭内労働の分担を平等化する意図を妨げる」（Arber & Ginn 1995：39-40）ことに言及している。

　また，Wardらは経済的依存の状況だけでなく，さらに個人が生活していくのに必要な額を「生存必要額（self-sufficiency）」として設定し，この2つの基準をもって女性の家族内での経済的地位の明確化を図っている（Ward et al.

1996）。

　以上，冒頭にあげた４つの論文が提示したことがらについて見てきたが，その他にもカップル内の「経済的依存度」研究の射程をさらに広げるさまざまな分析が行われていることを付け加えておこう。Sorensen ら（1987）は，「カップル間の権力の差は家族収入への貢献度の差と直接的に関係している」という，P. Blumstein と P. Schwarts（1984）あるいは J. Hood（1983）の研究を紹介している。また，今日重大な社会問題として認識されているドメスティック・バイオレンスに関して，「家庭内暴力は女性の夫への経済的依存が少ないほど起こりにくいか，コントロールしやすい」という D. E. H. Russell（1982）あるいは J. Schewndinger と H. Schewndinger（1983）の研究もある（Sorensen & McLanahan 1987）。ここでは，さらにこの分野の最新の研究として，J. Forte らの研究（1996）があることを付け加えておこう。なぜ男性が女性に暴力をふるい続けるのか，なぜ女性は危険な生活にとどまるのかという２つの疑問を解明するために，彼らは客観的構造的依存と主観的依存という２つの側面からの調査・分析を行っている。そこでは客観的構造的依存を示すものの１つとして「男性パートナーが全収入の75％以上を稼いでいるかどうか[6]」という指標が採用されており，経済的依存に視点をおいた研究として注目される[7]。

3　日本における既婚女性の経済的地位の把握

　ところで上記のような海外での研究に対して，日本ではこれまで妻の経済的依存はどのようにとらえられてきたのだろうか。それを検討するとき，次のような重大な問題が浮かび上がってくる。女性が世帯内で占める収入およびその割合が，客観的データとして計測されてこなかったという問題である。女性の経済的依存を表すデータそれ自体が明確に把握されていないのである。この点を既婚女性の経済的地位を把握する際のもっとも基本となる公式データとして

の「家計調査」（総務庁）によって示しておこう。

世帯員収入の個別性の捨象

1946（昭和21）年にスタートした「消費者価格調査」は，1952（昭和27）年に「家計調査」と名称が変わり，毎年全国の市町村から約8000の非農林漁家世帯（1962〔昭和37〕年6月以前は28都市，約4000世帯）を対象に行われてきた。1952（昭和27）年調査まで実収入の内訳は，「世帯主収入（定期・臨時）」「その他の世帯員収入」「内職による収入」「その他の実収入（財産収入・社会保障金・受贈金）」であった。つまり，「世帯主」（事実上は夫）の収入のみが個別に計測され，生計を共に支えている「その他の世帯員収入」はひとまとめに算定されているにすぎない。これは単に統計的な方法や技術上の問題ではなく，個々の世帯員（特に妻）の収入をそれぞれ独立して析出させようとする問題意識の欠落である。世帯主の収入が基本的な分析対象とされ，それ以外の個人の収入は世帯主のそれに従属して計測されてきたといってよいだろう。

「妻全体」の平均的収入の計測

実収入の内訳に「妻の収入」という項目が設けられたのは，1953（昭和28）年における調査項目の改正においてであった。前述した「その他の世帯員収入」が「妻の収入」と「その他の世帯員収入」とに分割されたもので，既婚女性の収入を独立したものとして位置づけ計測しようとする最初の公的な試みである。

妻の収入が把握されるようになった結果，妻の収入の世帯収入に占める割合も示されるようになったのであるが，依然として，調査の方法においてきわめて重要な問題が存在した。つまり，「妻の収入」として算出されているのは，完全に無職の妻もパートタイム就業の妻もフルタイム就業の妻も，すべてひとまとめに計測された，「妻全体」の平均であった。この点に関しては，すでに

袖井孝子らが「妻の就業率についてはつかめず，就業してない世帯も含めて，妻収入の家計に占める比率を平均値で出している」（袖井・直井 1983）として調査の限界を指摘している。

「共働き世帯」の析出

妻の就業状況を反映するための改善がなされたのは，ようやく1988（昭和63）年になってのことであった。従来の「カップルのみ又は夫婦と未婚の子供から成る世帯」（いわゆる核家族）という世帯類型が，「夫婦共働き世帯」と「世帯主のみ働いている核家族世帯」に分離された。新たに得られたこれらの統計からわかるのは，共働きの妻の収入の世帯収入（実収入）に対する割合は，1998年の23.9％，1999年の24.8％と，90年代末でもわずか２割強でしかないという実態である。核家族世帯を妻の就業の有無によって２つに分類したことの意味は大きいが，それでもなお問題は残っている。「共働き世帯」の妻の職種，就業形態，子ども数，子どもの就学状況，妻や夫の教育年数などについては明らかにされておらず，こうした属性等を捨象した世帯類型の平均値としてしかデータは算出されていない。すなわち，実際には存在するであろうカップルごとの多様性が明らかにされていないのである。

個別の配偶関係へのアクセス

「家計調査」から夫と妻の経済的地位を探ろうとすれば，夫の収入は個人のものではなく夫全体の平均収入を，同様に妻の収入は妻全体の平均収入を使用する以外に方法はない。したがって，夫全体の平均と妻全体の平均を組み合わせて家族領域での経済的位置関係が云々されることになるが，それは実際の配偶関係から切り離されたものと言わざるを得ない。そのため，それぞれのカップルの収入バランスにおける多様性は反映されない。個別のカップルの経済的依存の具体像を把握するには，夫と妻の収入を捕捉できるカップルの個票デー

タが必要となるのである。

「貢献度（寄与率）」から「依存度」へ

　以上，家族領域における女性の経済的地位に関するデータが，日本では不十分にしか把握されてこなかった状況を概観した。私見によればその不十分さの原因は，まさに「家計の共同原則」(木村 2000)に基づいて夫の収入が家計収入のすべてを占めることを前提にしているという点にある。現に「家計調査」においては，「標準世帯」を設定し，それを1969年以降「夫婦と子供2人の4人で構成される世帯のうち，有業者が世帯主1人だけの世帯」に限定していることからも明らかである。「……有業者が世帯主1人だけの世帯」を「標準世帯」とする認識からは，妻の収入は所詮「家計補助」としてしか位置づけられず，妻の収入がどんなに少なくとも，その経済的地位の低さを依存度の高さとして問題視する姿勢は生まれてこない。

　そして，「家計の共同原則」は，従来妻の経済的地位を示すものとして多く用いられてきた「貢献度（寄与率）」という尺度にも見られる。「妻の家計貢献度（寄与率）」は「妻の収入／（妻の収入＋夫の収入）」で表され，家族あるいはカップルという単位に対して，どれだけ役割を果たしたかの割合を示す。ここでベースになっている単位は家族であって，個人がどの程度自分の収入で自分の生活をまかなうことができるのか，できないとすればどれだけ不足しているのかという視点は含まれていない。

　先に述べたような経済的依存の問題性をふまえ，個人の経済的依存状況を明らかにしようとするならば，従来の家族を単位にした「貢献度（寄与率）」をその尺度とすることは適当とはいえない。個人に焦点を当てた新たな尺度，すなわち，「依存度」が必要となってくると考えられる。

4　日本における「経済的依存」状況把握の試み

　以上のように，日本では公式統計に関して大きな問題が存在しているが，研究のレベルでは個別の調査によりデータが収集され，夫婦の経済的な地位による影響について研究が進められている⁽⁹⁾。夫婦間の収入額のバランスに注目した研究のなかで，夫婦の対等な関係への影響について分析したものとして，鎌田とし子（1999）の研究をあげてみよう。

　鎌田は夫婦を対象とする調査を行い⁽¹⁰⁾，夫よりも妻の所得の方が年額100万円以上高いものを「妻上位型カップル」，夫と妻の所得の差が上にまたは下に100万円未満のものを「対等型カップル」，夫の方が妻よりも100万円以上高いものを「夫上位型カップル」，そのうち妻の所得が135万円以下のカップルを「扶養家族型カップル」に分けた。そして，これらの類型によりジェンダー関係がどう規定されるのかを分析した結果，「妻上位型カップル」および「対等型カップル」では家事の50％以上をする夫が多いという結果を得た。「妻上位型カップル」を構成しているのは専門職と公務員である妻から成るカップルで，民間企業従業者の妻は含まれていなかった。家計維持の方法を見ると，専門職女性に，夫と妻それぞれが別会計とする分離型タイプが多くなる傾向があった。またカップル内の関係に関しては，「全く対等」と答えたのは教員・看護婦・公務員女性に多かった（鎌田 1999）。

　そして，この夫と妻の収入差とカップル内の関係やジェンダー意識との相関について分析を行うと，それぞれの収入額という要因やその他のどの指標を用いるよりも高い相関が見られたという。つまり，それらカップルの力関係の規定要因となっているのは，夫と妻の収入差であるという点が明らかにされたのである。ただし鎌田自身が述べているように，この調査は女性が高収入かつ安定した職業についているカップルを対象としたものであり，これをもってすべ

てのカップルを代表させることはできない。

　先に示した欧米の論文からも明らかなように，経済的依存を数値化して分析するためには，まず個別カップル内の夫と妻の収入が把握されなければならない。個票により夫と妻の収入額が，収入階級ではなく１万円単位の実数で得られ，しかも，十分なサンプル数をもったデータとして，ここでは，財団法人家計経済研究所が行った「消費生活に関するパネル調査」の個票データを使用し，日本における妻の経済的依存の実態を探ってみたい。この調査は，24歳から34歳の女性1500人を対象として，1993年からスタートした全国調査（層化２段無作為抽出法，留め置き法）であり，その後，同じ対象に毎年調査を行っている。本章では1997年までの５年間のデータを分析した。したがって，1993年に24歳から34歳であった回答者は，1997年には28歳から38歳になっている。

　回答者のうち，配偶者があり，夫も妻もそれぞれの収入額を明らかにしているものだけを「経済的依存度」測定の対象とした。その分析結果を表３−２に示したが，依存度は，この５年間をとおしてほぼ横ばいの状態であることがわかる。一方，夫に完全に依存している妻の割合は年々減少している。これは，就業者の割合が増加していることと矛盾しない。それでは，なぜ全体の依存度が低下しないのだろうか。

　その原因を探るために，まず，「常勤の職員・従業者」と，「パート・アルバイト」について，その依存度を見ると，表３−３に示すように，明らかに「常勤の職員・従業者」の依存度は低く，しかも年々減少の傾向にあることが確認された。他方，就業者の増加は「パート・アルバイト」において端的に見られるが，しかし，その依存度は低下していない。これは，「パート・アルバイト」では，その収入の低さおよび労働時間の少なさのために，依存度を低下させるには至らず，「常勤の職員・従業者」の依存度低下分を相殺する結果になっていると考えられる。「パート・アルバイト」という雇用形態での就業における収入の低さを改善することなしには，女性の経済的依存は決して解決されない

表3-2 日本女性・1959〜1969年生まれコーホートの経済的依存度

	1993年	1994年	1995年	1996年	1997年
対象者数（人）	909	872	905	872	864
依存度	0.74	0.75	0.74	0.73	0.73
100％依存者の割合（％）	50.4	49.5	45.5	43.3	43.3
就業者*の割合（％）	41.5	45.2	49.0	49.0	49.2
平均子ども数（人）	1.6	1.6	1.7	1.7	1.8

(注) ここではパネル調査の「あなたは現在，職業についていますか」という
　　問に対する回答の選択肢のうち，「職についている」と「休職中」を併せた。
　　ただし，1993年には「休職中」という選択肢は含まれていない。
(出典) 三具（2002），表2。

表3-3 日本女性・1959〜1969年生まれコーホートの職業形態別経済的依存度

	1993年	1994年	1995年	1996年	1997年
常勤の職員・従業者数（人）	148	164	166	159	158
常勤の職員・従業者の依存度	0.22	0.24	0.21	0.21	0.19
パート・アルバイト数（人）	132	143	175	181	181
パート・アルバイトの依存度	0.72	0.73	0.67	0.68	0.73

(出典) 三具（2002），表3。

ことがうかがえよう。

　さて，ここで国際比較が求められるところであるが，本データの対象は第2
節で示したアメリカやオランダの調査のものと年齢幅で異なり[12]，また，本デー
タは同じ対象者を追跡するパネル調査であるため，「日本女性・1959〜1969年
出生コーホート」という同一の対象を継続して調査しているのに対し，アメリ
カおよびオランダのデータは調査年ごとに異なる対象を扱っているという点で
データの採集基準が異なるという問題がある。また，対象者の年齢によって
「依存度」が大きく異なることはSorensenやBerkelらの分析からも明らかで
あり，アメリカとオランダのカップルを比較したような全年齢の「平均依存
度」（Berkel & Graaf 1998）と，本データのような出産・育児期にある年齢層の，
特に「依存度」が高い時期のものとを比較することは意味があるとはいえない。
そうした制約があるため，ここでは，1993年から1997年までの各年における

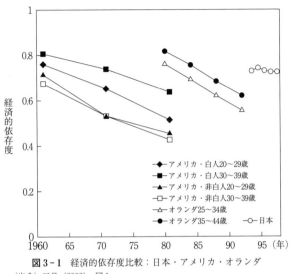

図3-1 経済的依存度比較：日本・アメリカ・オランダ
(出典) 三具 (2002), 図1。

「日本女性・1959～1969年出生コーホート」の依存度と，アメリカおよびオランダのデータのうち日本のデータにもっとも近い年齢にある対象の依存度との比較を試みた。その結果を図3-1に示す。

　図3-1から，日本のデータの最終年である1997年の依存度 (0.73) は，アメリカ・白人既婚女性20～29歳では1960年，30～39歳では1970年の状況にほぼ一致しており，一方，オランダの25～34歳，35～44歳では1983年の状況に近いことが明らかになった。Berkelらは，アメリカとオランダの依存度を比較して「オランダはアメリカに20年遅れている」(Berkel & Graaf 1998) と言ったが，これに倣えば「日本女性・1959～1969年出生コーホート」の依存の改善の程度は，同年齢層のアメリカ・白人から25～35年，オランダから約15年，遅れているということができよう。

　ここで使用した日本のデータがわずか5年間であり，しかも対象年齢が限定されているため，長期的な変化や既婚女性全体を把握できないという制約はあるものの，「経済的依存度」という指標を用いることによって，経済的側面か

ら夫婦間での依存状況を可視化することができた。妻が常勤の職員・従業員の場合でもその生活レベルの2割，パート・アルバイトの場合には7割程度を夫に依存している実態が把握された。

　既婚者の就業が増加したとはいっても，特にパート・アルバイトという働き方では直ちにカップル内の女性の経済的地位の向上には繋がっていないこと，および，アメリカやオランダからみて依存の程度がかなり高いことも客観的に示された。

5　夫婦関係を「経済的依存」からとらえる意義

　夫婦を「愛の生活共同体」として夫と妻を一体化してとらえると，両者間にある不平等は認識されにくい。だが，性別分業は夫と妻を「扶養―被扶養」の関係に置き，それが夫と妻の力関係を不均衡なものにしている。したがって，夫婦関係の把握に「経済的依存」という概念を持ち込み，あえて数値化することは，「愛の生活共同体」というベールをはぎ取り，夫婦の不平等の一端を赤裸々に突きつけることを意味する。「経済的依存」という概念は，「近代家族」がかかえる矛盾をえぐり出す鋭い刃物なのである。

　家族の個人化傾向を指摘する目黒依子は，人生の長期化によって「もはや，一度選んだ生き方で一生を終えることが困難になる状況となりつつある」（目黒 1998）と述べている。また，「個人の時代」が始まりつつあることを指摘する落合恵美子は，「家族に属するということが人々の人生にとって自明でも必然でもない社会の到来」（落合 2000）を告げている。

　こうした家族の内的変容に加えて，近年の経済状況の悪化により，家族の安定を支えてきた終身雇用や年功序列型賃金制度がゆらぎ，年金制度の将来も危ぶまれるなど，家族の経済的基盤の安定は大きく脅かされつつある。こうした時代にあっては，ますます既婚女性においても経済的自立の重要性が高まるこ

とは明らかである。今後，経済的自立の進展を客観的に計測するために，国際比較をも視野に入れた経済的依存に関する研究の深化が求められよう。

注

(1) 『女性のデータブック　第3版』（井上・江原 1999：93）。

(2) 第1章で述べたように，Paul は家計収入が夫と妻の間でいかに配分・管理されるかについて調査・分析を行った。こうした家計内における貨幣配分への関心とは異なり，本書は，それ以前の段階として，家計収入が誰によってどれだけ担われているかを問題にする。

(3) データ上の制約から1960年から1980年に対象を限定した。この分析で用いたのは1－(2LSCONT) という計算式である。ここで，LSCONT はカップルの合計労働時間（ペイドワーク）に対する妻の労働時間（ペイドワーク）の割合（Labor Supply Contribution）である。

(4) 「社会文化施設の使用に関する追加調査（Additional Investigation into Use of Social and Cultural Facilities）」。調査は代表的な世帯サンプルに対して，インタビューおよび質問紙によって行われた。

(5) Berkel ら（1998）は経済的依存度をパーセンテージで表している。このため，ここでは Sorensen ら（1987）の分析結果をパーセンテージに直して示した。

(6) Sorensen らが用いた「経済的依存度」に置き換えると「0.50以上」になる。

(7) 同様の「経済的依存度」を用いて J. Brines も分析を行った。彼女は，「家事の分担を司るルールが経済的サポートと依存の関係に結びつけられている」と考え，その際，分析に Sorensen らの妻の「経済的依存度」を採用した（Brines 1994）。データは1983年，1984年，1985年の The Panel Study of Income Dynamics を使用した。依存度の算出式は，

Income Transfer = (OEARN − SEARN) ／ (OEARN + SEARN)

が用いられた。ここで，OEARN＝自分の収入，SEARN＝配偶者の収入　であるが，夫と妻のどちらを基準にするかが異なる点を除けば，Sorensen らの算出式（4）と同等と見なされる。ただし，Brines は，家事の分担と経済的サポートおよび依存との関係を解明するためには依存モデルの追加的手段としてジェンダー・パフォーマンスという概念を用いることが必要である点を主張した。

(8) 「働ける者が稼ぎ，その所得を働けない者も含めた家族全体の必要のために使う」というもの。

(9) 例として，赤川学は SSM 調査データから「夫婦収入参入度（＝本人収入／夫婦収入）」を出し，これに応じて，既婚女性の階層帰属においては，本人属性，配偶者属性，夫婦属性のどれがより重視されるかが異なることを示した（赤川 2000）。

⑽　1996年 6 月実施。調査対象者は高校教員，看護婦，官公庁職員として働く主婦，および，官公庁，大企業，中小企業に働く男性の妻。属性においては，本人属性，配偶者属性，夫婦属性のどれがより重視されるかが変化することを示した（赤川 2000）。うち，夫婦ペアの回答を得たのは294件（高校教員，官公庁職員），妻のみの回答は336件（看護婦，大企業・中小企業の男性従業員の妻）。調査方法は，関係機関を通じて各対象者に依頼し，無記名で封書に入れ回収。抽出方法：層化 2 段無作為抽出法，調査方法：留め置き法。なお，2002年保健師助産師看護師法により「看護婦」は「看護師（男女含む）」と名称が変更された。

⑾　本パネル調査は，1997年に新たに24歳から27歳までの計500人を追加している。ここでは，この追加分を入れずに1993年からの対象者だけについて考察した。

⑿　対象者は，アメリカの場合，全年齢のカップルで，オランダでは，妻が64歳未満のすべてのカップルである。

第4章
「働くこと」と夫婦関係に関する意識

1　夫婦関係と妻の経済的自立

　第3章では，夫婦という関係のありようを明らかにする1つの方法として経済的依存度という指標を用いて，日本における夫婦関係の実態をマクロな視点からとらえる試みを行った。そこから，日本においては，経済的に妻が夫に大きく依存している現実が明らかになった。また，日本の夫婦における妻の経済的依存度は他の先進国と比べてかなり高い。これは，1970年代半ば以降，就業する妻が増加してきたにもかかわらず，1990年代においてはその大半がパート・アルバイトという働き方のために収入は限定的であり，夫への経済的依存の状況を改善するまでに至っていないことによる。

　「失われた20年」ともいわれる経済不況によって，1990年代以降家計は不安定さを増してきた。家計の安定を支えてきた終身雇用や年功序列型賃金制度がゆらぎ，年金制度の将来も危ぶまれるなど，家族の経済的基盤の安定は大きく脅かされつつある。山田昌弘（2001）は，家族を取り巻く内外の変化から，家族はもはや女性にとってもセーフティ・ネットではなくなったと述べ，21世紀日本社会を「家族不確実化の時代」と呼んでいる。今後，ますます女性の経済的自立の重要性が高まることは明らかである。

　こうした状況は，第2章で見たように既婚女性を市場労働に押し出し，必ず

しも男女間の平等化を促進することが目的ではなかったにせよ，結果として男女の役割シフトを推進し始めた。既婚女性においては，望むと望まざるとにかかわらず，その多くが共働きを経験する時代となってきており，2000年代にはいってからはいっそう共働き世帯の増加傾向が強まっている[1]。これまで，妻に収入がないこと，したがって妻が生活の経済的基盤を夫に依存していることに何ら疑問をもたなかった人たち，言い換えれば，近代家族モデルに内在する性別役割分業を受容して疑わなかった人たちも，妻の就業化の流れを意識せざるを得ない状況になってきている。

　また，家族の個人化が指摘されるなかで，集団としての家族と個人との関係に葛藤を抱える人たちにとっては，経済的自立の問題はよりいっそう現実的な関心となろう。こうした時代にあって，人々は個人の経済的な自立の問題と夫婦の対等な関係とのかかわりについて，どのような意識をもっているだろうか。本章では，この点を探っていきたい。

2　妻が「働くこと」と対等な夫婦関係についての知見

　一般に，意識と行動には関連性がある。性別役割分業に関しては，意識の流動化が進んでいることが国の調査によっても明らかにされている（総理府 1992, 1997など）。内閣府の世論調査によれば，性別役割分業規範に反対する人は「どちらかといえば反対」「反対」を合わせると1992年の34.0％から2009年の55.1％まで一貫して増加を続けた（内閣府 2009）。

　だが，一方，実態として性別役割分業体制の解体は進んでいない[2]。意識の変化に実態が追いつかないこうした日本の現状に対しては，「イデオロギー的変容」（尾嶋 1998）との批判的な見方がなされている。

　他方で，意識の変化を男女別に見ると女性の変化が男性に先行しており，しかもどの年齢層においても男性のほうに伝統的な性別役割分業意識が強い傾向

がある。これに対して，SSM 調査データの分析から吉川徹は，男性の性別役割分業意識について「夫の側の性別役割分業意識が，従来から考えられてきた堅固な障壁のようなものではなく，それぞれの家庭の状況に応じて，受動的に変容しうる性格をもっている」（吉川 1998：65）ことを示した。すなわち，夫の性別役割分業意識の変革は「妻が家計に大きな比率で参入をしてくること」によって生じ，「決め手は妻の職業威信や，妻の学歴などではなく，夫である自分と比べたときの妻の収入比率であり，あくまで『実績評価主義』なのである」（吉川 1998：65）という興味深い知見を示した。第3章で見た妻の夫に対する経済的依存度が低下すれば，その事実こそが夫の性別役割分業意識を流動的なものに変化させることにつながると理解できる。

　では，女性の性別役割分業意識はどうか。これまでの調査では，「男性は外で働き，女性は家庭を守るべきである」ことに対しての賛否を問う方法で把握されることが多かったが，「家族と生活に関する国民意識」をテーマに掲げた「平成13年度国民生活選好度調査」（内閣府 2002）では，「女性は結婚後も自らの収入を持つべき」であるという考えに対する意見を聞いている。これは，従来の調査が「男性は外で働き，女性は家庭を守るべきである」というかなり漠然とした性別役割分業意識を問うものであったのに対して，女性のペイドワークへのかかわりについての意識を問う一歩踏み込んだ質問となっている。その結果「全くそう思う」「どちらかといえばそう思う」と答えた人は女性の60％を超えるものであった。[3]結婚後の女性の収入を過半数の女性が必要であると認めたデータである。

　また，日本家族社会学会が2004年に実施した「第2回家族についての全国調査（NFRJ03）」では，「男性は外で働き，女性は家庭を守るべきである」という従来の質問だけでなく，「子どもが3歳くらいまでは，母親は仕事を持たず育児に専念すべきだ」という女性の育児責任と，「家族を（経済的に）養うのは男性の役割だ」という男性の稼得責任に関する2つの項目についての考えを

聞いた。本章の課題に即して注目すべきは，男性の稼得責任に関する質問への回答であるが，「家族を（経済的に）養うのは男性の役割だ」に賛成した（「そう思う」「どちらかといえばそう思う」）人の割合は女性では68％であったのに対し男性では80％と，女性より男性に多い（嶋﨑 2005）。男女いずれも過半数が賛成しているが，女性に比べて男性のほうが男性の稼得役割を肯定する人の割合が多い。つまり，女性のほうが男性よりも流動的な意識をもっているということがいえる。そして，嶋﨑（2006）は同調査データの分析から，社会階層上の位置といった固定的な要因以上に，実態的な行動や経験が意識を規定していることを示し，先の吉川（1998）の研究結果を支持した。しかし，吉川（1998）が示したような配偶者の行動による直接的な効果は見られず，夫婦内では自己の行動内容に即して性別役割分業意識が規定されており，その本人の行動内容でとりわけ有意であったのは，男性では家事遂行比率，女性では収入比率，という広義の性別役割分業体制では想定されていない反対領域への参与度合いであったことを示している。つまり，第1章で示した2方向への役割シフトの実現である。

　以上を総合すると，少なくとも「女性の収入比率」は夫にとっても妻にとっても性別役割分業意識に対して無視できない影響力をもっていると考えて間違いない。そこで，本章では，さらに質問を掘り下げて女性が自ら働いて家計に参画することと，夫婦の対等な関係構築との関係をどのようにとらえているのかを探っていく。特に，既婚女性の就業経験の違いによってどのような特徴が見られるのかを明らかにする。

3　首都圏在住女性の意識

　使用するのは，「女性とキャリアに関する調査」で収集した首都圏（東京都，神奈川県，埼玉県，千葉県）在住の女性5155人からなるデータセットである。こ

の調査は，日本女子大学現代女性キャリア研究所が2011年11月に実施したもの
で，25～49歳の短大・高専卒以上の女性を対象としている。筆者は本調査研究[(4)]
のメンバーとして加わっており，データの使用については，調査主体である日
本女子大学現代女性キャリア研究所所長の許可を得た。

　中心的に使用する変数は働くことと夫婦関係についての意識である。具体的
には「『仕事をもつ』ことは配偶者・パートナーとの関係に影響があると思い
ますか？」という質問（以下では「働くことと夫婦の関係」と表記）とこれに対
して設けられた「1．お互いが経済的に自立できてこそ，対等な関係が築け
る」「2．収入バランスに関わらず，両者が仕事をしていることで対等な関係
を築ける」「3．働いていても，家計補助的な収入では，対等な関係は築けな
い」「4．働き方（収入のあるなし）は，対等な関係性には影響ない」「5．わ
からない」「6．その他」の選択肢に焦点を当てる。

　「働くことと夫婦の関係」のほかに使用する変数は，学歴，年収，年齢，
キャリアパターン，婚姻状況，子どもの有無，共働き経験の有無，暮らし向き，
家事分担状況である。これらと「働くことと夫婦の関係」とのクロス集計の結
果から，その特徴を見ていくこととする。

4　「働くこと」と対等な夫婦関係を妻はどう見ているのか

「働くこと」と夫婦の関係

　まず，「働くことと夫婦の関係」についての質問に対する調査対象者全員
（5155人）の回答は，「働き方（収入のあるなし）は，対等な関係性には影響な
い」がもっとも多く38.0％，ついで「収入バランスに関わらず，両者が仕事を
していることで対等な関係が築ける」20.2％，「お互いが経済的に自立できて
こそ，対等な関係が築ける」16.1％，「働いていても，家計補助的な収入では
対等な関係は築けない」11.5％と続いた（図4-1）。

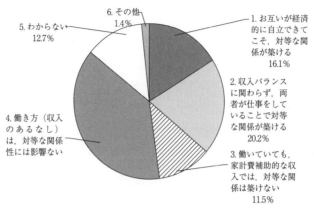

図4-1 働くことと夫婦の関係 (5155人)

(出典) 筆者作成。

　全体としては，夫婦の対等な関係と働き方には関係がないという立場を明確に表している「働き方（収入のあるなし）は，対等な関係性には影響ない」を選んだのは4割弱であった。残りの6割，「わからない」「その他」を除けば5割弱は，夫婦の対等な関係が収入や働くことと何らかのかかわりがあると考えている。つまり，働いていることと夫婦の関係のありようは別個の問題だととらえる人よりも，そうではない，何らかの関係があるととらえる人の方が多い。まず，この点を確認しておきたい。

　さらに，夫婦の対等な関係と働き方に何らかの関わりがあると考える人は，「お互いが経済的に自立できてこそ，対等な関係が築ける」「働いていても，家計補助的な収入では対等な関係は築けない」に見られるように収入が重要であるという立場と，「収入バランスに関わらず，両者が仕事をしていることで対等な関係を築ける」に見られるように働いていること自体が重要であるとする立場に分かれる。前者と後者はおよそ3：2の割合となっている。

　ここには，未婚者も既婚者も，子どものいる人もいない人も含まれていることに留意が必要であるが，夫婦の対等な関係のありようと夫婦の働き方の問題

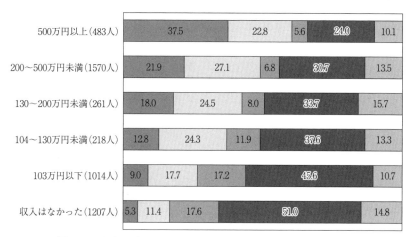

図4-2 年収別にみた働くことと夫婦の関係（5155人／％）
（注）収入に関する回答のうち，「わからない／答えたくない」を除いた。
$\chi^2 = 706.743$, df=20, p<.01
（出典）筆者作成。

が独立であるとは考えていない人が多数派であることが把握された。[5]

年収が高いほど「働くこと」を重視

まず，全体的な傾向として年収を階級ごとに見ると[6]，明らかに自分自身の年収が多い人ほど「お互いが経済的に自立できてこそ，対等な関係が築ける」と考える人の割合が高い（図4-2）。

一方，「働き方（収入のあるなし）は，対等な関係性には影響ない」と考える人の割合は，「収入はなかった」とする人で50％を超え，他の収入階級と比べてもっとも高く，収入が多くなるにしたがってそう考える人の割合は減少する。

こうした意識は，自分の置かれた状況によって人々がものごとを合理化して考える結果とみることができるだろうか。あるいは，自分が働き生計を立てる

だけの収入を得ていることによって生じる実感なのだろうか，興味深い点である。

　だが，「収入はなかった」人の多くが「働き方（収入のあるなし）は，対等な関係性には影響ない」と考えているとはいっても，半数である。残りの半数は少なくともそうは考えていない。詳しく見ると，収入がなかった人では，「働いていても，家計補助的な収入では対等な関係は築けない」17.6%，「収入バランスに関わらず，両者が仕事をしていることで対等な関係を築ける」11.4%，「お互いが経済的に自立できてこそ，対等な関係が築ける」5.3%，と続く。これらの人にとっては，既婚者であれば自分が無業，無収入であるという現実とこれらの意識との間に葛藤があることが推察される。未婚者であれば現状のままでは将来的に対等な夫婦関係を築くことが不可能であるという予測をもつことになるのではないだろうか。

　次に，「働いていても，家計補助的な収入では対等な関係は築けない」を選ぶ人に注目すると，これも収入の多い層ほど低い割合を占めていることがわかる。これをどう解釈するべきだろうか。無収入・低収入層に多い既婚者の場合，考えられることの1つは，自分の経済的自立を実現できるだけの収入を得ていないことを自分たち夫婦の対等な関係を実現できないことの理由ととらえているとみてよいだろう。こう考える人たちには夫婦関係が対等と感じられない現実に対する不満や，十分に働くことができない自分に対して苛立ちや諦めを抱えているのではないかと推察される。

　しかし，それだけではない。既婚女性が再就職によって経済的自立を可能にするレベルの収入を得ることは容易ではなく，実現の可能性も低い。したがって，「働いていても，家計補助的な収入では対等な関係は築けない」と思っていても，そもそも自分が働いたとしても家計補助的な収入レベルを超えることは考えにくいため，働くことを選ばずに専業主婦としての道を選んだり，短時間のパート・アルバイトを選ぶことが多い。だが，働かないことや限定的な働

■お互いが経済的に自立できてこそ，対等な関係が築ける
□収入バランスに関わらず，両者が仕事をしていることで対等な関係が築ける
■働いていても，家計費補助的な収入では，対等な関係は築けない
■働き方（収入のあるなし）は，対等な関係性には影響ない
□わからない・その他

図4-3　学歴別にみた働くことと夫婦の関係（5155人／％）
（注）$\chi^2 = 98.309$, df = 8, p < .01
（出典）筆者作成。

き方を選択した人たちの多くは，夫婦の対等な関係に対する諦めをもつというよりは，対等な夫婦関係の要件を収入以外に見出すことで現状を受け入れるようになる可能性がある。そうであれば，これらの人たちは，いずれ「働き方（収入のあるなし）は，対等な関係性には影響ない」に移行していくことも予想される。

　こうした見方の一方で，「働いていても，家計補助的な収入では対等な関係は築けない」と真剣に考える低収入・無収入の人たちは，現在の状況を変えて就業によって自らの経済的自立を実現し，夫婦の対等な関係を手に入れようとするエネルギーを潜在的にもっていると見ることもできよう。

高学歴ほど「働くこと」を重視

　仕事をもつことと夫婦の関係について，「働き方（収入のあるなし）は，対等な関係性には影響ない」と考える人の割合がもっとも多いことは本節の始めに述べた。この点は，どの学歴レベルの場合でも同じである（図4-3）。

　ここで特徴的なのは，「お互いが経済的に自立できてこそ，対等な関係が築

ける」「収入バランスに関わらず，両者が仕事をしていることで対等な関係を築ける」と，働くことと夫婦の関係性のありようを関連付けて考える人の割合は学歴が高いほど顕著である。教育年数が長いと，その後の職業キャリアにおいて初職での定着率が高いことがわかっている（三具 2015）。職業へのコミットメントが大きい分，働くことがアイデンティティの中核を占めるものとなっていることが推察されるが，それは結婚生活を視野に入れても変わらないということだろう。自分が働くことを前提として夫婦関係を考える傾向が高学歴者には強いことを表しているように思える。

　一般に，教育年数が長いほど年収も高くなることから，図4-2の結果とも矛盾しない。

仕事へのコミットメントが大きいほど「働くこと」を重視

　調査時点までどのような働き方をしてきたのかを5つのキャリアパターン[7]（初職継続型，転職継続型，再就職型，離職型，就業経験なし）に分類してみたのが図4-4である。それぞれにおいて働くことと夫婦の関係について異なった意識が見られる。

　対象者が少ない「就業経験なし」を除いた4つのキャリアパターンにおいては働くということが夫婦の対等な関係性に欠かせないと考える「お互いが経済的に自立できてこそ，対等な関係が築ける」「収入バランスに関わらず，両者が仕事をしていることで対等な関係が築ける」の2つの選択肢は初職継続型⇒転職継続型⇒再就職型⇒離職型の順に少なくなり，これに対して，働くことと夫婦の対等な関係は独立であるとする「働き方（収入のあるなし）は，対等な関係性には影響ない」は同じ順に多くなっている。

　実際に仕事へのコミットメントが大きい人ほど，働くことと夫婦の関係のありようは密接なものであるととらえていることがわかる。

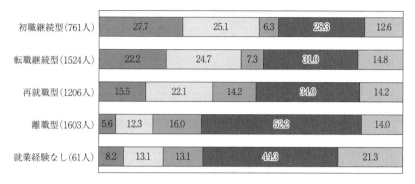

図4-4 キャリアパターン別にみた働くことと夫婦の関係（5155人／%）
(注) $\chi^2 = 499.961$, df=16, p<.01
(出典) 筆者作成。

年齢と婚姻状況によって異なる意識

　それでは，年齢によって働くことと夫婦の関係のとらえ方はどのように異な
るのだろうか。この点を，全体，未婚，既婚に分けて見てみよう。分析した結
果を図4-5に示す。

　まず，全体を見ると，年齢が上がると「収入バランスに関わらず，両者が仕
事をしていることで対等な関係が築ける」がやや少なく，「働いていても，家
計補助的な収入では，対等な関係は築けない」「わからない・その他」がやや
多くなるが，年齢による明らかな違いはとらえにくい。だが，婚姻状況別に見
ると，未婚であるか既婚であるかによって，年齢による特徴の出方が異なって
いることに気づく。

　未婚者では，「お互いが経済的に自立できてこそ，対等な関係が築ける」と
考える人は，おおむね年齢が高い層に多く見られる。20代後半と40代後半とで
は10ポイント以上差がある。これとは反対に，「働き方（収入のあるなし）は，

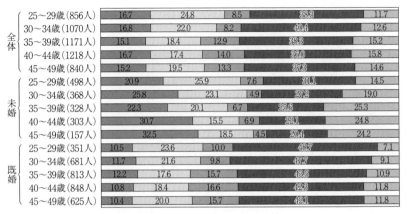

全体	25～29歳(856人)	16.7	24.8	8.5	38.3	11.7
	30～34歳(1070人)	16.8	22.0	8.2	40.4	12.6
	35～39歳(1171人)	15.1	18.4	12.9	38.3	15.2
	40～44歳(1218人)	16.7	17.4	14.0	36.0	15.8
	45～49歳(840人)	15.2	19.5	13.3	37.3	14.6
未婚	25～29歳(498人)	20.9	25.9	7.6	31.1	14.5
	30～34歳(368人)	25.8	23.1	4.9	27.2	19.0
	35～39歳(328人)	22.3	20.1	6.7	25.6	25.3
	40～44歳(303人)	30.7	15.5	6.9	22.1	24.8
	45～49歳(157人)	32.5	18.5	4.5	20.4	24.2
既婚	25～29歳(351人)	10.5	23.6	10.0	48.7	7.1
	30～34歳(681人)	11.7	21.6	9.8	47.7	9.1
	35～39歳(813人)	12.2	17.6	15.7	43.5	10.9
	40～44歳(848人)	10.8	18.4	16.6	42.3	11.8
	45～49歳(625人)	10.4	20.0	15.7	42.1	11.8

■ お互いが経済的に自立できてこそ，対等な関係が築ける
□ 収入バランスに関わらず，両者が仕事をしていることで対等な関係が築ける
■ 働いていても，家計費補助的な収入では，対等な関係は築けない
■ 働き方（収入のあるなし）は，対等な関係性には影響ない
■ わからない・その他

図4-5 年齢・婚姻状況別にみた働くことと夫婦の関係（5155人／％）

(注) 全体：$\chi^2=58.774$, df=16, p<.01
　未婚：$\chi^2=51.671$, df=16, p<.01
　既婚：$\chi^2=40.006$, df=16, p<.05
　離死別を除く。
(出典) 筆者作成。

対等な関係性に影響はない」と考える人は年齢が高い層で少なく，20代後半と40代後半とでは，10ポイント以上の差が見られる。未婚者には既婚者に比べると転職も含め仕事を継続している人が多いこと，年齢の高い層には高収入を得ている人も多いことがその要因であると考えられる。つまり，実際に自ら働き収入を得て生活している人にとっては，自分の生活基盤をもち経済的に自立していることは，結婚生活においても前提だと考える傾向があるということだろう。ただし，実際に結婚を経験していないためこの質問には答えにくいとみられ，とりわけ30代後半以降に「わからない・その他」が多いことが特徴である。

既婚者では，年齢によってどの選択肢にもあまり大きな違いは見られないが，「働いていても，家計費補助的な収入では，対等な関係は築けない」は高い年齢層でやや多く，それに連動するように「働き方（収入のあるなし）は，対等

な関係性には影響ない」が少ない。これはおそらく，子どもが小さく母親として全面的に養育役割を担っていた時期から，子育てのウェイトが減少してくるにしたがって，自分の役割に対する疑問や自分が働くことへの関心が高まることが影響しているのだろう。また，子どもの成長に伴って妻が収入を得る必要も生じ，実際に自分の収入を得るようになっての実感といえるのかもしれない。

　既婚者に多いM字型の働き方を考えると，次のような変化が起こることが推測できる。共働き後の専業主婦経験や再就職によって自分が収入を得た経験をとおして「働き方（収入のあるなし）は，対等な関係性には影響ない」とはいえないことに気づくようになる。しかし，再就職を果たしても多くの場合その収入は家計補助的なものであり，自分自身の経済的自立を果たすには十分な額とはいえない。夫と対等であることを主張するには不足であるとの認識がある。したがって「働いていても，家計補助的な収入では対等な関係は築けない」と思う人が増えてくる，と読めないだろうか。

　それでは，未婚者と既婚者の違いはどこにあるだろう。顕著な違いを2点あげることができる。1点目は既婚者は未婚者に比べて，「お互いが経済的に自立できてこそ，対等な関係が築ける」と考える人の割合が低く，年齢によって未婚者の2分の1から3分の1である。2点目は，これに対して，「働き方（収入のあるなし）は，対等な関係性には影響ない」と考える人の割合は既婚者に高く，年齢にもよるが未婚者の2倍前後にのぼる。

　その理由を考えてみると，既婚者では「お互いが経済的に自立できてこそ，対等な関係が築ける」といえるだけの収入を得る仕事に就いている人は少ない。しかも，出産・子育て期に多くの女性が労働市場から退出することや，再就職のほとんどがパート・アルバイトで収入レベルが低いことを考え合わせると，年齢が上がるにつれて経済的自立を可能にするだけの収入を得る人が増えることは考えにくい。既婚者の多くは，この状況を夫婦関係の前提としてとらえている可能性がある。

また，「働き方（収入のあるなし）は，対等な関係性には影響ない」を見ると，未婚者に比べて既婚者において割合が高い。現実の夫婦の間には，相手に対する配慮や日常生活上のケア，サポートの交換，セクシュアリティや生活全体のマネジメントなど相互に依存しあうさまざまな要素が収入以外にも存在し，結果として，これらが複合的に作用して対等感を構成していると考えられる。それに加えて，夫婦のどちらかが他方に依存するという関係も全面的，あるいは一方的なものとはいえない。したがって，ここで見られた未婚者との違いは，既婚者には単に経済的要因だけによって夫婦の対等性が決まるわけではないことが認識されていることの結果ではないだろうか。

既婚女性のキャリアパターンによる違い

　さて，ここまで夫婦の対等な関係と仕事のかかわりについて，調査対象者全体における特徴を年収，学歴，年齢，キャリアパターン，婚姻状況とのクロス集計から見てきた。これらをふまえて，次には，本書が関心を寄せる既婚女性3318人に焦点を絞って見ていきたい。

　図4-6は，図4-4と同様にキャリアパターン別に働くことと夫婦の関係について既婚者の意識を表している。ここから次の4点が指摘できる。第1に，既婚者に限定しても，図4-4とほぼ同様の傾向が見られることがわかった。すなわち，「就業経験なし」を除いた4つのキャリアパターンにおいては働くということが夫婦の対等な関係性に欠かせないと考える「お互いが経済的に自立できてこそ，対等な関係が築ける」「収入バランスに関わらず，両者が仕事をしていることで対等な関係が築ける」の2つの選択肢は初職継続型⇒転職継続型⇒再就職型⇒離職型の順に少なくなる。

　第2に，どのカテゴリーにおいても，「お互いが経済的に自立できてこそ，対等な関係が築ける」より「収入バランスに関わらず，両者が仕事をしていることで対等な関係を築ける」を選ぶ人の割合が多い。既婚女性の場合は，収入

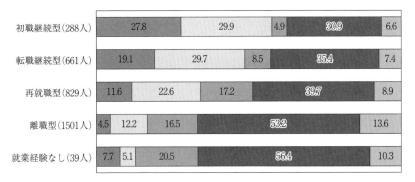

図4-6　既婚女性のキャリアパターン別にみた働くことと夫婦の関係（3318人／％）
（注）χ²＝391.890, df＝16, p＜.01
（出典）筆者作成。

そのものよりも働くという個人の社会参加が夫婦の対等な関係を築くために重要であると考える人が多いといえるだろう。あるいは，働いてはいても，お互いが経済的に自立できるほどの収入を実際に得ている人が既婚者には多くないことや，依然として妻が家事・育児を多く担っていることの結果かもしれない。

　第3に，全体的な傾向として図4-4で示したことと重複するが，既婚者においても次の点が指摘できる。現在無職である離職型の人に注目すると「働き方（収入のあるなし）は，対等な関係性には影響ない」は53.2％で，現職のある人に比べて10ポイント以上高い。同様に就業経験なしでは，その差はさらに大きい。現状肯定派が多数ということだろうか。だが，離職型で「お互いが経済的に自立できてこそ，対等な関係が築ける」「収入バランスに関わらず，両者が仕事をしていることで対等な関係が築ける」「働いていても，家計費補助的な収入では，対等な関係は築けない」とする人の割合を合わせると33.2％，就業経験なしでは33.3％とそれぞれ3割強存在する。この人たちは，経済的に

自立していないことが対等な夫婦関係を築くことができない理由であると考えていたり，仕事をしていない自分は夫と対等と思えないと考えているのかもしれない。また，自分が働いていないことや収入を得ていないことに対しての不満や葛藤をもっている可能性もある。

第4に，再就職型の人に「働いていても，家計補助的な収入では対等な関係は築けない」と考える人が2割弱見られる。未婚者ではなく，すでに配偶者のいる人たちが示すこの考え方は，自分の働き方に関する無力感や，対等な夫婦関係を望みながらもそれが実現できないことへの諦めがあることを予測させるものである。「お互いが経済的に自立できてこそ，対等な関係が築ける」と「働いていても，家計補助的な収入では対等な関係は築けない」の2つの選択肢は夫婦の対等な関係には個人の経済的自立が重要だという点は一致しつつも，前者は経済的自立を可能にする収入を得ている人が，後者はそうでない人が選ぶコインの裏表のような関係にあると考えられる。

共働き経験の有無と子どもの有無による違い

共働き経験の有無によって，働くことと夫婦の関係についての考え方は異なるものだろうか。この点を見るために，共働き経験の有無と働くことと夫婦の関係についてクロス集計してみると，χ^2値は121.287で1％水準で有意であった（df＝4）。図4-7では，共働き経験の有無と合わせて子どもの有無についても分析した。共働き経験があるグループとないグループの違いが顕著に現れていることに注目したい。

まず，子どものある・なしにかかわらず，共働き経験のない人は「わからない・その他」が2割近くあり，共働き経験のある人の2倍を超える。これは，働くことと夫婦の関係を考える際に，結婚してから調査時点まで1度も自分が働いたことがなく，自分が働くことを前提にして夫婦関係を考えたことがなかったことの表れだろうか。

経験あり 共働き	子どもあり(1756人)	10.0	20.1	16.4	45.0	8.5
	子どもなし(990人)	17.8	24.6	7.5	40.3	9.8
経験なし 共働き	子どもあり(426人)	4.0 10.1	20.9	47.7	17.4
	子どもなし(146人)	3.4 9.6 12.3	54.8	19.9

■ お互いが経済的に自立できてこそ，対等な関係が築ける
□ 収入バランスに関わらず，両者が仕事をしていることで対等な関係が築ける
■ 働いていても，家計費補助的な収入では，対等な関係は築けない
■ 働き方（収入のあるなし）は，対等な関係性には影響ない
■ わからない・その他

図4-7 共働き経験の有無・子どもの有無別にみた働くことと夫婦の関係（3318人／%）
（注）共働き経験あり：$\chi^2 = 80.099$, df=4, p<.01
　　　共働き経験なし：$\chi^2 = 6.731$, df=4, n.s.
（出典）筆者作成。

また，共働き経験のある人は「お互いに経済的に自立」していることや「両者が仕事をしていること」を夫婦の対等な関係の重要な要素ととらえる人が「子どもあり」で30.1%，「子どもなし」で42.4%と多い。これに対し，共働き経験のない人では，「子どもあり」で約2分の1，「子どもなし」で約3分の1である。共働き経験によって夫婦の対等な関係に「働くこと」が影響することを，実感していることをうかがわせる。

共働き経験があり子どもがいない人は，調査時点でも共働き中である人が多いため，図4-2，図4-6をふまえれば，働くことと夫婦の関係を重要視するとの回答が多くなるのは当然といえよう。

家庭の暮らし向きによる違い

次いで，家庭の暮らし向きによって妻が働くことと夫婦の関係についての意識が異なるかを確かめておきたい。図4-8を見ると，興味深いことに，経済的にゆとりがあるかどうかによって働くことと夫婦の関係のとらえ方にあまり大きな違いがあるとはいえない。強いて述べるなら，ゆとりがある人たちは

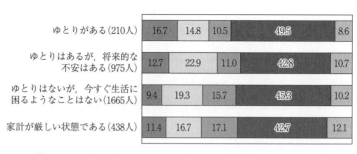

ゆとりがある(210人) 16.7 | 14.8 | 10.5 | 49.5 | 8.6

ゆとりはあるが，将来的な
不安はある(975人) 12.7 | 22.9 | 11.0 | 42.8 | 10.7

ゆとりはないが，今すぐ生活に
困るようなことはない(1665人) 9.4 | 19.3 | 15.7 | 45.3 | 10.2

家計が厳しい状態である(438人) 11.4 | 16.7 | 17.1 | 42.7 | 12.1

■ お互いが経済的に自立できてこそ，対等な関係が築ける
□ 収入バランスに関わらず，両者が仕事をしていることで対等な関係が築ける
■ 働いていても，家計費補助的な収入では，対等な関係は築けない
■ 働き方（収入のあるなし）は，対等な関係性には影響ない
■ わからない・その他

図4-8　家庭の暮らし向き別にみた働くことと夫婦の関係（3318人／％）
（注）$\chi^2 = 47.851$, df = 12, p < .01
　　　家庭の暮らし向きが「わからない」を除く。
（出典）筆者作成。

「お互いが経済的に自立できてこそ，対等な関係が築ける」と答えた人の割合
が多いと同時に，「働き方（収入のあるなし）は，対等な関係性には影響ない」
と答えた人の割合も多いことがあげられる。夫婦共働きで家計収入が多い場合
と，妻に収入はないが夫の収入が多く家計は潤沢で夫の収入で暮らすことを妻
が当然視している場合が混在しているということだろうか。

家事分担による違い

　最後に家事分担状況別に見てみよう。図4-9を参照していただきたい。非
常に興味深いのは，家事をほぼ半々に分担している人では「お互いが経済的に
自立できてこそ，対等な関係が築ける」26.6％，「収入バランスに関わらず，
両者が仕事をしていることで対等な関係が築ける」32.7％と，合わせて約6割
の人が働くことと夫婦の関係が密接に関わっていると考えていることである。
家事の分担が妻側に偏っても，反対に夫側に偏っても，この2つの選択肢の割
合は少なくなる。だが，家事の分担状況が働くことと夫婦の関係に直接に影響

図4-9　家事分担状況別にみた働くことと夫婦の関係（3318人／％）

(注) $\chi^2 = 222.812$, df = 20, p < .01
(出典) 筆者作成。

しているというわけではないだろう。この2つの変数の関連の強さの背景には，妻の夫への経済的依存度が大きく影響しているのではないかと推察されるが，本調査データからは確認できない。先に見た嶋﨑（2006）にあったように，妻の就業実態が意識のうえで，夫婦関係における働くことの重要性を増大させ，また，夫と妻の収入比率が接近すれば夫を家事に向かわせる（吉川 1998）要因になっているのかもしれない。

5　自身の就業経験による夫婦の対等観の違い

夫婦の対等な関係と働き方のかかわりについて，女性のもつ意識を探った。調査対象者全体を見ると，単独の選択肢としては，夫婦が対等な関係を築くことができるかどうかは働き方に関係しないと考える人が割合としてもっとも多いことがわかったが，しかし，働き方が夫婦の対等な関係に何らかの影響があるとする考え方を示す他の3つの選択肢を合わせるとこれを上回る。同じ傾向

は既婚女性だけについても言える[8]。働くことが夫婦の対等な関係に影響すると考える人の2分の1強が「収入」と，2分の1弱が「収入」ではなく「仕事をしていること」と関わりがあると考えている。また，自身の就業経験および家事分担の平等が実現されていることと，働くことが夫婦関係を規定するととらえる意識の間には強い関連があることもわかった。既婚者の多くがこのように働くことと関連づけて夫婦の対等性を認識しているということは，新たな発見であり，夫婦の対等な関係を論じるに当たって働くことのもつ意味に注目する必要があることが確認できた。

　さらに，現在仕事に就いていない人や，働いていても低収入の人のなかに，夫婦の対等な関係と仕事をもつことにかかわりがあると考える人も一定の割合で存在することがわかった。これは，対等な夫婦関係を望む多くの人にとって，その実現を阻む問題が存在していることを示唆しており，本書としては看過できない点である。

　しかし，本章で使用したデータは一時点の横断的データであり，どのような人々が働くことと夫婦の関係を密接なものとしてとらえているのか，その全体的な見取り図を大づかみに描くことはできたが，あくまで調査時点に特定の状況にある人がどのように考えているのかという分布である。夫婦関係の時間的変化を含めたリアリティをとらえるには，隔靴掻痒の感がある。次章以降では，個別の事例から明らかにしていきたい。

注

(1) 2015（平成27）年版男女共同参画白書。

(2) 2015（平成27）年版男女共同参画白書によれば，2014年に国連開発計画が作成した「人間開発報告書」で，日本は人間開発指数（HDI）が187カ国中17位，ジェンダー不平等指数（GII）が149カ国中25位であるのに対して，世界経済フォーラムが2014年に発表したジェンダー・ギャップ指数（GGI）は142カ国中104位である。日本では女性が政治・経済活動に参画・意思決定する機会が不十分であると記されている。夫婦という私

的領域の実態については，第3章で示した。

⑶ 全体では50%，男性では38%である。女性のうち，フルタイム就業者では66%，パートタイム就業者では68%，専業主婦では52%となっている。

⑷ インターネット調査。『「女性とキャリアに関する調査」結果報告書』（日本女子大学現代女性キャリア研究所 2013）参照のこと。

⑸ 以下では，この質問の選択肢「わからない」「その他」への回答を合計し「わからない・その他」として扱う。

⑹ 「あなたの昨年（2010年1月〜12月まで）の年収を教えてください」という質問に対する回答。

⑺ 「転職継続型」は1年未満の離職期間を挟んで調査時点で就業中の場合，「再就職型」は1年以上の離職期間を挟んで調査時点で就業中の場合である。

⑻ 既婚者だけ（3318人）について分析したところ，「働き方（収入のあるなし）は，対等な関係性には影響ない」44.4%，「収入バランスに関わらず，両者が仕事をしていることで対等な関係を築ける」19.7%，「働いていても，家計補助的な収入では対等な関係は築けない」14.1%，「お互いが経済的に自立できてこそ，対等な関係が築ける」11.2%，「わからない・その他」10.5%であった。

第5章
平等志向夫婦における妻の労働市場からの退出

　以下の章では妻の就業状況の変化を段階的に追いながら，それが夫婦関係にどのような影響を及ぼしていくのかを解明していく。まずはじめに本章では，夫婦関係における変化の始まりとして，共働き夫婦が第1子の出産を契機に片働き夫婦へと移行するプロセスを権力作用に着目して分析する。

1　なぜ妻が離職するのか

「妻の就業」への着目

　厚生労働省の「第1回21世紀出生児縦断調査の概況」(2002) によれば，2001年に第1子を出産した母親の場合，出産1年前に有職であった者のうち約7割が出産半年後には無職となっている。このデータが示すように，第1子の出産は女性の労働者としての地位を大きく変える分岐点と位置づけられる。

　第1子出産はまた，就業と家事のシェアにおいて，それまでほぼ対等であった夫と妻の関係をも変える。夫と妻がともに就業と家事を同等にシェアしようとする態度を「平等志向」とするなら，妻の労働市場からの退出は，その実現を根底から突き崩すものとなる。妻が有職であるより無職，有職であればフルタイムよりパートタイムというように，妻の職業とのコミットメントが少ないほど夫の家事へのコミットメントも少なくなる (西岡 2004)。妻の就業行動は

夫婦の「平等志向」実現のための重要なカギといえよう。

　従来，女性の就業行動を規定する要因として労働環境および育児環境が注目されてきた。しかし，基本的に育児の第1の責任は子の父母にあると考えられており，その責任を誰がおもに引き受け，職業上の調整をつけるかという決定は個別夫婦ごとになされているという現実がある。したがって，そこには夫婦の外部環境とは独立に検討されるべき問題があると考えられる。妻が育児を引き受け，そのために妻側が就業を調整する夫婦がいることは不思議ではない。しかし，圧倒的多数の夫婦が同様の選択をし，その結果として先述のデータのように男性と著しく異なる女性の就業行動が出現するなら，そこに何らかの力が作用していると考えざるを得ない。

　何が女性を市場労働から引き離し，男性の市場労働とのかかわりをますます強固にしていくのか。ジェンダー・アレンジメント決定の場として，夫婦という1組の男女の実践に着目することが不可欠である。本章は，第1子の出産を控えた夫婦が出産後の役割分業をどのように決定するのかに注目し，そこで展開されるジェンダー・アレンジメント決定のプロセスを権力メカニズムの作動という視点から考察する。

夫婦の権力関係研究における「妻の就業」の位置づけ

　夫婦の権力関係研究において「妻の就業」はどのように位置づけられてきただろうか。第1章で見てきたように，夫婦の権力関係研究は，Blood と Wolfe (1960) の影響を受けて発展してきた。Blood らは，夫婦の権力を「相手の行動に影響を与えることのできる潜在的能力」と定義し，夫婦のどちらが家庭生活に関わる諸問題の最終的な意思決定者かによって権力を測定した。具体的には，「夫はどんな仕事に就くべきか」「どんな車を購入するか」「生命保険に加入するか」など8項目の質問が並置され，選択肢に与えられた点数の合計によって権力バランスのパターンが判定された。質問にはたしかに「妻は就業すべきか

辞めるべきか」という項目も設定されている。しかしながら，この夫婦の平等性と女性の自立に関わる重要な項目が，他の日常生活上の決定事項と同列に扱われ，単純にもその意思決定の主体が誰であるのかによって夫婦の力関係が判断されたのである。この点については，質問項目に挙げられた諸決定事項間に見られる重要性の度合いの違いを捨象していることの問題性を指摘できるが，これに続く調査研究においても改善は見られていない。

　意思決定の結果から権力を測定することに対しては，1980年代以降，意思決定の過程を重視すべきであるという主張（Scanzoni & Szinovacz 1980）が現れ，日本でも，それを反映した調査研究が行われた（(財) 兵庫県長寿社会研究機構家族問題研究所 1998）。しかし，「妻の就業」が他の生活上の諸問題と同列におかれている点では Blood らの扱いと変わっていない。また，決定過程に関する満足度も調査されたが，妻が就業継続したのか否か，どのような交渉過程がその結果を生み出したのか等についてはまったく検討されてこなかった。

　さらに，「妻の就業」は，夫婦の権力関係の説明変数として着目されることはあっても（岩間 2005），それがどのような権力メカニズムのなかで決定され，結果として就業が継続されたか否かについては分析されていない。

　これまでにも，日本では夫婦関係を全体社会の男性支配構造と関連させて支配─被支配の関係として「権力」をとらえる視点が弱いという指摘がなされてきたことを第1章でも示したが，それは，「妻の就業」を夫婦関係の内と外におけるジェンダー・アレンジメントの結節点として分析に位置づけてこなかったところにあるといえよう。

Komter の 3 つの権力

　以上をふまえ，本章では Komter（1989, 1991）による夫婦の権力関係研究の方法論に着目する。日本の夫婦の実態をふまえた発展的，批判的継承を視野に入れながら，以下ではこの方法論の適用を試みる。

Komter は，従来の夫婦の権力関係研究に対して「権力の観察可能な行動の結果に焦点をおくことによって，水面下の権力プロセスへの注目が阻まれる」(Komter 1989：188，1991：54) と指摘し，これを乗り越えるものとして，次の3つの権力概念を提示した。第1に，顕在的な対立をめぐって具体化される「顕在的権力（manifest power）」，第2に，対立が表面化するのを回避させるように作用する「潜在的権力（latent power）」，第3に，不満を顕在化させないように働く「目に見えない権力（invisible power）」である。

　これらは，政治社会学領域において Lukes (1974＝1995) が醸成してきた「1次元的権力」「2次元的権力」「3次元的権力」の概念にそれぞれ対応している。Komter によれば，Lukes の権力の第1の次元は「相手の抵抗を排して自分の意思を通す能力」とした Weber の権力概念に根ざすもの，第2の次元は「非決定の結果として見えないままになっている問題」に焦点を当てたもの，第3の次元はこれらがあまりにも行動を重視していることへの全面的批判に基づき，集団や制度によって行使されるがゆえに行動レベルでは確認できない権力を概念化したものである (Komter 1989：189-190)。Komter は，この3つの次元からなる権力概念を援用することによって，インフォーマルな，したがって一見とらえどころのない夫婦における権力関係の解明を目指したのである。

　その際に，Komter は「常識」が主導的なコントロールを果たすとするイデオロジカル・ヘゲモニーという考え方 (Gramsci 1971) に基づき，「目に見えない権力」はジェンダー・イデオロギーの作用によるものであると考えた。

　Komter の3つの権力概念については後述するが，第2と第3の権力概念への着目は，単に従来の第1の権力概念に限定された夫婦の権力関係研究の射程を広げたにとどまらず，夫婦という個別的相互関係の背後に潜む権力関係のダイナミズムの洞察を可能にした (Tichenor 1999：639) と評価されている。

　本章では，Komter の権力概念に依拠して分析を進めることとするが，それに先立って，この権力概念を用いた主要な研究として次の3つを取り上げ，そ

の成果と限界について触れておきたい。

a　Komter 自身がオランダで実施した調査（Komter 1989）

b　スウェーデンの夫婦の平等性を明らかにするために行われた調査（Ahrne & Roman 1997＝2001）

c　bとの比較を目的に日本で行われた調査（善積・高橋 2000）

このうちaは，夫婦の相互関係に影響を与えるジェンダー・イデオロギーの存在を検証し，前記３つの権力概念からなる夫婦の権力関係分析のモデルが成立することを示した。

bは，スウェーデンでは夫婦間での家事分担平等の価値が浸透し，家族扶養責任の平等意識も広まってきているため，その実現に向けた交渉のなかに「顕在的権力」や「潜在的権力」の作用が見られるが，母性に対する規範意識によって，出産を契機に労働分担に男女間の偏りが見られるとした。

cは，bとの比較の結果，日本は家事分担，家計管理において平等とはいえないが，夫婦間での対立は見られず現状を受け入れる傾向が強いことを明らかにし，そこに「目に見えない権力」が作用していることを導き出した。

ただし，こうした貢献にもかかわらず重大な限界もあった。まず第1は，これらすべてが夫婦関係を把握するのに当然必要となるペア・データに基づいているわけではない点である。[2]

第2に，Komter は3次元の権力概念を提示したにもかかわらず，現実分析のための有効な方法を示していない。とりわけ「目に見えない権力」の分析は「他の次元に比べてかなり困難」（Ahrne & Roman 1997＝2001：29）であるとして，事実上断念されているともいえる点である。

2　23組の夫婦への聞き取り調査

対　象

　第1子の出産を間近に控えた夫婦を調査対象とした。対象にアクセスするために，東京都にある2つの保健センターで2005年4月～8月に実施された延べ10回の両親学級で調査内容を説明して協力を募り，計23組の夫婦の調査協力を得た（表5-1）。特に法律婚カップルに限定したわけではないが，結果として事実婚カップルは含まれていない。

　特徴として，これらの夫婦は都市のホワイトカラー層で，調査から1～4カ月後に第1子を出産するというライフステージにある。両親学級に夫婦揃って参加している点および調査協力を2人とも了解した点から見て夫婦関係は良好で，産まれてくる子どもを含めた家族関係を今後も継続していこうという意思が明確である。また，全体として学歴は高く，出産後は当面夫1人の収入で生活可能な経済状況にある。1組を除いて核家族世帯であり，出産後も変化の予定はない。いずれの夫婦も育児は自分たち自身がするものという強い意識をもっており，日常的に利用できるサポートは保育所だけであると考えていた。

調査方法

　本章の目的は，個別夫婦におけるジェンダー・アレンジメント決定のプロセスを丹念に追い，そこに権力がどのように作用しているのかをリアルな水準で把握することにある。そのためには，当事者が決定に至るまでに自分の置かれた状況や相手の行動をどのように解釈し，何に基づいて判断を下したのかなどの具体的体験を語ってもらう必要があり，そうした語りを丁寧に分析することなしに，第1子出産後の女性の特徴的な就業行動を方向づけるメカニズムを解明することは困難である。そこで，夫婦の各々に約1時間の半構造化インタ

ビューを行い，了解を得て録音したものをすべて文章化した。調査は2005年4
〜8月，いずれも出産前に1回のみ実施した。⁽³⁾

　主な質問項目は，①年齢・学歴等の基本的属性および出産予定日，②現在ま
での就業状況，③交際から結婚まで，結婚から現在まで，出産以降の3つの時
期における夫婦の仕事と家事のバランス，妻の就業決定の過程，決定に対する
評価，自分を10としたときの相手の収入割合，である。調査時に夫婦は同席し
ていない。

　なお，インタビュー開始時にデータを研究目的で使用することの了解を得た。

3　3つの次元の権力作用とその規定要因

平等志向のもとでの妻の労働市場からの退出

　調査対象夫婦における特徴として，家事や就業を平等に実現しようとする志
向が明瞭になった。まず，妻の就業状況に関して見ると，最終学校卒業後，J
妻，M妻以外はすべて正規雇用に就いていた（表5-1，表5-2）。J妻は卒業
から1年後に，M妻は5年後に正規雇用となっており，対象夫婦においてすべ
ての妻が正規雇用として働いた経験をもっている。

　妊娠判明時には，正規雇用11名，非正規雇用11名，無職1名であった。結婚
が女性の就業を正規雇用から非正規雇用へと変化させる重要な契機であったこ
とが観察されるが，非正規雇用というかたちではあれ，子どもをもたない結婚
生活においては女性と労働市場とのつながりは保たれていた。夫は調査時点で
1名が無職，22名が正規雇用での就業である。対象者のうち約9割は結婚の初
期において夫婦のどちらもが就業しており，少なくとも，外で働くという立場
を夫婦が共有していた。

　調査時点で妻の収入が夫の収入の5割を超えると答えたのは23組中7組（A
さん，Cさん，Iさん，Jさん，Oさん，Sさん，Tさん）⁽⁴⁾で，妻も実質的な家計

表5-1 対象夫婦の全体像（23組）

	夫			妻			
	職業階層	学 歴	年 齢	学 歴	年 齢	学業終了〜現在	出産半年後
A	大 ホワイト	大学	43	大学	35	正規雇用（営業）2年 → 非正規雇用（非常勤講師）3年 → 正規雇用（教員）7年	正規 (12M育休)
B	専門	大学院	28	大学	26	正規雇用（SE）4年 → 退職	無職
C	専門	大学	30	大学	32	正規雇用（司法書士・事務所2カ所）8年 → 1年半中断（海外留学）→ 正規雇用（司法書士・弁護士事務所所属）半年 → 退職	無職
D	大 ホワイト	大学	32	短大	30	正規雇用（保育士）5年 → 非正規雇用（事務）2年半 → 退職	無職
E	自営 ホワイト	大学	30	高校	23	正規雇用（スキューバダイビング・インストラクター）2年 → 退職	無職
F	大 ホワイト	大学	36	短大	35	正規雇用（旅行会社）11年 → 無職2年 → 非正規雇用（病院で医療事務）2年間 → 退職	無職
G	大 ホワイト	大学	33	短 大 (3年)	30	正規雇用（看護師・小児科, 内科）4年 → 非正規雇用（子ども家庭支援センター）4年 → 退職	無職
H	専門	大学	35	大学	34	正規雇用（事務）2年 → 非正規雇用（事務）2年 → 正規雇用（経理事務）5年 → 中断6カ月 → 非正規雇用（日本語教師）1年 → 退職	無職
I	専門	大学	27	大学	31	正規雇用（SE）4年 → 正規雇用（NPO法人）半年 → 正規雇用（大学事務）3年半	正規 (6M育休)
J	大 ホワイト	大学	30	高校	29	非正規雇用1年 → 正規雇用（ソフト作成）8年 → 正規雇用（ソフト作成・サポート：在宅）1年	正規 (10M育休)
K	大 ホワイト	大学	35	高校	33	正規雇用（営業事務）5年半 → 正規雇用（販売）3年半 → 正規雇用（総合職：営業）10カ月 → 非正規雇用（事務）3年半 → 非正規雇用（販売）1年半	非正規 (4M育休)

L	大ホワイト	大学	32	短大	33	正規雇用（営業事務）9年3カ月　→　正規雇用（営業事務）3年半　→　退職	無職
M	専門	専門学校	26	大学	27	非正規雇用（製品チェック）1年　→　非正規雇用（製品チェック）4年　→　正規雇用（ソフト設計補助）5カ月　→　退職	無職
N	専門	専門学校	41	専門学校	32	正規雇用（美容師：ブライダル）9年　→　正規雇用（美容師：ブライダル）半年　→　非正規雇用（販売）4年　→　退職	無職
O	無職	大学	35	大学	36	正規雇用（2級建築士）13年	正規（10M育休）
P	大ホワイト	高校	24	高校	30	正規雇用（販売）12年　→　退職	無職
Q	専門	高校	36	専門学校	29	正規雇用（空港保安員）1年　→　正規雇用（自動車ディーラー）4年　→　非正規雇用（ディズニーランドなど）2年　→　非正規雇用（バイクヘルメット・アパレル関係のショップ）2年半　→　退職	無職
R	専門	大学	35	短大	36	正規雇用（SE）2年　→　非正規雇用（SE）13年　→　退職	無職
S	大ホワイト	大学	36	大学	37	正規雇用（企画の商品化・本社3年　→　工場9年　→　本社2年）14年	正規（18M育休）
T	専門	大学＋短大	36	高校	38	正規雇用（事務）19年	正規（10M育休）
U	中小ホワイト	高校	31	専門学校	30	正規雇用（保育士）4年　→　非正規雇用（販売）2年　→　非正規雇用（事務）4年　→退職	無職
V	専門	大学	29	大学	24	正規雇用（パソコンのサポート）半年　→　正規雇用（事務）1年半　→　退職	無職
W	大ホワイト	大学	31	大学	31	正規雇用（営業）4カ月　→　非正規雇用（営業）3年　→　非正規雇用（広告製作）2年　→　非正規雇用（研究機関・経理）2年半　→　退職	無職

（注）（1）夫の就業形態はすべて正規雇用（Oを除く）。
　　　（2）夫職業階層は，SSM大分類に職業上の地位（雇用者か被雇用者か）や企業規模を加味した総合8分類（原・盛山 1999：xix）に基づいている。『SSM職業分類（改訂版）』（原編 1993）を参考にした。
　　　（3）大ホワイト：大企業ホワイトカラー，中小ホワイト：中小企業ホワイトカラー
（出典）三具（2007）。

表 5-2 妻の就業状況の変化（23組）

雇　用	学業終了後（初職）	妊娠判明時	第 1 子出産半年後（予定）
正規雇用	ⒶⒷⒸⒹⒺⒻⒼⒽⒾⓀⓁⓃⓄⓅⓆⓇⓈⓉⓊⓋⓌ（21人）	ⒶⒷⒸⒾⒿⓁⓂⓄⓈⓉⓋ（11人）	ⒶⒾⒿⓄⓈⓉ（6人）
非正規雇用	ⒿⓂ（2人）	ⒹⒺⒻⒼⒽⓀⓃⓆⓇⓊⓌ（11人）	Ⓚ（1人）
無　職		Ⓟ（1人）	ⒷⒸⒹⒺⒻⒼⒽⓁⓂⓃⓅⓆⓇⓊⓋⓌ（16人）

（出典）三具（2007）。

の支え手となっていた。そのなかで妻の夫に対する経済的依存度がもっとも低かったのはＯさん夫婦である。Ｏ夫は，難関の国家資格取得を目指して準備中で調査時点での収入はまったくなく，自分を「完全に主夫ですね」と語る。一方Ｏ妻は，大学を卒業後に就職した会社で建築士として継続して働き家計の担い手となっている。だが，この関係をＯさん夫婦は固定的なものと考えてはいない。「今，お互いの状況で，彼が働かない状況にあるときは私が働けばいいと思うし，いつ，逆転するかわかりませんよね。今回みたいな産休で。今度は私が働けなくなったら，彼が働けばいいし。1年後どうなってるかも，そのとき考えて，2人で決めていけばいいと思っているので。（中略）お互い人生の波があって，たまたま今彼が働かない時期」（Ｏ妻）と，役割を流動的にとらえ長期的にお互いを支えるという立場をとっている。

　次に夫婦の家事分担状況を見よう。[5]表5-3に見るように，23組のなかには，「〔自分は〕やってないですね（Ｐ夫）」「主人が家事をすることは全然考えていない（Ｐ妻）」というカップルもあったが，それは1組にすぎず，残り22組は男性の家事・育児参加を当然視していることが確認された。Ｃさん，Ｉさん，Ｋさん，Ｍさん，Ｑさん，Ｒさん，Ｖさん夫婦は，家事を半分ずつ分担することを夫婦双方が目指している。Ｉ妻は「共働きで2人で家庭を築いていくんだから〇〇さん〔夫の名前〕も家事をして当然という立場。やらないときは『こ

表5-3　家事分担に関する語り（23組）

	夫	妻
A	所得に関係なくお互い立場は一緒ですから，50—50が自然じゃないかと。	実は向こうのほうが多いような気がします。
B	7：3から6：4で彼女が多いと思います。	ちょうど半々ぐらいですね。
C	何に関しても50—50で続けていきたかった。	半々で。（夫が）「手伝ってくれる」んじゃなくて，きっぱりと。
D	料理は僕が好きなんで，逆に自分が積極的にやりたい。	家事は自分が全部やるとは考えていなかったです。
E	休みの日に自分が掃除すると，結構彼女はプレッシャーに。（中略）本当は掃除をしたいんです。	結構やってくれます。
F	本当は（妻が）もっとやらなくても，おれがやるんだよって思ってるところはあります。	私がやりますね。全部。
G	嫁さんが主体で，「手伝って」って言われるときもあるし，「一緒にやろうか」って言うこともあるし。	「手伝って」って言えば手伝ってくれます。
H	（家事が済んでいると）申し訳ないなと。	実のことを言うと，家事は私のほうが中心で。
I	「お互いできるときにやるようにしようね」っていうのが約束。	共働きで2人で家庭を築いていくんだから○○さんも家事をして当然という立場。やらないときは，「これはどうして？」と言う。
J	できるだけ手伝いたいと思ってました。	自分からやってくれるときもあるし，頼めばやってくれます。
K	まあ，5分5分ですよね。	手伝ってもらおうと。
L	バランス悪いなとは思うんですけど，あまり気にしないようにしてるんです。自分でどうこう変えられる状況でもないですので。	時間がないなかにも，自分で気がついてやってくれる。「僕やるからいい」って言ってくれる。
M	（家事は）分担ですね。	2人で仕事をもっているときは完璧に半分にしようと思ってました。
N	なるべく面倒くさがらずに手伝おうと。	今日は何とかをしたいからって，（料理を）つくってます。
O	ぼくらはあんまりこだわりがなく。	9：1ぐらいでまわってると思います。申し訳ないとは思ってないですけど，でも感謝してます。
P	やってないですね。自然にそうなっちゃった。	主人が家事をすることは全然考えていない。
Q	ぼくは家事も全然やるんで。	家事はできるほうがやる。基本はわたしですけど。
R	やってるつもりなのにやってないのはよくないなって思って。	対等だと思いますね。別に私が我慢しているということはないです。
S	最初から約束していたのは，掃除と洗濯は私で，あとそれ以外は彼女。	自分だけという負担は感じなくて。
T	体裁もあるので4ぐらいにしようかな。（実際は？）5か6ぐらい。	結婚前より楽になったくらい。
U	片付けとか言われなくてもやるから。やってあげてるっていう気もないし。	聞くと，他の家庭よりは全然よくやってくれてますね。
V	共働きだったら，やはり2人で，ある程度，比率的には近い感じでやるんだろうなと。	（夫は）半々ぐらいのイメージでいると思ってた。
W	半々ぐらいやるっていうのが，平成の結婚らしいなって思ってたんです。	（自分が）働いたら，ある程度助けてもらうことは助けてもらうと。でも，あんまり期待しなかった。

（出典）筆者作成。

れはどうして？』と言う」と語り，Ｉ夫は「『お互いできるときにやるように
しようね』っていうのが約束」と語る。

　Ａさん，Ｏさん，Ｔさん夫婦は夫のほうがより積極的に家事を担っていた。
Ａさん夫婦の夫はオフィス機器を扱う企業の営業職で毎日の通勤に往復２時間
半ほどかかる。妻は公立中学校で理科を教えている。通勤時間は夫よりやや短
いが，朝６時半には家を出なければならない。この２人の間で家事は次のよう
に行われていた。

　Ａ夫：やりたくないですけど，誰かがやらなくちゃならないですよね。気に
なるならやっちゃったほうが楽。そういうタイプですね僕は。彼女に言うん
だったら自分でやったほうが早いという感じですね。あとは，所得に関係な
くお互い立場は一緒ですから，フィフティ・フィフティが自然じゃないかと。
（中略）お互い働いているという立場は同等なので，お互いやりたくない部
分も多いんですよね。やりたくないことを公平に分けようと。妻も公平だと
思ってると思います。

　Ａ妻：実は，向こうのほうが多いような気がします。家にいる時間は同じく
らいですね。私はお恥ずかしいんですけど，汚れてても何してても平気。向
こうは，こまごまと掃除をしたり，お皿を片付けたりやっています。土日に
まとめて洗濯をするんですけど，それは私です。掃除は向こうですね。それ
から，食事のしたくは私ですけど，片付けは向こうです。やや向こうが多い
感じですね。

　食事については，始めに決めました。私が作って向こうが片づけるという
のを決めました。やりたいほうということで。たまに，今日は作りたくない
からお弁当にするねって言うと，向こうが食事の材料を買ってきて作って，
じゃあそのあと，私が片づけるのかなと思うと，全部やってくれるんです。

嫌いではないみたいですけど。

　夫が自分から家事に積極的に関わることを妻は歓迎するが，夫としてはそのことをあまり人には知られたくない面があるようだ。Tさん夫婦には間もなく双子が生まれる予定である。「家事は手伝うから，できるだけ働いてほしいなぁ」という夫の言葉を聞いているT妻は，毎日の生活で夫が家事を多く担っていることに対して「結婚前より楽になったくらい。（中略）慣れてきちゃったんですけど，感謝してます」と話す。一方，T夫は「体裁もあるので〔全体の家事を10とすると自分の分担は〕4ぐらいにしようかな。〔実際は〕5か6ぐらい」と「体裁」を気にする。

　夫の仕事が長時間・不規則であるために実際の家事分担が妻に偏っている場合もあったが，その状況をよしとしてはいない（Dさん，Fさん，Hさん）。F夫は「本当は〔妻が〕もっとやらなくても，おれがやるんだよって思ってるところはあります」と語る。

　こうした平等志向をもっとも端的に示すのがCさん夫婦の語りである。

　C夫：仕事を続けるような人でなかったら，相手には選ばなかった。（中略）基本的には何に関してもフィフティ・フィフティで続けていきたかった。

　C妻：結婚前と仕事の量とかを変えずに，お互い仕事をして同じように収入があれば同じように家事もして，というので，ただ生活が共同になるっていうだけかなあと思ってました。

　妻も夫と同じように正規雇用として働いた経験をもち，9割以上がともに就業しながら家事の平等な分担を志向してきた23組の夫婦において，第1子出産後に妻の就業はどのように変化するのだろうか。第1子出産後の予定は，正規

雇用での就業継続が23名中6名，非正規雇用が1名で，残る3分の2の16名が無職となる。就業継続の7組では育児休業（以下，「育休」）を取るのはすべて妻であった（表5-2）。

権力作用の把握

それでは妻の就業決定はどのように行われたのか。Komterの権力概念に依拠して分析するにあたり，まずKomterの主張を確認したのち，次に，ここでの援用の方法について述べておきたい。

Komter（1989）によれば，「顕在的権力」は変化の企てが妨げられたり夫婦が特定の内容または変化の早さに同意しないときに対立として表出し，その際にどちらの意見が通ったかによって把握される。

ただし，何の対立も報告されないとき，それが現状への満足の指標であるとは必ずしも言えないし，何も権力が働いていないとも言えない。そこで注目されたのが「潜在的権力」である。すなわち，対立という観察可能な権力作用に対して，水面下で作用する権力を問題にしようとしたのである。たとえば，長期間のむなしい言い争いをしても，どうせ自分が負けるのだからこれ以上喧嘩をしても意味がないと思って諦めたり，自分が喧嘩を始めたら後で相手から何らかの制裁を加えられるのではないかと恐れて対立を回避する，というかたちで作用する権力である。

「目に見えない権力」は，人々が性別役割分業を自然で変更不可能なこととして認識している場合，不公平な状況に置かれても合理化のメカニズムが働き，現状を受け入れ，不満も感じないことに着目しこれを権力作用の一側面と位置づけたものである。

「潜在的権力」と「目に見えない権力」の作用は，「観察可能な対立」が不在である点で一致するが，両者が決定的に異なるのは不満が存在するか否かによる。対立は表面化しないが対立を回避したほうに不満が残る場合は前者の作用

と見るが，後者は対立が見られないだけでなく，そもそも，不平不満をもたせないという点で，Lukes は「権力の至高の，しかももっとも陰険な行使」と位置づけている（Komter 1989：189）。

「目に見えない権力」の規定要因は，他の２つと異なり，カップル内の個別的相互行為にではなく，その背後にあって夫婦の決定に関与するものと想定されている。ただし，これは当事者に不満を感じさせず，したがって対立も変化の願望も不在であるという特徴をもつものとして操作的に概念化されているため，これを把握すること自体困難（Komter 1989：190）とされた。

そこで本章では，Komter の３つの権力概念を明確に区分するポイントを次のように整理したい。第１に「観察可能な対立」である。これは「顕在的権力」の作用には見られるが，他の２つには見られない。第２に，「結果に対する不満」である。「潜在的権力」の作用には見られるが，「目に見えない権力」の作用には見られない。第３に，「目に見えない権力」の作用を積極的に意味づけるものとして，決定が自らの選択であると認識する「主観的選好」の存在である。以下ではこれらを３つの権力作用を確認するメルクマールとして，分析を進めることとする。

「顕在的権力」の不在　決定のプロセスにおいて観察可能な対立があったのかどうか。これを把握するために，就業決定という重要問題が対立として意識されていたかどうか，および，それが２人の話し合いの課題として自覚されていたかに注目する。

対象となった夫婦は，買い物や休日の過ごし方など日常的なものごとを決める場合には，基本的に自分たちは話し合いをするほうだと認識している。しかし，今回の調査においてきわめて興味深い特徴は，妊娠判明時に妻がすでに非正規雇用であった11組も含めて，出産後に妻が仕事を辞めるか続けるか，続けるとすれば誰が育休を取るのかということをめぐって，夫婦の間で対立と見なしうる交渉が起こった例は１件もなかったことである（表5-4）。

表 5-4　就業をめぐる対立と決定過程についての語り（23組）

	夫	妻
A	その点はちらっと聞いたようなこともありますけど。	きちんとした話し合いというのをあまり話したことがない。
B	一応そこは任せたつもりなんで。	話し合いっていうほどの話し合いはなくて。
C	―	
D	その時々でやればいいし，やらなくてもいいしって。	（結婚後は仕事をしないことを主張した？）しました。
E	―	ないですね。ない。
F	話し合ってないです。	―
G	―	―
H	それは，あんまり話していないんですけど。	―
I	そこについてはあんまり深く話したことがないです。	―
J	―	話し合いはしてない。
K	―	ちゃんと話をしたことなかったと思うんですけど。
L	結婚するという意味では良くも悪くも腹をくくってくれっていうことは話をしておりました。	付き合ったときに言われましたね。
M	何かしら話してはいるんですけど。	特に，きちんとした話し合いっていうのはしてないです。
N	彼女のほうがバリバリ仕事をやっていて，同じぐらい稼ぎがあったらちゃんと話をしなきゃいけなかったと思うんですけど。	―
O	―	（私は）仕事は続けても続けなくても別にこだわりはないんです，あんまり。
P	そのことは，ないですね。	―
Q	―	話し合いはしてないです。
R	話し合っていない。	ああ，してないですね。
S	（妻が）休むことを前提に子どもをつくろうと思っていたから。	―
T	話はしたことはないですね。	（夫は）家事はできるだけ手伝うから働いてほしいなあって。
U	―	話はしてないですね
V	―	「どっちでもいいよ」って。
W	ちゃんと話したと思うんだけど。	いや，あんまり。

（出典）三具（2007）。

話し合っていないと断言したEさん，Fさん，Jさん，Qさん，Rさん，U さん夫婦の例をはじめとして，Bさん，Kさん夫婦のように，話し合うこと自 体が自分たちの課題として意識されていない点が注目される。対立を意識しな いまま，暗黙のうちに決定されているという事態が成立しているのである。

夫婦のどちらもが「話し合いをした」と明確に答えたのは，2人の居住地が 離れていて結婚に際して妻の退職が問題になったLさん夫婦だけであったが， この場合においても対立は見られなかった。

以上のことから，妻の就業決定に「観察可能な対立」をメルクマールとした 「顕在的権力」は作用していないと判断できる。

「潜在的権力」の作用とマクロ レベルにあるその規定要因　妻の就業について「観察可能な対立」が見られな いとすれば，どのようなプロセスで決定されるの か。先に述べたように，妻の就業は本人の経済的自立の基盤を提供するととも に，夫婦の内外のジェンダー・アレンジメントの均衡を左右するキー・ポイン トである。したがって，少なくとも個人として経済的基盤を放棄あるいは縮小 する結果を招くような就業行動の選択によって，妻の側は多大なリスクを負う ことになる。一方，妻のそうした就業行動によって，夫は稼ぎ手として逃れよ うのない責任を背負い込むことになる。この点について，対象者はどのような 評価をもっているだろうか。表5-5に夫婦の語りを示した。

表5-2で見たように，出産後，7組の妻は就業を継続するがその際の育休 はすべて妻が取得する予定となっている。育休取得がキャリア上不利となるこ とが7組すべての夫婦で語られた。しかし，この決定の結果（予定）に関して， この7組を含む対象男女のいずれからも不満を示すことばは語られておらず， むしろ「当然の流れ（A夫）」「満足（E妻）」「望んでいる方向（G夫）」という 肯定的評価が示された。

一般に，結婚に至るまでには漠然とではあってもお互いのライフデザインを 確認し，さらに，それを受け入れるプロセスがある。このプロセスにおいて，

表5-5　妻の就業行動に対する評価

	夫	妻
A	当然の流れだと思っているので，それについての感想はあまりないですね。	私は自分が（育休を）とりたかった。
B	（妻は）一応満足だと思います。	（こんなはずじゃないという気持ちは）私はないですね。
C	家事も仕事のうち，育児も仕事のうちと考えれば今までと変わらない。気持ちのうえでは2人で育てていくんだっていうところは変わらないんじゃないですか。	2，3年は仕事を犠牲にしても子どものために時間を使ってもいいかなあと。
D	（自分は仕事で忙しいので）フリーでいてもらわないと。	専業主婦に憧れていたので（満足）。
E	自分は体のつくりも当然違うわけであって，正直，男は無理すれば何とかなるっていうのがあるんですけど，女性の場合はそれが後々響くっていうことが当然ありますので，そこまでは無理させられないっていうか，してもらいたくない。	何にも不満もないし，満足ですね。子どもを置いて誰かに面倒を見てもらってまでやりたい仕事ではなかった。もちろん仕事は大好きだったんですけどね。
F	このままでいいと思います。	（夫は）私が辞めていいと思っていたんじゃないですかね。（私は）居心地は悪くないです。
G	望んでいる方向ですね。（妻は）あくまでも，自分の子どもがあって仕事があくまでも次だという（考え）。	ちょうどいいと思います。
H	仕方ないかなと。どちらかが（子どもを）見なきゃいけないから。	私のなかで，（仕事を辞めるのは）方向転換というよりも延長だなっていうイメージがあります。
I	いまは（妻が）パートでもいいと思いますし，逆に（自分が家計のメインとなることが）理想は理想。	自分がやめてもいいと思っていました。本当言うと子どもが3歳くらいまでずっと付きっきりで子どもを見たいんですけど。
J	─	特にどうもないです。
K	食わす責任が男にはあると思っている。	子ども中心の生活にしたいですね。仕事は二の次にして。
L	子どもが落ち着いたら働くかどうか考えてもらおうと。	（今後も）働かないつもりです。相当貧乏にならない限り。
M	（妻は）フルタイムでは働いてほしくない。子どもといる時間が減る。	あんまり釈然としないけど，仕方ないかなあと。
N	この状況だとすれば（妻は）納得していると思います。	いまはもうしょうがないと。もう，あきらめた。
O	（妻は）どちらかというと辞めたいという人で。	そんならそれでいいかなって。
P	（自分は夜勤があるから妻が働くのは）無理。	やめたかったから丁度よかった。
Q	1年ぐらいは（妻を）育児に専念させる。	やはり子ども優先で。
R	（今後妻が）働く予定はない。	時間で帰れる仕事じゃなかったので，難しいかなと。
S	必然的な条件として，彼女が産むということと世間一般的な常識として母親が育てるというのがベースにある。	辞めない（で育休をとる）のが当たり前っていう感じ。彼に休んでもらおうとは全然思わないですね。
T	子どもが産まれてみないとわからない。	─
U	（家計責任は）やっぱり男の役目っていうか。結構割り切って。	（子どもは）自分で見たいなって思っています。少なくとも2年ぐらいは。
V	僕は仕事が好きなんで絶対に働いているって思っている。	辞めて正解だったと思う。
W	しょうがないと思ってます。	子どものためじゃない，自分が一緒にいたいから。

（出典）三具（2007）。

合意が形成されなければ結婚そのものが成立しない可能性が高い。したがって，結婚に至ったカップルにおいては，ライフデザインの大筋に関して2人の間に意見の相違があるためにどちらかが不満を抱えるという「潜在的権力」の成立条件自体が前もって排除されていることが推察できる。そのため，決定の結果に不満をもつことは少ないと考えられる。

　ただし，H夫，M妻，N妻，W夫の発言に見られる「仕方がない」「しょうがない」ということばは，Komter の示した「潜在的権力」の規定要因について再考を促す重要な意味をもつ。これらの発言は，カップル内の他者に対して述べられているのではない。

　この4者は，妻の就業継続を望んでいるにもかかわらず，夫婦を取り巻く労働環境や育児環境など夫婦の努力によって容易に克服できない制度的な障壁の存在を語り，それに対する諦めをこれらのことばで表している。

　ここでは，独身時代を振り返って語るH夫の発言に注目したい。H夫は，テレビ番組制作会社のカメラマンで「僕は女性が仕事をもつっていうのは，ずっと大学ぐらいから絶対仕事をしてほしいって思ってたんです。自分のパートナーには」と語った。ただし一方では「やっぱり，どっかで男が収入を，とりあえず収入は男が働いて，子どもが生まれたら，子どもの面倒を母親が見てっていうのがどっかにあったんでしょうね」と，子どもに関しては女性が直接的に関わることを期待していた面があったと述べている。

　このため，「僕の場合は，結婚するときに自分の給料が安いっていうのはすごくネックだったです。自分のなかで」と語っている。なぜならそのことは，女性との交際を始めようとする時点で次のような制約として現れるからである。

　H夫：要するに現実的に，もう，僕がいっぱい稼いでいたら，どういう人間になっていたかわからないですけど，働く女性でも自分のパートナーに選べるし，働かないでも，専業主婦になりますっていう人でも，自分は主婦にな

りたいんですっていう人でも選べると思うんですけど。男性のほうに収入が
いっぱいあれば。でも，僕の収入を知った時点で主婦になりますっていう人
は，僕を選ばないと思うんです。

　男性1人の収入で家計を維持することが不可能であったり不安である場合は，
男性の側では，自分は女性に「選ばれない」だろうという意識を強くもつもの
であり，そのため，交際への一歩を踏み出すことに躊躇が生まれることがわか
る。その後，H夫はこうした状況を受け入れた女性と出会い結婚したのである
が，妻が働くことに夫婦の合意があり，しかも安定的な収入を確保する必要性
があったにもかかわらず，結局，H妻は仕事を辞める予定である。結婚当時は
正社員として働いていたが，そこは「少し前までは，結婚したら女性はみんな
辞めるっていう会社（H妻）」で，長く働ける見込みがなかったため転職した。
転職先は非常勤職であるために育児休業はとれないことからやむなく離職を決
めたのである。

　前述のようにKomterは，「潜在的権力」は夫婦の個別的関係によって作用
すると想定していたと見られるが，H夫に代表されるように，H夫，M妻，N
妻，W夫4者の発言は，社会構造というマクロなレベルに「潜在的権力」の規
定要因が存在することを示唆するものといえよう。4者の不満は，夫婦の内側
にではなく外側に向かっているのである。

「目に見えない権力」　　この4者を除いた残りの対象者について分析を進めてい
による平等志向の侵食　こう。分析のメルクマールに従えば，彼らには「観察可
能な対立」は認められず，「結果に対する不満」もないうえに，妻の就業行動
に対して「望んでいる方向ですね（G夫）」という肯定的発言も見られるため，
夫婦の決定には「目に見えない権力」が作用していると判断する条件は整って
いるが，より確かな根拠を得るために「主観的選好」の存在を検討しておきた
い。

　妻の就業決定に夫婦がどう関わったかについての語りを示したのが表5-6である。ここでは，妻も夫も，この問題を妻自身が決定したと考えていることが注目される。夫は妻の決定に関わっていないと考えているし，妻も夫に強制されたとはまったく思っていない。それを端的に示しているのがB夫婦の発言である。B夫は大手電機メーカーで開発に従事し，妻はシステム・エンジニアとして忙しく働いていた。調査の2日前に退職したというB妻によれば「最後の3月の終わりとか4月の始めとか，忙しいときは，2人で11時過ぎに駅前のファミレスで食べてっていう」生活で，「基盤が家庭であって，その余暇で仕事ができればいいなって。家庭のことがちゃんとできないのが自分としてはいやだった」という思いをもっていた。

　B妻：話し合いっていうほどの話し合いはなくて，〔夫は〕「辞めるんだあ」と言ってました。

　B夫：彼女に決めてもらったことなんで，僕がこうしろって言った訳じゃなくて。それについて，こうしたほうがいいんじゃないとは一言もいったつもりもないし，一応そこは任せたつもりなんで。（中略）働くか働かないかは，妻の意思に任せる。それに協力する。

　育休を取得して就業継続する妻も同様であった。A妻は次のように述べている。

　A妻：きちんとした話し合いというのをあまりしたことがない。自分のほうが決めて，「どう思う？」ぐらいは聞きますが。

　育休取得の7組の夫婦のなかには，夫婦とも同じ企業に勤め2人のキャリア

表5-6 妻の就業決定にどう関わったか(「主観的選好」)についての語り (23組)

	夫	妻
A	—	自分のほうが決めて,どう思う?ぐらいは聞きますが。
B	彼女に決めてもらったことなんで,僕がこうしろって言ったわけじゃなくて。	(夫は)「辞めるんだぁ」って。
C	本人の意思が一番と思います。	まだ迷っているんですけど。
D	彼女も専業主婦がいいかなと言っていたので。	専業主婦にあこがれてたので。
E	本人が続けたいって言えば(中略),いいじゃないかなと思います。	「辞めるね」って言ったら,「そう」って。
F	(辞めてほしいと言った?)それはないです。	とりあえず専業主婦になりたかったので。
G	(妻の就業について)私から,一切そういうことは言ってません。	(夫は)続けたければ続けてもいいし,やりたいように,と。
H	—	私が自由にしていいよという感じだったと思います。
I	妻が結婚しても仕事を続けるとわかっていた。	(自分が)やめてもいいと思っていました。
J	本人は子どもができたら家にはいりたいって言ってたので。	したいようにしていいよっていう感じ。
K	好きにすればって感じ。	私のわがままで働かせてもらっているので。
L	一応仕事としては,キャリアをですね,忘れるっていう言い方は良くないんですけど,そういった感じで,一時的に失うことは覚悟してほしいって,僕と結婚するならそのつもりでいてほしいってことをもともと話しました。	(夫は)「今の仕事は現実に辞めてもらわなきゃならない。できれば,子どもが何人もできてやむを得ず働かなきゃならなくなったら,自分のお給料だけでやれなくなったら働いてもらうかもしれないけど,それまでは家にいてほしい」って。
M	働きたいって言えば,かまわないって言います。	—
N	(自分は)いまの仕事を離れるってことは全然頭にはなかったんですけど。	—
O	—	—
P	「当分は子どもをつくらないで働いていたい」って言ったから,「いいよ」って。	好きにしたらいいって。
Q	彼女がしたいようにできるのがいいなと思っていて。	働くのを辞めろって言われたら,結婚もしたくないくらい。
R	—	—
S	(妻の仕事がどうなるかを)考えることはなかったですね。	「こうしたいんだけど,どう?」って言ったら,「いいんじゃない」で終わっちゃったような気がします。
T	—	—
U	—	自分の意思です。
V	「どうする?」って言ったら,「辞める」って言って,「そうだよね」って。	私がやりたいようにやればいいって。
W	本人が続けたければね。別にぼくはどっちでもよかった。	「やめるよ」「うん,わかった」みたいな。前々から言ってあったので。

(出典)三具(2007)。

にほとんど差のない事例や，夫がファミリー・フレンドリー企業として表彰を
受けた企業に勤めている事例も含まれていた。男性の育休取得可能性が相対的
に高いと思われるこれらの事例でも，妻が自ら育休取得を選択している。

　同じ企業に勤めるＳさん夫婦は，基本的には夫も妻もほぼ同じ条件で育休を
とることが可能である。だが，実際に育休を取るのは妻と決めている。Ｓ妻は
女性の多い自分の職場について「結婚して辞める人は少ないし，子どもができ
て辞めるっていう人も最近本当にあまりないですね」と語っているが，Ｓさん
夫婦は夫側が育休をとることはまだ現実的ではないと認識しており，それも誰
が育休をとるかの話し合いに至らない要因と思われる。

　Ｓ妻：（休むことで）なんだかんだ言って評価って下がると思うんですけど，
　彼も長い目で見たら，たぶん休むときは理解してくれるとけど，昇進のデメ
　リットになっちゃうんじゃないかと，私は思っていて，私が上司だったら
　きっとそう思っちゃうだろうというところもあってですね，あんまり彼に休
　んでもらおうとは全然思わないですね。

　Ｓ夫：それ（彼女が育休をとりたいということ）をぬきにしたとしても，必然
　的な条件として，彼女が産むというものと，世間一般的な常識として母親が
　育てるというのが，ベースに，基本的にある。子育てのなかにあるっていう
　のが私のなかにもあるし，彼女のなかにもあるっていうのがありますよね。
　（中略）会社のなかには社歴にしても，格にしても女性のほうが高い夫婦っ
　て何人かいらっしゃいますが，それでも子どもを産むから男性が休みますっ
　ていうのは聞いたことはないので。やっぱりそういうご夫婦でもベースにあ
　るのは女性が休むってのがあるんだなってことですね。（中略）（休むと）ひ
　びくでしょうね。昇進するのを諦めて，３年ぐらいで会社辞めて違う仕事す
　るんならいいですけどね，残っていこうと思うとやっぱりある程度。

夫婦の間で話し合ったとほとんど認識されないまま，妻の意思に任せられた決定が，妻の労働市場からの退出あるいは育休取得という結果に結びつき，そのことに対して夫婦は肯定的評価をもっていることが確認された。以上は，分析の３つのメルクマールのすべてから見て，夫婦の背後に潜む「目に見えない権力」の作用と判断できる。こうして夫婦の平等志向実現の基盤は第１子出産を契機に一挙に侵食され，妻の経済的自立基盤の喪失あるいは弱体化によって妻の夫への経済的依存（三具 2002）は常態化していくことになる。

「目に見えない権力」の規定要因

ジェンダー・イデオロギー　それでは，どのような要因が「目に見えない権力」を作動させているのだろうか。Komter は，これをジェンダー・イデオロギーであるとした。まず，この説の妥当性を検証しておきたい。

　妻の就業問題はどれほど夫の側の問題としてとらえられているのかを探ってみた。調査では「出産後の夫の仕事の変化」と「出産後の妻の仕事の変化」を夫と妻のそれぞれに尋ねている。妻の仕事の変化については，夫婦それぞれが具体的に語ったが，夫が育休制度を利用したり労働時間を短縮するなど，出産に伴って男性側が就業に関わる何らかの変化を経験することは，夫自身も妻もまったく想定していないことが明らかになった。実際，子どもが産まれることを直接の理由として就業上の変化を予定する夫は１人もいない。「出産後の夫の仕事の変化」について尋ねたときの反応は次のようなものである。

　B夫：はあ？　職業ですか？　変わりません。変わる予定はないです。（中略）自分は仕事は続ける。どちらにころんでも〔妻が働いても働かなくても〕困らないように仕事をする。継続しか考えたことがなかった。子どもが産まれたから何か変わるかってことは，仕事についてはないですね。

　W妻：全然ないです。〔夫が〕自分の仕事を変える？　ないですね。

　夫の仕事が出産によって変化するかという質問に対して，男性は一瞬何を聞かれているのかという顔をしたり，「そんなばかな」という意味の笑いを浮かべたりする。それほどまでに，仕事と育児のいわゆる「両立問題」は男性にとって他人事であり，それまでの働き方を微調整する程度にとどまる問題なのだ。また，妻の側も夫が育児のために仕事を辞めるなど予想すらしていない。

　本調査対象者のなかには，妻が主たる家計の担い手となっているカップルが１組含まれている。前述のＯさん夫婦である。23組の対象者のなかでは既存の性役割からもっとも離れたところに位置していると言ってよいだろう。自分の担っている役割について違和感がなくても，周囲からの強いまなざしによって，あたかも自分が「間違っている」と思わされているようだと発言したＯ夫の経験は，ジェンダー・イデオロギーが日常に深く浸透していることを示唆している。Ｏ夫は，国家資格取得を目指して準備中であり，正社員として働く妻に代わって，平日の家事を引き受けている。いわゆる主夫である。

　Ｏ夫：主夫という仕事に関しては，僕自身はそんなに不満はなくて，それなりに工夫をすれば工夫をしただけのバックもあるし，日常の仕事とはいっても，やりがいがないわけじゃないと僕は思っています。

しかし，周囲はそうした状況に対してさまざまな形で異議申し立てをする。

　Ｏ夫：たとえば，うちの母だったら妻に対して申し訳ないと言ったりとか，あとは，向こうの両親にしてみれば，僕がしっかりしてればっていうのは，やはり決して表には出さなくても，無言のうちに感じることで，どちらかというと，僕がやってることは必ずしも正しくないっていうか，普通じゃない

んだなっていうのを思わされることのほうが多いですね。

それは，家族内だけのことではない。

O夫：だから普段の生活以上に，社会とのふれあいというか，本当に近所で話をしていて，お店に行って「今日はお休みですか？」って言われたりするなかで，どうしてもそういう目で見られるっていうのがあります。(中略)たとえば，訪問販売の人だとかそういう人が来て僕が出ると，「お休みですか？」って言われるなかで，「あ，休みって思われるんだな」っていう意味で，そういう感じで，まずは「男は働いているものだっていうのが社会の前提なんだ」っていうのを，そういうときに本当に知らされるような感じです。

こうした周囲の反応に対してO夫は，「つらいかって言われると，つらいとまでは言えないけども，何とも言えない居心地の悪さ」を感じている。本人やその配偶者が納得していても，周囲からのこうした圧力が性役割からの逸脱者に対して「正しい」方向へ向かわせるべく働いているのである。

これらの発言から，男性の稼得者としての役割が，男性側にも女性側にも強く意識されていることがうかがえる。出産に伴う就業問題は，まずは，男性が稼ぎ手であることを前提として，「夫の就業状況は何も現状と変わらない」，すなわち，「男性は賃金労働から離れない」という強固な前提から出発しているのだ。そこには男性の「主たる稼ぎ手」をあるべき姿とするジェンダー・イデオロギーの存在を指摘することができる。

では，妻の役割について対象者はどのように考えているのだろうか。ほとんどの夫婦において，母親が育児のおもな責任を担うべきであること，子どもが小さいうちは母親がそばにいるのがよいことなどが語られている。こうした状況は，性役割意識が流動化する今日，女性においては性役割意識に2つの次元

が見られるとする大和礼子（1995）の知見を支持するものである。すなわち，女性の性役割意識には，性によって適性や役割を固定的に振り分ける論理と，愛情（母性愛）という媒介項をおき，それによって性別と適性・役割を結びつける論理からなる2つの次元が併存し，そのため，前者に否定的な人でも後者を肯定することがありうるというものである。まさに，本章の分析でも，夫婦の平等な関係を志向し（＝前者に否定的）ながらも，出産を契機に妻自らが家事育児役割を引き受けていく（＝後者に肯定的）様が見られたのである。その結果として，性役割が受容されていくことが把握された。

　さらに，後者を否定する意識は妻がフルタイムの職業をもち，世帯収入に占める比率が高くなれば強まるとする大和の分析結果(6)に合致するとみられたのは，A妻の発言である。「自分が家事をしなければならない」とか，「母親が子どものそばにいなければならない」ということばは見あたらない。むしろ，「自分が育ってきた環境〔母親が専業主婦〕が憧れですけど，できない」と女性に対する役割期待を引き受けるつもりがないことを明言し，さらに，「働くようになったら，自分だけがやる仕事ってありますかね」と，母親役割の代替不可能性に疑問を投げかける。

　また，O妻，S妻，T妻のように，この話題に対して何ら発言のみられないケースもあった。A妻を含めたこれら4者はフルタイムで就業を継続する予定をもっており，共働き夫婦を分析した結果から専門管理的職業に就いている女性ほど，多くの社会経済的資源を手にし，性役割を否定する価値観をもつ傾向がある（岩間 2008）との知見が得られていることと併せて興味深い。ジェンダー・イデオロギーが「目に見えない権力」を作動させる要因であるとするKomter の主張は，本調査においてもあてはまる。

規定要因の複合性　　Komter は，「目に見えない権力」の規定要因としてジェンダー・イデオロギーだけをあげた。だが，次に示す語りは規定要因がほかにもあることを示唆している。

B夫：一応働く以上，どちらの収入が多いかが問題になると思うんで。（中略）男の人がいっぱい稼げるのに育休やって，女性が働いてその結果一家の収入がおかしくなっちゃったんじゃ話になんないと思うんで。どっちが結局トータルで稼げるのかっていうことになってきちゃうのかなあって。

C妻：〔夫は〕子どもが産まれたらもうその分，私が働かなくていいくらいに稼ぎはするから任せとけっていう気合が入っている様子がうかがえます。（中略）〔夫が育休を取ることは〕ないですね。それはあまり効率がよくないというか。

　ここでは，夫婦間の収入差が問題となっている。夫婦双方の答えから判断して，Bさん，Cさんどちらの夫婦においても妻の収入は夫の収入の6～8割を占めており，夫婦の収入差は相対的に小さい。それでも，妻の就業行動を決定する重要な要因となっている。
　同様に，夫婦の家事スキルの差も問題となっていた。

S妻：彼が休んでしまうと，私だけ会社に行っても残業もできないですね。彼も待ってるし，子どもも待ってるしだと私も中途半端になってしまう。となるとお給料に跳ね返ってくると。（中略）〔夫は〕自分の食事もちゃんとやれないのに，子どものことやれるんだろうかって思っちゃう。

　夫婦の収入差と家事スキルの差は，両者あいまって合理主義的判断の重要な材料となっていた。夫婦は「どちらかが〔子どもを〕見なきゃいけない（H夫）」と考えており，それをもっとも無駄なく確実に実現する方法を模索している。ここで説得力をもつのが合理性である。最小のコストで最大の利益を得るために，収入の多い夫が労働市場に残り，家事スキルの高い妻が家事・育児

を担当することは，家族という集団にとってもっとも合理的な判断となる（Becker 1974）。子の誕生によって家族集団を維持することが最重要課題となっている対象者にとって，合理主義的判断に対抗する言説は存在しない。

　したがって，仮にジェンダー・イデオロギーから距離をとっている夫婦であっても，夫の収入が高ければそれを理由に妻が就業調整をし，あるいは，夫婦の収入に差がなくても，夫の家事スキルが低ければそれを理由に妻が就業を調整する。

　そして「家事も仕事のうち，育児も仕事のうちと考えれば今までと変わらない（C夫）」というレトリックによって，夫婦の対等感は保たれたまま女性は市場労働から不満なく退出することになる。このように女性を労働市場から排除するフィルターが二重，三重に仕掛けられており，それによって「目に見えない権力」が安定的に，しかも非常に巧妙に作用している態様が把握された。

　以上から，「目に見えない権力」を規定する要因として，ジェンダー・イデオロギーのみならず合理主義的判断の優位性が存在し，このように規定要因が複数存在するがゆえに「目に見えない権力」の作用が一層確実なものとなることがとらえられた。

Komter 理論の再考

　ここまで Komter の3つの権力概念を用いて，妻の就業決定プロセスを分析してきた。そのなかで Komter の理論に適合しない点が2つあった。第1点は，「潜在的権力」が社会構造というマクロなレベルにも規定要因をもつという点である。Komter は「潜在的権力」を「顕在的権力」とともに行動主義的に，したがって夫婦というミクロレベルの要因に規定されるものととらえていた。しかし，「『潜在的権力』の作用とマクロレベルにあるその規定要因」（p. 125）で見たように，妻の就業行動の結果を彼らに「仕方がない」と思わせているのは夫婦を取り巻く集団や社会制度であり，それが妻たちの就業意欲を押しつぶ

し，就業継続の「あきらめ」を生んでいると考えられる。

　男女雇用機会均等法施行から約20年，育児休業法施行から約15年を経た調査時点において，日本の女性が子どもをもって働き続けるための環境は未だ整っていない。官公庁や一部の企業を除いて育休を実際に利用できる職場は少なく，育休が取れたとしても職場への復帰時に子どもが保育所に入れる確率は，きわめて低い。2004年の０歳児の保育所利用率は当該年齢児のわずか6.8%にすぎない（厚生労働省 2004）。さらに，男性の長時間勤務による妻への育児負担の偏り等により，出産退職した女性の３分の１が「両立の自信がなかった」，４分の１が「就労・通勤時間の関係で子をもって働けない」ことを理由としてあげている（内閣府 2006）。こうした状況において，とりわけ本章の対象者のように，育児支援を保育所のみに頼り，親族や地域のネットワークを視野に入れ（られ）ない夫婦にとっては，マクロレベルにある障壁はあまりにも大きく，「潜在的権力」として作用し就業継続の意思を打ち砕く要因となる。

　第２点は，「目に見えない権力」はジェンダー・イデオロギーだけに規定されないという点である。インタビューでは，自分たちの判断は合理的なものであるとの主張が多く聞かれた。そのため，たとえジェンダー・イデオロギーにとらえられていなくても，収入差や家事スキルの差があれば，収入の多いほうが労働市場にとどまり，家事スキルの高いほうが労働市場から離れるのが合理的で「当然」のこととなる。この合理主義的判断の優位性が，ジェンダー・イデオロギーと相互に補強しあって，男性を労働市場へ，女性を家庭へと首尾よく振り分けていく「目に見えない権力」を作動させているとみられる。

　こうした「目に見えない権力」の周到さは，「潜在的権力」の規定要因として明らかになった社会構造に対する不満をも吸収し，決定の結果を受容可能なものへと変えながら，出産後の女性の労働市場からの「スムーズな」退出に貢献していると推察される。

　Lukes に立ち返ると「３次元的権力観を単なる形而上学的ないしイデオロ

ギー的な領域にゆだねるべく要請するものでは絶対にない」（Lukes 1974＝
1995：109）との記述がある。Komter が「目に見えない権力」をジェンダー・
イデオロギーのみによって説明したことは，Lukes の 3 次元的権力概念を切り
詰める結果となったと指摘することができよう。対象者が合理的であると判断
を下したその根拠は，社会構造上の諸問題にあったことを看過するわけにはい
かないのである。

4　残余部分でなされる妻の「自由な選択」

　第 1 子出産を契機とする妻の就業状況の変化に着目し，その決定過程におけ
る権力作用を Komter の権力概念を用いて分析した結果，「顕在的権力」の作
用は観察されなかった。確認されたのは，ミクロレベルにあるパートナーによ
る規定要因ではなく，マクロレベルにある社会制度等を規定要因とする「潜在
的権力」と，ジェンダー・イデオロギーおよび合理的判断の優位性を規定要因
とする「目に見えない権力」の作用であった。

　「顕在的権力」が見られなかったのは，対象者の夫婦関係が良好であること
も一因と考えられる。しかし，性別役割分業が否定されているスウェーデンに
おいては，家事分担をめぐる交渉が日本に比べて多い（善積・高橋 2000）こと
からすると，日本においては「潜在的権力」「目に見えない権力」が強力に作
用している結果，「顕在的権力」が作用するに至っていないととらえるのが妥
当であろう。「顕在的権力」によって夫婦関係を悪化させることなく，妻の労
働市場からの退出や育休の取得という重要な決定がきわめて平穏になされてい
たのである。

　「目に見えない権力」の背景には，強固な男性役割意識が浸透していること
があげられる。男性側の「きみの好きなようにしていいよ」というメッセージ
の裏には，「でも，僕は辞めないし，育休もとらないよ」というゆるぎない決

定事項が，語られないままに存在している。

　これは，出産に伴う「両立問題」解決の選択肢として，現実的には，夫は初めから含まれていないことを意味する。妻の一見自由な選択は，はじめに夫の仕事は変わらないということが決まったあとの，残余部分でなされるにすぎないのである。そうだとすれば，それは，妻の「自由な選択」ということばとは裏腹に，夫側の決定から起こる必然的な結果でしかないだろう。

　このことは，夫婦にとっての第1子出産を，男女が異なるカテゴリーとして割り振られていく契機として見た場合，非常に重要な意味をもつ。「男」「女」というカテゴリーと「家事・育児」「人の世話をすること」の結びつきが，各行為主体の実践によって，家族において特定の形に産出されている（江原2001：127）と見るとき，これまで述べたことは，この産出に男女が同じ立場で関わっていない，つまり優先順位が男女の間にすでに存在するということを示している。まずはじめに，「男」が「家事・育児をしない」「人の世話をしないこと」と結びつき，そのあとに，「女」がどうするかを決定するというように。

　Komterが依拠したLukesの「3次元的権力」とは，「集合体および制度によって行使される権力」（Komter 1989：190）であったが，Komterは「3次元的権力」に対応させた「目に見えない権力」の規定要因をジェンダー・イデオロギーだけによって説明し，その決定論的色彩を強く押し出した。

　しかし，本章の分析から見る限り，Komterの指摘のとおり，対象者はたしかに広く男女のあるべき姿を内面化していることがとらえられたが，どのような場合にもそうしたジェンダー・イデオロギーだけが妻の労働市場からの退出を方向づけるわけではないことも明らかになった。

　合理主義的判断の優位性が，夫婦の収入差と家事スキルの差を根拠として「目に見えない権力」を作動させ，ジェンダー・イデオロギーと相まって女性を労働市場から引き離す役割を果たしているのである。

注

(1)　夫婦の権力関係研究全般に関しては松信ひろみ（2002），岩間暁子（2005）に整理されている。

(2)　aは，60組の夫婦のそれぞれにインタビューを実施した点で，数少ない研究であるが，対象者の年齢幅は22〜55歳と広く，分析の際に同居子の年齢によるライフステージの違いを考慮していない。bは，質問紙調査とインタビュー調査からなるが，前者においてはカップル関係にない男女に対して，それぞれのパートナーとの関係を聞いている。後者においては，対象者66人のうちカップルは13組（26人）であった。cは，980組の夫婦から回答（質問紙）を得，その後インタビューを実施しているがその対象は妻のみ34名であった。

(3)　うち2件について，面接調査後に1回ずつ電話で情報を補足した。

(4)　妻の回答に基づく。夫婦それぞれが一定額を出し合って生活するケースが多かった。

(5)　会話文中の〔　　〕は筆者による補足を示す。

(6)　この大和（1995）の見解に対して，田中重人（2000）は，一種の循環に陥っていることを指摘している。「愛による再生産役割」を否定するには，女性が継続的な職業キャリアをもち，夫と対等な経済力を手に入れる必要があるとする大和の主張に対して，継続的な職業キャリアをもつには，当然育児期にもフルタイムで仕事を続けるのだから，その時点で再生産役割はすでに否定されていなければならないというのが理由である。しかし，継続的な職業キャリアをもち夫と対等な経済力を手に入れている人のなかに，大和のいうような「愛による再生産役割」に規定されない女性が出現していることが確認できる。

第**6**章

妻の離職と夫婦関係の変容

第5章では，対等な関係を志向する共働き夫婦において，第1子の出産を契機に妻が労働市場から退出していくプロセスを見てきた。このようにして形成される夫婦は，夫が稼得責任者となる片働き夫婦，すなわち性役割に従った夫婦である。本章では，市場労働から切り離された妻がその後の夫婦関係をどのようなものとして経験することになるのかを明らかにしていく。

1 妻たちのライフストーリー

本章の調査対象者は，第5章の対象者とは異なっている。第5章の対象者たちは2005年の調査時点で，これから第1子が生まれるという段階にあった。この対象者が家族の形成期を経て妻が再就職を考える段階に至るにはこの調査後5年，10年という時間の経過が必要である[(1)]。このため，第5章の調査対象者を追跡して調査を実施することは断念し，本章では，最終学校卒業後に就職しそのまま結婚後も働きつづけ，出産や夫の転勤などを契機に退職した経験をもち，さらに，その後さまざまなかたちで職を得た女性たちを対象とした調査を使用して考察する。具体的には，この調査は首都圏に住む30〜60代前半の女性25人を対象としたものであるが，その際の対象者へのアクセス方法は以下のとおりである。

日本女子大学は2007年度に「女性のセカンドチャンス」事例を公募した。これ⁽²⁾は、ライフコースの変更を余儀なくされることの多い女性たちがつかんだセカンドチャンスについて、その経験を自由に記載してもらうという企画であり、これに対して全国から189人の応募者があった。⁽³⁾その記載内容は、女性の多様なライフコースとその経験を語ろうとする強い思いにあふれるものであったが、募集時には記載事項の指定がなく文字数の制限もあったため、一人ひとりの具体的経験に迫るには十分とはいえなかった。このため、同大学現代女性キャリア研究所（2008年度設立）が、2009年度にインタビュー調査を企画した。筆者は、研究員としてこの調査を担当した。⁽⁴⁾

　189事例のうち、インタビュー調査が可能な地域であるという理由から首都圏在住であること、および上記のとおり「共働き―専業主婦―再就職」という経験をもっていることが事例の文面から読み取れることを条件に選び出した約30人に対してインタビュー調査への協力を依頼した。その結果、承諾を得られたのが27人である。このうち、インタビューによって本調査の対象者として設定した条件にあてはまることが判明した25人が分析の対象となる。

　対象者たちは「女性のセカンドチャンス」という企画に対して敏感に反応し、自らの経験を語ることに積極的な女性たちであるといえる。集まったセカンドチャンス事例に書かれた文章や、インタビューの際に語られた言葉のなかに、「私の経験をぜひ役立ててほしい」「次の世代の人たちに知ってもらいたいことがある」「この思いを誰かにじっくり聞いてほしかった」というものが多く、これまで他では表現されることのなかった各自の内面に堆積してきた後悔、悔しさ、無念さを社会に向けて開示したいという強い思いが伝わってきた。「セカンドチャンス」ということばが応募者たちの企画参加を促したとすれば、対象者たちはこれまでに「次の生き方」を真剣に模索してきた人たちと位置づけることができるだろう。

　調査は2009年9～11月、調査時間は1人当たり1～2時間である。調査は調

査対象者の希望に応じて大学内の研究室，あるいは，対象者の自宅またはファ
ミリー・レストラン等の飲食店を利用して行った。このインタビュー調査はき
わめてプライベートな問題に迫ることになるため，対象者が他者からの影響を
受けない環境において調査者と1対1で実施した。

　おもな質問項目は，初職に就く前に描いていたライフデザイン，初職での経
験と結婚・共働き経験，退職に至る経緯，退職後の専業主婦経験，その後どの
ようにして現職に至ったか，および，そのときどきにおける夫婦関係のありよ
うである。インタビュー時に許可を得て録音し，後日これを文字データ化した。
また，研究目的での使用については，書面で許可を得た。

　本章冒頭の問題関心に立てば，初職に就く前に将来設計を描いた時点から，
就職，離職，再就職にいたる全プロセスを視野に入れ，これと結婚，出産ある
いは夫の転勤等を含むライフステージの変化とを交差させながら，そのプロセ
スにそって夫婦関係や夫に対する妻たちの評価を明らかにしていくことが必要
となる。しかしながら，1人の人間の長期にわたるライフコースの全般を調査
者が伴走するようなかたちで観察することは不可能である。このため，第6章，
第7章に示す調査においては，実現可能な方法として，現時点から過去をふり
返ってもらい，その語りから調査対象者が自分の経験をどのようなものとして
解釈しているのか，どのような意味を付与しているのかを明らかにするという
方法をとった。

　調査の対象者は全員既婚の女性であり，調査時点ですでに何らかの職業につ
いており，その立場から過去を振り返って，自分の職業経歴を含めた生き方に
対する意味づけやそのときどきの夫婦関係および夫への評価を語ったことにな
る。桜井厚は，個人が生活上で体験した出来事やその経験についての語りをラ
イフストーリーと呼び，それは「過去に現在から意味を与えたもの」であり，
そこには記憶違いやあいまいな部分も含まれる可能性はあるが，「さまざまな
ライフストーリーに通底する基調音である社会的現実（リアリティ）にせまろ

うとする」ものとしてライフストーリー・インタビューを位置づけている（桜井 2005：30）。第6章，第7章ではこの方法によって課題の探求を試みるものである。

　さらにこの調査は，フェミニスト・エスノグラフィという方法を採用して実施している。フェミニスト・エスノグラフィとは，既成の学問が女性固有の経験を無視し，男性の経験に代表させて説明していることへの批判として，男性の視野の及ばない女性特有の生活領域を研究対象とし，さまざまな位相をもつ女性の生活についての語りを解釈し，事例のなかで一般化していく作業である（春日 1997）。S. Reinharz（1992）の示すフェミニスト・エスノグラフィの研究目標は，男性の研究者および男性のインフォーマントからは取るに足らないと見落とされていた女性の生活と活動を記録すること，女性の視点から女性の経験を理解すること，女性の行動を生理学やパーソナリティや社会階級に規定されたものと見るより女性が置かれた社会的コンテキストによって形成されたものとして見ていくこと（春日 1997：170）である。この研究目標は，まさに本書の目指すところでもある。

2　妻から見た夫婦関係の激変

調査対象者の全体像

　調査対象者を表6-1に示す。[5]繰り返すが，第6章および第7章の調査対象者は第5章の調査対象者とは異なっている。第5章との混乱を避けるため，以下では小文字アルファベットで対象者を表記する。調査対象者の年齢幅は30代前半から60代前半であり，40代後半から50代前半に対象者のおよそ半数が含まれている。対象者は，1986年に施行された男女雇用機会均等法以前に就職した20人，それ以降に就職した5人からなる。社会経済的な変化に伴い，職業観や夫婦観に世代的な特徴があることが予測されたため，当初，これら年代の異な

表6-1 インタビュー対象者のプロフィール

対象者	年 齢	学 歴	結 婚	初 職	現 職	経済的依存度
a	40代前半	大学	既婚	百貨店勤務（常）	英語教室（自）	0.7
b	30代後半	大学	既婚	教員（非）	教員（常）	0
c	40代後半	大学	既婚	教員（常）	学校図書館司書（非）ほか	0.4
d	40代前半	短大	既婚	看護師（常）	看護師（非）	0.9
e	60代前半	大学	既婚	教員（常）	教員（非）	0.2
f	50代後半	大学	既婚	教員（非）	教育センター職員（非）	0.6
g	40代後半	大学	既婚	企業（常）	団体職員（常）	−0.2
h	30代後半	大学	既婚	企業事務職（常）	企業事務職（常）	0
i	40代後半	大学	既婚	銀行員（常）	教員（非）	0.4
j	50代後半	大学	既婚	企業技術職（常）	塾講師（非）	0.8
k	40代前半	大学	既婚	旅行会社（常）	社会保険労務士（自）ほか	0.3
l	50代後半	高校	既婚	客室乗務員（常）	臨床心理士（非）	0.8
m	50代後半	大学	既婚	企業事務職（常）	自治体男女共同参画部署職員（非）	0.7
n	30代後半	短大	既婚	客室乗務員（常）	企業内社員教育（非）	0
o	40代後半	大学	既婚	企業事務職（常）	企業事務職（常）	0.8
p	50代前半	大学	既婚	幼稚園教諭（常）	ファミリー・サポートセンターアドバイザー（非）	0.4
q	40代後半	大学	既婚	企業事務職（常）	県消費者センター（非）	0.6
r	50代前半	大学	既婚	編集者（常）	キャリアカウンセラー（非）	0.8
s	40代後半	大学院	既婚	大学教員（非）	ケア施設事務	0.8
t	40代後半	短大	既婚	企業事務職（常）	税理士（常）	0.3
u	40代後半	高校	既婚	公務員（常）	教員（常）	0.2
v	50代後半	高校	既婚	企業事務職（常）	ファイナンシャルプランナー（自）	0.8
w	50代後半	短大	既婚	編集者（常）	NPO代表（自）	0
x	50代前半	大学	既婚	銀行員（常）	社会保険労務士（自）ほか	0.2
y	50代後半	大学	既婚	企業事務職（常）	編集事務（自）	0.4

（注）年齢0〜4歳を前半，5〜9歳を後半とした。
　　初職および現職の（常）は常勤職，（非）は非常勤職，（自）は自営業を表す。
（出典）筆者作成。

る対象者をひと括りにとらえることに懸念をもった。しかし，後述するように30代であっても初職を継続する意思はまったくなかったと語る人がいる一方で，50代，60代であっても男女が平等に扱われる職場で同等に働きたい，一生働き続けたいと考えていたと語る人もあり，職業に対する考え方が年齢によって明らかに異なるとはいえなかった。こうした点から，本章および次章では対象者を年齢によって区分するという方法はとっていない。むしろ，彼女たちは共通の活動をもってはいないが，「共働き―専業主婦―再就職」というおなじ出来

事の経験をもつという状況そのものが共通していることから，ひとつの「状況のカテゴリー」（Bertaux 1997＝2003：41）として扱うこととした。

ライフストーリーを用いたエスノ社会学的パースペクティブは，このような内側からそして時間的次元で把握することができるような相対的にうまく限定された社会的対象にしかあてはめることができない（Bertaux 1997＝2003：42-3）とされており，本調査の対象設定と，前述したライフストーリーという方法の結びつきは必然のものであると考える。

初職に就く前の学歴は，高校卒3人，短大卒4人，大学卒17人，大学院卒1人で，全体として学歴階層は高い。現在の就業状況について見ると，雇用者が19人，雇用者以外（自営業やフリーランスで仕事をしている人など）が6人である。雇用者のうち常勤職に就いているのは6人，非常勤職は13人である。すべての対象者は結婚しており，表中には記載していないがすべての対象者に子どもがいる。対象者の年齢を反映して，子どもの年齢幅は未就学から30代に及んでいる。

共働き夫婦から片働き夫婦への移行

意に反する離職　　妻にとって，それまで続けてきた職業を手離すことはどのような経験だったのだろうか。結婚後しばらく共働きの期間を過ごした後，出産や夫の転勤などによって仕事を辞めたことについて，それが自分の望んだ結果である場合には肯定的に受け止められるが，それとは反対に，就業継続を希望しながらもやむを得ず退職した場合には，結果に対して肯定的な感情をもつことは難しい。

ここではまず，意に反した離職を経験した人にとって仕事を辞めることはどうとらえられていたのかについて見ておこう。第5章では，第1子出産が女性を労働市場から引き離す重要な契機となっていることが明らかになったが，本調査対象者には，この大きな関門を乗り越えてさらに第2子をもうけ働き続け

た人たちがいた（第2子の育児休業中を含む）。cさん，eさん，kさん，oさん，pさんである⁽⁶⁾。一部を紹介しよう。

歓迎されない共働き――cさんの場合：cさんは，大学進学時から教員となることを目指して勉強し「どうせなら校長まで」との思いで中学校の教員となった。結婚相手は他県への転勤や海外赴任のない同じ自治体内の公立学校の教員を選び，「準備万端で続けられると思った」という。両親の応援もあった。しかし，「次々と思うようにいかないことばっかり」が起きる。夫はcさんが働き続けることに反対はしないが仕事でほとんど家にはいない。夫の仕事に対して，「やればやるほど〔夫の〕両親なんかは喜ぶわけですよ。（中略）夜遅くまで一生懸命やって，土曜日もやって。同じことを私がすると非難されるわけですよ。好きでやってるんでしょ。家のことはどうするのって。たぶん，自分の息子より仕事をするのは許せない」のだと思った。徐々に，「この家で〔自分が〕仕事を続けていくのは誰にも喜ばれない」と思うようになった。cさんは夫の両親は自分に対して「たぶん，裏に回って〔息子が〕がんばれるように，サポートしてほしかった」のだろうと思っている。

　夫の両親は同じ敷地に住んでおり，子どもの保育園の送り迎えはしてくれていた。だが，母親が働くことには反対で，子どもの急な発熱などの際には「そのたびおじいちゃんが学校に電話してくるんです。しかもおじいちゃんが教員だったんですよ。学校のことがよくわかっているはずの，そのおじいちゃんが電話してくる。『子どもが熱を出していると保育園から電話がかかっている，どうするんだ』って。遊びに行っているなら，今すぐ帰りますって言えるんですけど。こういう仕事ってわかっているのに，こういう言い方をされるともうぜんぜん応援されていない」と思わざるを得なかった。

　一方，子どもの急な発熱や中耳炎の通院のため「1日何回も『すみません』，10分早く帰してもらうのも『申し訳ありません』って何十回も職場でも言うし

……今思うと地獄だったんです。本当に毎日何回も謝って歩いた。それだったら離婚してしまえ。自分がやりたいことがやれない結婚ってなんだろう」とも思った。

　子どもをもって働き続けることに疲れ「もう，ちょっと無理かな」と弱気になってきたところへ，夫の海外日本人学校への赴任が決まった。当時の制度では，同業の妻は退職して夫とともに現地に行くことを要請されたため，ｃさんは７年間の教員の仕事から退くことを選んだ。

　ｃさんの語りから，男性中心的な社会の期待に押しつぶされ疲弊していく態様が読み取れる。ｃさんは自分の仕事を否定されるような結婚に対して疑問をもちつつも，仕事を辞めることで現実との調整をはかったのである。

雇われて働くことの限界——ｋさんの場合：ｋさんは旅行会社に勤務していた。「本当にずっとこの会社で働くというつもりでいたんですね。極端にいうと，子どもは授かれば１人くらいで十分で，結婚はするかもしれないけど仕事はずっと続けるつもりでいたんです」と語る。先輩に育休取得者がいることも確認しての就職であった。ｋさんは，２度目の育児休業中に同じ会社に勤める夫の転勤を機に退職を決意した。その経緯をこう語る。「１人目を産んで，すぐに職場復帰して２年くらいは会社に行ってたんですけど，やっぱり大変なんですよ。子どもを保育園に預けて自分がフルタイムで仕事をするというのが」。ｋさんは都心までの通勤に１時間半ほどかかるため，夜８時までの保育を利用していた。当時約160人いた園児のうち，この時間まで残り夕食をとる子どもはほかにいなかった。仕事を終え迎えにいくと「子どもがひとりで夕食を食べているんです。金魚鉢の前で。〔それを見たら〕本当に切なくて。小さいテーブルに金魚鉢を置いてその前でご飯を食べているんです。（中略）朝の７時半から夜の８時まで預けてたから，子どもも結構へとへとになって帰ってきて。忘れられないですけど，冬に家に帰ってきて，コートを着たまま当時住んでいた

マンションに入った途端に抱っこしてた子どもが寝ちゃって，私も子どももペタンと玄関に座ったきりそのまま寝ちゃったことがあって，また次の日は7時半には保育園に行って。……限界を感じていたのかもしれませんね」。

　それでもkさんは，毎日「あぁ，今日も会社に来れた」という思いで仕事に励んだ。だから「せっかくこんな好きな子どもと離れて来てる仕事だから，密度の濃い仕事をしたいと思うんですよね。なんだけど，会社はそういう人ばかりではないから，さっき言ったとおり無駄な会議があったり無駄な残業があったりしますよね。それがもう耐えられないんですよ。やっぱりいい仕事しておうちに帰らないと子どもに申し訳ないと思うから。周りからすれば，いい迷惑なんでしょうけど，そういうところがあったと思います」。kさんは，この経験から，次第に雇われて働くことに限界を感じていく。そして，上の子どもが3歳のときに下の子どもが産まれた。夫の転勤の話が出たのは，kさんが2度目の育児休業中であった。夫が単身赴任し自分は仕事に復帰することも考えたが，「この2人を抱えて保育園に預けるにしても，ちょっとハードだなあと思って，そこでこう〔働き続けることへの〕壁があって。(中略)やっぱり自分でも多少疲れがあったんでしょうね。それを乗り越える元気がないというか」。その結果，育児休業なかばで退職し，夫とともに赴任先へ引っ越すこととなった。

悩みを共有しない夫──oさんの場合：仕事を辞めることについて「忸怩たる思いがあった」と語るのはoさんである。夫を「誠実ないい人」と評するoさんは，妻が仕事をすることを「〔夫は〕気に入らないんだなっていうのはわかっていましたね。でも，それが原因で別れるほどの大事態だと私はその時思いませんでしたし。(中略)まぁ，なんとかなるんじゃないって。そのうち向こうが折れればいい」と考えていた。oさんは夫の気持ちを承知したうえで，しかし，自分の仕事への思いは譲らなかった。次のように解釈していたので

ある。

　　Ｏさん：〔自分が働き続けることについて夫と〕腹を割って話をしたことが実
　　はあまりないんです。してないんです。ところでどう思うのって。ただ，
　　〔夫は〕強硬に反対しなかった。私は基本「ノー」と言わなかったら「イエ
　　ス」だというふうに。無言は「イエス」だ「了承した」と。

　留学生のサポートを業務とする会社での仕事は自分の留学経験のなかで出
合ったもので「とにかく私はもうこの仕事に魅せられてしまったんです」とＯ
さんは語る。日本からの留学生が増加する時流に乗って会社が急成長を遂げ面
白さも味わっていた。1980年代の終わりごろ，バブル経済が急加速していた時
代である。２回の出産後も何とか仕事を継続していたが，その２人の子どもの
保育園の送り迎えと仕事の両立はまさに綱渡りのようであった。子どもの急な
発熱のときなど，自分は仕事を休むことができず夫もあてにできないため，遠
方から実母に来てもらうことがたびたびあった。朝食を立って食べるほど時間
に余裕のない生活をする娘に対して，母は「あんた，世のなかでもっとも親不
孝は親より先に子が死ぬことだ」と言って諭した。
　転機は上の子の小学校入学であった。家の近くに利用できる学童保育がない。
この対策としてＯさんは，鍵を預けて家で子どもの帰りを待ってもらえるチャ
イルドシッターを利用しようと夫に提案した。夫は強硬に反対した。「それだ
けは駄目って。『だったらどうしたらいいの』って。そしたらものの軽く，『辞
めればいいじゃん，仕事』って言ったんです。私その時初めてこの人と離婚し
ようかと思いました。もう憎しみにも近いような感情。もっと悩んでよって。
私は仮に駄目でもいいと思ったんです。でも……もう少し悩んだうえで，すべ
ての道がないねっていうふうに，共有してほしかったんですね」。
　だが，夫の側も妻の就業継続に対しては，周囲からの風当たりが強かった。

152

大企業に勤務する夫は同僚から「最初結婚して辞めなかった時に，『ふ〜ん，奥さん仕事辞めないんだ』って言われて，１人目産んだ後も仕事辞めないんだって話したら『ふ〜ん，変わり者』って言われ方して，２人産んでも辞めなかったら，それこそ夫に甲斐性がない，つまりお金のために，暮らしていけないから奥さん働いているんだみたいなニュアンスのどうも言われ方をしたらしくて，それをずいぶん経ってから私聞いたんです。『いやだ，嫌な思いしてたんだ』って。でもまぁ，いいやって〔夫は〕思っていたんじゃないですか。『言っても言うこと聞かないし』ってあしらったらしいですけど。そんな時代でしたね」。1980年代といえば，「女性の自立」を標榜した雑誌『クロワッサン』が，働く女性像，しかも結婚し子どももいる女性が社会で活躍する姿を発信し，専業主婦にとどまらない新しい女性の生き方を求める女性たちの支持を得ていた時代である。しかし，現実は厳しく，ｏさんは，継続への強い思いをもち，それを実現するために必死の努力をしたにもかかわらず，小学生になる子どもの放課後の居場所が確保できないという予想外の事態の前に離職を決意するしかなかったのである。

　ｃさん，ｋさん，ｏさんにとってはずっと継続しようと考えていた仕事であった。子育てをしながらフルタイムの仕事を続けることで身体的にも疲労はピークに達し，継続にはかなりの無理があることを認めざるを得ない状況はあったが，頑張ってきた分，仕事を手放すことには並々ならぬ悔しさがあった。ｃさんは，女性であることを理由に家事や育児があてがわれ，自分の目指す仕事を続けることができなかったことを「ものすごく，私今でも理不尽だと思っています」と語る。この思いを引きずって，彼女たちは専業主婦となっていくのである。

　一方，多くの女性たちは，実際に子どもをもちながら働く以前の段階で就業を継続するか否かの決断を迫られる。その人たちの語りを見てみよう。

夫の転勤に翻弄される──dさんの場合：末期ガン患者のターミナルケアに関わる看護師を目指していたdさんは，看護師の国家試験と短大の卒業式のわずかな間に慌しく結婚式を済ませ，4月から始まる仕事と家庭の両立に備えた。その1年ほどあとに夫が転勤となり，自分も最初の病院を辞めて新たな勤務先へ移った。そこでも当初の目標に向かって意欲的に経験を積んでいった。約5年勤めたころに妊娠がわかり，仕事を続けるつもりで病院内の保育所があることも確認した。復帰までの間，「産休，育休使えるものはきれいに，みんな使おうと思っていた」ところへ，再び夫に転勤の辞令。そのタイミングは「あともう少しいれば，正規の国家公務員になれるという順番待ちの順位がもうすぐ目の前まできていた」ときだったが，「主人を単身赴任させて，身内も誰もいない土地に残るのは選択肢としてはない」ことだった。かといって今辞めてしまえば，「妊娠6カ月かそのくらいで，おなかが大きくて，これは絶対ほかでは雇ってもらえない」状況であった。dさんは，「先が見えなくなってしまった。くやしかった。〔妊娠を〕喜べなかった」と語る。

喜べない妊娠──aさんの場合：dさんと同じように仕事を続けるつもりの女性にとって，妊娠という事態は複雑な心境を招く。「私は結婚しているというイメージがなかったんですね。子どもを産むということも私は夢でもなかったし，俗に言う『普通・平凡』は絶対いやだと思っていたんです」と語るaさんは，大学時代の友人からは「絶対キャリアウーマンになってるね」と言われたものだ。香港で就職後，アメリカに留学し，帰国後に語学教育関連の企業に就職した。結婚自体には反発も感じたが，祖母の勧めもあり「お見合いを13回しまして，でも13回してもやっぱりダメだなと思って，もともと知り合いだった今の夫と結婚」した。名古屋に住んでいたaさんは，夫の居住地である東京へ転居し，それに伴って結局は仕事を辞めた。「いきなり専業主婦になりました。でも専業主婦が向いてなくて，もう耐えられなくて（中略）完璧に専業主

婦やったのは２週間で，すぐに就職活動して」契約社員として働き始めた。
「途中で正社員登用のテストが受かり，正社員になろうと思って９月から正社
員というときの４月に妊娠がわかって，まぁ，妊娠がわかってもそのまま続け
ようと思ってて，社員になる前の最初のお試し６カ月間も勤め」たが，その働
きようは尋常ではなかった。夜９時まで働きその後帰宅してからの食事，しか
も，「妊婦は劣っているような気がして」いたため，周囲から妊婦として見ら
れることに抵抗感もあった。「だから，妊婦服も絶対着たくなかったですし，
１着ももっていないですね」と語る。その生活は「辛かったと思います。身体
的に辛かったと思いますけど，精神的にそれを超えなきゃいけないと考えてい
て，ゆったりした妊娠生活とかまったく送っていませんでした」と振り返る。

　ａさんは，「まず体重を増やしたくないと思って，２キロしか増えないで出
産したんです。だから，まったく誰も〔私が妊娠していることが〕わからないと
いう状態でした。子どもを産むということが人生のなかになかったので，夫は
喜んでいましたが，何か本当にいやだなぁという気持ちがありました」。幸い
調査時に９歳になったその子どもに大きな影響は残らなかったが，産まれてか
らしばらくは小さく産まれたことからくる発達の遅れなどにａさんは責任を感
じ「息子を抱いて，ここ〔自宅マンション〕から飛び降りたら楽だろうなって
しょっちゅう思い」，職場にいる夫からは１日に何度も「生きているか？」と
いう電話がかかってくる状況が続いた。結局，ａさんは，子どもが１歳半にな
るまで育休をとったが復帰を断念した。

夫に迷惑がかかる？——ⅰさんの場合：大学在学中に結婚していたⅰさんは，
結婚していることが理由で就職に思わぬ苦労をした末に，ようやく銀行への就
職が決まった。ⅰさんは男女雇用機会均等法２年目にあたる世代であったが，
就職先の銀行は女性を受け入れる体制が整っていなかったような印象をもった。
ⅰさんによれば，当時，課長，部長クラスがいずれも高卒の時代で，大卒の女

子は使いにくかったようである。「むしろ大卒であることをおおっぴらにすることは，やりにくかった。非常にやりにくく，気を遣った」と語る。

　就職から2年ほど経って夫の会社の移転が決まり，東京を離れることになったためiさんは退職した。夫の会社がその妻の仕事も提供することになり，iさんはコンピュータ関係の仕事に配属された。新しい仕事を始めてから約2年後に妊娠がわかった。iさんは仕事を続けるつもりでいたが，普段健康であったにもかかわらず，「切迫流産，切迫早産，人がやらないようなことも全部経験した」と振り返る。予想もしないトラブルがつづき，「帝王切開でいわゆる産後の肥立ちが悪いというのか，そのあと全然動けない」状態になってしまった。

　部長から是非復帰をとの声がかかったが，「私のほうが会社に迷惑をかけることで，もしかしたら，〔同じ会社に勤める〕主人に影響するのかなと思って。ある意味，それが一番怖い。生活がかかっているので」と辞退した。

　このように，子どもをもって働くということを経験する前に何人もの人が仕事を辞めている。就業の継続を望みつつも，子育てとの両立の挑戦すら叶わない現実がある。

望んだ専業主婦　それでは，専業主婦となることを希望した人たちにとって離職はどうとらえられたのだろう。次に見ていこう。

「専業主婦」の裏表——hさん，vさんの場合：hさんは大学卒業後に就職を考える段階で「もう，お嫁さんになることしか考えていませんでした。親も同じ考えでした」と語る。こうした語りは一見，50代，60代の女性のことばのように聞こえるが，実はhさんは調査時点で30代後半，男女雇用機会均等法施行5年後に大学を卒業した世代である。大学は男女共学であったが，良妻賢母教育を掲げる女子中学・高校を卒業したhさんに長く就業を継続する意思はなく，

食品会社を5年間勤めたところで退職した。最後の1年間は社内結婚した夫と共働きを続けていたが，周囲の勧めもあり「もうそろそろ」と思うようになって退職した。退職することに躊躇はなかったという。だが，hさんにとって，専業主婦の生活はまさにスタート直後から予想に反するものとなった。

　　hさん：最初に後悔したのは，辞めるその日。3月末退社だったのですが3月31日の午前中に辞令をもらって，午後，会議室に呼ばれて「社会保険の手続きはこうなります。奥様になられる方はこうなります」ということを聞いたときに，不勉強だったのですけれども，こんなに変わるのかということを知りまして。会社員だったら守られていたものが全部自分で手続きしなくちゃいけない，扶養に入るにしても，えっ，こんなに会社に頼って生きていたの？ということを知りました。これからは旦那に頼って生きていくのね，というのをまず退職の日に思いました。〔辞めてから〕3日でしたね，もったのは。それからは鬱々としていました。〔夫の扶養となることが〕いやでした。〔辞めてみて自分には〕何もないということが分かりましたね。

　たしかに，一般企業においては，就職時にほぼ自動的に社会保険加入の手続きが進んでいくため，自分がどのような制度に組み込まれているのかを明確に認識するチャンスがないのかもしれない。迷いなく退職を決意した人のなかには，このように退職手続きというもはや後戻りが不可能な場に直面して初めて，「専業主婦＝夫の扶養家族」という現実を知る人が少なくないと察せられる。

　vさんは調査時に50代後半であった。友人の紹介で，3年間付き合った男性と結婚している。結婚後も働いていたが妊娠してすぐに退職，以後，10年以上を専業主婦として暮らしてきた。専業主婦になることに，抵抗はなかった。「年代的に寿退社っていうのが一般的でした。もう少し頭の良い人たちは結婚して家庭をもってもと考えていたのかもしれませんが，私はそういうふうには

思わなかったのです。結婚して妊娠したら辞めるだろう，私，昭和28年生まれなので，そう刷り込まれていたんですね。〔当時は〕結婚がゴールですから。本当はスタートなのだけど」。結婚がゴールではなくスタートだと実感したのは「結婚してみて数年経ってから」だという。そのきっかけについてｖさんは，「何かあって〔夫に〕，『こういうことは改めてくれ』って言ったんですよ。そしたら『だったら離婚しよう』って言われたんです。私びっくりしまして」と語った。話し合いに応じず，離婚までちらつかせて自分の言い分を通す夫に，専業主婦の現実を思い知った。ｖさんにとって，結婚とは「話し合いをしてつくり上げていくものだっていう頭しかなかった」からである。

　憧れとして描いていた専業主婦像からは想像もしなかった専業主婦の現実をまざまざと知ることになるのである。それはすなわち，扶養する夫と扶養される妻という，二者間にあるごまかしようのない立場の違いである。

夫との立場の違いの認識　　「専業主婦＝夫の扶養家族」であると認識することは
と新たな役割の受け入れ　　妻にどのような変化をもたらしただろうか。それは新たな自分の役割を認識することにつながっていた。ｐさんは大学卒業後，出身大学付属の幼稚園教諭となった。働き始めて４年で結婚し間もなく第１子を，その約３年後に第２子を出産していた。ｐさんが出産した時代には，まだ育児休業制度は整備されておらず，ｐさんの場合は幼稚園という職場の事情もあって産休が可能な時期は夏休みだけという暗黙の了解が周囲にはあった。産休にあたっては自分で代替の教諭を探してこなければならないなどの苦労や切迫流産という予想外の事態を超えて，２児の出産を切り抜けてきた。そして，通勤時間の長い夫と不規則で担任であるため絶対に休めないｐさんに代わって子どもの面倒を見てくれたのは，近所に住む実母であった。ｐさんが35歳近くになったころ，自分でも仕事の充実期にはいったという手ごたえを感じるようになっていた。周囲からは「これから主任でも副園長でも」という期待の声があがるようにもなっていた。

　だが，ｐさんはもともと子どもは３人欲しいと思っていた。打診したところ，３人目の産休に職場は応じなかった。「ここでまた産休ですか，ということと，もう２人いるからいいんじゃないの」という言葉が返ってきた。それまでの幼稚園教諭としての経験と自分の子どもを育てた経験から，自信とおもしろ味を増してきた仕事であったが，結果として幼稚園は「〔ｐさんより〕ずっと安いお給料でいくらでも新しい先生は大学から卒業してきますし，雇えるし，……どうしても〔産休を〕ということだったら，ちょっと継続は」と経営を優先したため，ｐさんは13年間の仕事を辞めることとなった。「これで私はもう十分働いたので，今度は自分の子どもを３人しっかり育てていかなくちゃいけないなと思いました」と語る。長きに及ぶ共働き生活がここで終了した。そして始まった専業主婦としての生活は，あらたな分業体制の受け入れとなった。

　ｐさん：13年間の共働きで，家事なんか朝８時までには全部終わってしまうというか，掃除洗濯なんかは夜のうちにやって，朝は外に出すだけだし，もうそのペースは変わらないんです。専業主婦になっても。……私はですね，辞めて初めて専業主婦になり，一時期ですけど保険証なんか切り替えて，あの人の扶養家族になったわけです。非常にショックでした。扶養家族って，みたいな。初めてこの人に食べさせてもらう。私は扶養家族っていうのは，やっぱり老人とか子どもとか，弱い立場の人〔だという認識があって〕。私は健康で働けるのに，養ってもらうってどういうことっていう。〔それまでの立場とは〕違う。この人の扶養家族になるっていうのは，非常に抵抗ありましたね。その手続きはいろいろ，まあ，公務員の妻になるわけで，全部変わりますよね。……〔夫の〕扶養家族になったときに，私も新しい発見だったけど，やっぱり今までよりちょっと手の込んだ料理を作らなきゃとか，この人がお給料もってきてこれで私は食べているのねと思うと，やっぱりもうちょっと家庭のことを。おいしいもの食べさせなきゃとか，それはちょっと

思いましたね。

　共働き期間にできあがっていた夫との関係が，自分の離職によって一転した
とｐさんはとらえている。自分が仕事を辞めたことで夫の態度が変わったとは
思っていないが，ｐさん自身にとって，離職は「この人に食べさせてもらう」
ことの始まりであり，夫との立場の違いを認識させられる「非常にショック」
な出来事であった。
　さらに，「専業主婦＝夫の扶養家族」を認識することで，妻にとっては夫と
の関係が従来と同じであるとは考えられなくなるという変化が生じた。ｍさん
の場合は，それは，夫の態度によるものではないことを指摘した。1980年代前
半に大学を卒業したｍさんは，そのころ，「長く働こうとはほとんど思ってな
くてですね，そのうち結婚して辞めるんだろうみたいな漠然とした」気持ちで
あったというが，初めての就職先が「非常に男尊女卑な〔職場で〕，男が主で
女が補助職ってはっきり分かれてたんですね。……結婚退職を強要するところ
があって」その会社で働き続けることは難しいと考え２年で辞めた。その後，
派遣社員として数社で働いた後，外資系の会社に正社員として就職した。その
当時に結婚したが，非常に残業が多かったことと，30歳を過ぎていたことから
出産を考えて退職した。

　ｍさん：仕事を辞めてやっぱり〔夫との〕関係がほんとにアンバランスに
　なったなっていう。彼は多分変わってなくて，別にこう，卑下，私のことを
　下に見ていることはなかったと思うんです。自分がいやだって言いますか，
　なんか養われている，収入がゼロで，夫に頼っているという心細い存在みた
　いに思って。

つまり，この変化は妻の側が敏感に感じ取るものであることを示している。

　ａさんも夫との関係が共働き時代とは異なることを感じていた。ａさんは，尊敬する実母の「子どもが３歳になるまでは母親が育てるべきだ」ということばを信じていたため，生まれて間もない子どもを保育園に預けることができず専業主婦となった。そのことで，自分と夫の立場が異なるということだけではなく，自分は夫の下位にいるという認識をもった。

　ａさん：10年くらい前〔共働き時代〕の，息子を妊娠中の私だったら完璧に〔夫と〕同権だった。（中略）〔退職して〕自分のなかで収入がないということがすごく自分が劣った人間みたいな感じがして。収入がないから仕方がないと思いました。

　ここでは妻自身が「劣った人間」と感じるとき，その根拠として収入の問題があることが示されている。夫と「完璧に同権」と思えた自分が夫より「劣った人間」と感じられるようになってしまった。その理由は，「収入がない」ことであり，したがって「仕方がない」ことであるというのである。
　そして夫に経済的に依存しているという自覚によって，妻は自らの日常行動を規制するようになる。すなわち，「夫の気に入るかどうか」という基準の採用である。たとえば，夫からあからさまな干渉がなくとも，それは，自分の役割である家事・育児を高い水準で遂行することや金銭の使途にも気を遣うという形で現れる。
　ｙさんは，大学卒業後に初めて就職した大手建設会社で秘書課に配属されたが，その初日に，葬儀に出席するという支店長の手伝いを任された。「股引１枚でその辺をうろうろなさったんですね。その支店長にシャツを着せたりズボンをはかせたりして。私こんなことするのはいやだわと，その当日に思って」転属を希望し，土木部に落ち着いた。だが，その後，文字に関わる仕事をしたいという大学時代からの希望をかなえるべく，知人のつてで設計事務所に転職

し，橋梁設計に関する英語のデータを日本語に訳す仕事に携わった。

　結婚後もその仕事を続けたが，通勤に2時間半もかかることと妊娠に伴うトラブルのため退職した。そのときのことを次のように語った。

　　　yさん：まず家庭第一。私もそういう〔考えの〕母から育ちましたから，女の人は子どもを産んで，家庭を守って。働くのなんていいじゃないの。子どもと一緒に楽しい時間を過ごすのは貴重よ，3歳までは子どもは親が育てるのが一番よとインプットされていたので，自分でもそうかと思っていたのですけど。でも，自分で共働きしていて結構仕事もきつくて大変だったけれども，ちゃんと現金収入があったし，私はフィフティ・フィフティでやれるのよって言えたのに，〔仕事を辞めて〕急にお手伝いさんになっちゃったのかなみたいな。〔共働きのころも夫は家事をしなかったが，それでも〕フィフティ・フィフティだと思ってました。……〔退職後は〕それ〔家事・育児〕がすべて出来ていて当たり前と評価されて，そして〔私には〕収入がまったくなくて，もちろん自分で夫の収入を使うことができたけどとっても息苦しくて，数千円でもいいから自分の自由になるお金が欲しいと思いました。

　「フィフティ・フィフティ」の関係から夫の「お手伝いさん」になったような変化にyさんは「息苦し」さを感じていた。こうして自分が夫の下位に置かれているという認識を「仕方がない」ことと受け入れ，扶養者である夫の立場で自分の行動を律していくようになる。このことは，第5章で見た権力レベルからすれば，潜在的権力が働く素地が形成されたと見ることができるだろう。すなわち夫婦の関係において，自分と夫との立ち位置が異なり，しかも夫が上，自分が下という構造があると妻は理解しているわけである。そうなれば，始めから夫が「ノー」と言いそうな問題を相談したりはしなくなる。そこには，新

たな専業主婦という立場への移行に対する戸惑いや理不尽さ，自由が制限されるようになったことへの抵抗感が語られていた。

分業体制の浸透　だが，こうした思いを抱きつつも，いったん専業主婦となれば分業体制はみるみる夫婦の間に浸透していく。60代前半のeさんは前出のhさん（30代後半）とは対照的に，就職にあたって「男女平等な仕事がしたかったですね。お茶汲みだけなんて嫌で……自分にとっては社会的な評価とか，それに対する見合った経済的な見返りとか，そういうものがあるものを望んでました」と語った。eさんとhさんの間には親子に近い年齢差があるが，必ずしも若い世代が性別分業に否定的な考えをもっているとは限らない。自分が教員として働いていたときに夫が在宅の仕事をしており，当時の夫は家事・育児に協力的であったというeさんは次のように述べた。

　eさん：専業主婦になって4年間で〔生活が〕交代していきました。夫も外に出る仕事になりまして，分業になってしまって。特に2人目が産まれたころは夫も仕事が忙しくなっていたので，全然何もしなくなっていて。

　共働き時代に，夫婦で家事・育児を協力してきた場合でも，いったん妻が仕事を辞めてしまうと，たちまち「男は外，女は内」というジェンダー編成ができ上がり定着してしまう。男性が再生産労働へ，女性が生産労働へという性別役割分業乗り越えの可能性は，こうして脆くもつぶされていく。

抑圧の顕在化と夫婦関係の悪化　これまでの例では，夫が妻に対してことさら自分の立場が優位であることを口にすることがなくても，妻の側では夫に対して劣位にあることを自覚するようになることが語られていた。では，実際に夫が妻に面と向かって妻の夫への経済的依存を指摘することばを発する場合は，どうなるのだろうか。vさんは，自分が子育てのことなどで悩みを抱えているときにまったく耳をかしてくれなかった夫のことを「自分は仕事をしてお金を入

れることを100％しているのだから，自分にぶつけないでほしい，みたいな」態度であったと語る。結婚生活は夫との話し合いで作っていくものだと考えていたｖさんが妻として経験した現実は，それと大きく乖離したものであった。その原因は夫への経済的な依存にあると考え「子どもが生まれて，絶対この子だけは自立させなきゃと思いまして，すぐに立ち雛を買いました」と言う。立ち雛に経済的な自立の願いを込めたのである。そしてその娘に「自立しなきゃいけない。結婚しても仕事を辞めちゃいけない。選択できる人生を歩みなさい」とさんざん言ったと語っている。

　一方，年齢の近い３人の子育てを「戦争でした」と振り返る１さんは，次のように語った。

　１さん：〔夫とは〕価値観が違う。「女は家・男は外」っていうすごく封建的な考え方をしていて，（中略）「お前は家をしっかり守れ」みたいな。威張っていたんですよね。だから私はかなり見下されていました。なので，すごくつらかったです。（中略）私は一生懸命に子育てしながら家事をやってるつもりなんですよ。でも，夫が帰ってきたら，まぁ几帳面な人ですから，たとえば散らかってたりとか掃除が行き届いてないのがわかるんですよね。そうすると「やってないじゃないか」ってなるんですよね。（中略）結局最後はですね「じゃぁ僕が主夫をやるから，お前が僕と同じ位の給料を稼いで来い」って言ったんですね。もうそれが頭にきて悔しくって。「出来る訳ないじゃん」て。そうですよね？（中略）でもそれが悔しくて言い返せないんですよ。だからこの人といつか別れてやろうと，本当に思っていましたね。〔夫は１さんの気持ちを〕分かっていませんでした。だから，いつか見返してやろうって。（中略）やっぱり経済的に自立しない女性は何も言えないんだって思ったんです。対等な立場になれないって。そうやって言われたら「ごめんなさい」って言って小さくなってないといけないって。

　先に見たpさんやaさんの場合は，夫の側から特に抑圧的な言葉が発せられたわけではなく，自分の立場の変化に伴って生じた感情を語ったものである。これに対して，vさんは話し合いを拒まれ，lさんの場合は，夫から家事・育児に対する過大ともいえる要求が出され，それに応じられないときに，すでに職業を手放した自分には実現不可能な役割交代が持ち出された。これは明らかに脅しである。第5章の分析からすれば，顕在的権力の行使に該当する。こうした夫の支配的ともいえる高圧的な態度に接して，妻は「見下されている」という感覚だけでなく，さらに「いつか別れてやろう」という思いをもつほどに夫婦の関係をネガティブにとらえるようになる。

共働き経験をもつ
がゆえの苦悩　ここまで，職業を手放し専業主婦へと立場が変わることで，自分自身や夫との関係をどのようにとらえるようになったか，夫婦間での役割の組み換えがどのように進んでいったのかを見てきた。いずれの妻たちも，過去に職業に就いた経験があり，その当時は自分も職業をもっていることを基盤として，夫と同等であるという認識をもっていた。だが，離職によってその基盤が失われたのである。

　大学教員として共働き期間を含めて5年間働いた後退職し，現在は地域のケア施設の事務をしているsさんはその変化を次のように語った。ここには，性別分業夫婦への移行に伴って起きた夫婦関係の変化に対する絶望に似た思いが表現されている。それは，対等な夫婦関係を求め，共働き時代にはそれが実現できたという実感をもったからこそ味わうことになった思いである。長文だが引用する。

　sさん：〔共働きのころは〕それぞれ充実していました。あの時は今と似ているのですが，お互い仕事を持ち，尊厳のなかで話ができることが自分のなかで理想でしたから。ある程度実現できていたので，子どもができたことが事故のような気がしました。（中略）その時彼は，「仕事を辞めない形もある

よ」という話もしました。そして「きみが辞めたんだよ」の一言がそれこそ後にけんかの原因になりました。女性は選択といっても，選ばされているケースが大変多く，それ以外にはどうしようもなかったと自分を正当化したい気持ちがいつもあるのです。（中略）〔専業主婦になって〕自分に対する誇りがなくなりました。仕事をしていることに1つの誇りがあったことに，仕事を失ってから気がついた。主人はそれに対し「あなたの仕事は子育てだよ」と言ってくれるのですが，どうも違う。自分の道，自分を表現する所，それがなくなったというのはこれだけ失う物も大きかったのかと思います。経済的な自立もあります。収入がなくなってしまうから，この人に従わなければいけないのかな，と思ったりしました。そんなところが寂しくて。で，もがくというか。（中略）急に専業主婦になってしまったので，抜け殻のようになってしまいました。スーパーの袋を提げて，子どもを抱っこして，このままでいいのかなと思うときがありました。もがき苦しんでも現実には何もできません。（中略）〔共働きで夫と〕並んでいたときは意見も対等に言えたような気がするのに，いざ船に乗せられてしまった後は，意見を言うのも躊躇してしまいます。同じ人間なのに言い切れなくて。自分のなかでは仕事をしていることで同等というつもりでした。

sさんのこうした思いを夫は知っていたのだろうか。sさんは，「当時は言うこともできませんでした」と振り返る。

sさん：自分のなかで，いい子でいたいという気持ちがありました。言うことを聞いていれば誰も文句を言いませんから。そんなつもりでずっとやってきたところがあったのです。（中略）自分のなかに誇りがない，言う価値がないんじゃないか，と思ったときもありました。彼と同じ，前と同じレベルにいたいけれど，できないんです。1回手放してしまった所に戻ることがで

きない。ジレンマですよね。もがいて，もがいて。（中略）〔夫の考え方や態度は〕きっと変わっていません。私が変わっていっているだけです。〔私が悩んでいることを夫は〕きっと感じてなかったと思います。機嫌が悪いのは何でかなと思う程度ですね。（中略）運命共同体ではありませんが，1つの家族のなかで同じ方向を向いていたい，わかってほしい相手なのにわかってもらえないのが一番苦しかったのかもしれません。

「彼と同じ，前と同じレベルにいたいけれど，できないんです。1回手放してしまった所に戻ることができない」ということばは悲痛である。対象者たちが語った「憎しみにも近い感情」や「この人といつか別れてやろうと思った」ということばの裏側には，「1つの家族のなかで同じ方向を向いていたい，わかってほしい相手なのにわかってもらえない」という妻の夫に対する，あるいは自分たちの夫婦関係に対する無念さがあったことが読み取れる。

育児休業中の妻と専業主婦のちがい　では，生活そのものは専業主婦とまったく同じであるが，一定期間経過後に職場に復帰することが決まっている育児休業中の妻の場合はどうだろう。先に見た40代前半のkさんは，旅行会社に勤めながら1人目の子どもを出産したときに育児休業を取得しており，1年後には職場に戻れることがわかっていた。このため，「焦りとか孤独感とか疎外感とかないんですよ。本当に長いお休みをもらって子育てをさせてもらっているみたいな感じで」と語っており，夫に対して自分が劣位に置かれているという感覚をもっていなかった。

　kさんは，第1子の育児休業から復帰して約2年ほど働いた後に，同じ会社で働く夫の転勤を理由に退職している。当時は第2子の育児休業中であった。子どもをもって働き続けることに疲れ果て，限界も感じていたkさんであるが，同じ会社で働いていただけに，夫はそのまま仕事を続け，自分だけが退職することには割り切れない悔しさを感じていた。kさんが退職したあとに，かつて

kさん自身が関わっていた仕事の進捗状況を夫が話してくれたことがあり，そのときのことをこう語った。

　kさん：今，私に話したって〔その仕事に〕戻れるわけではないのに，それがどんなに悔しいかわかってるの，と本当に大喧嘩したんですよ。でも，それが主人にはわからないんです。ピンとこないんですよ。（中略）主人は同じ会社にいて仕事はずっと保障されている，私はまったく切れてしまってこれからどうやって自分で仕事をしていこうかと考えている。大好きだった仕事を置いてきちゃったというのが本当にわからないんだなって。

　収入を得ることは職業に就く主要な目的であるが，それだけでなく職業は人のアイデンティティの中核を占めるものでもある。今までどおり仕事を続ける夫と退職によってそれを失い混乱と焦りのなかに置かれた妻の間には，大きなずれが生じてくる。育児休業中の妻，すなわち職業とのつながりが保障された期間限定的な専業主婦は，夫に生活を依存するしかなく自分を夫の下位にいるという認識をもつ仕事を辞めた専業主婦とは，まったく異なったものとして夫婦関係をとらえていた。

3　妻の権力経験と夫の無自覚

共働き時代との相違
　第5章で，第1子の出産を契機として女性が離職するプロセスを見てきたが，本章ではそれに続いて妻の離職とともに始まる専業主婦としての生活を，妻たちがどのような経験としてとらえているのかを分析した。
　明らかになったことは，まず，離職を望んでいなかった人にとってはもちろんであるが，離職を望んでいた人にとっても，専業主婦になったことに対して

戸惑いと後悔の念が見られたことである。ただしこれは，本調査の対象者の設定方法による影響を差し引いて考える必要があるかもしれない。先に述べたように，対象者は「セカンドチャンス」ということばに敏感な人たちであった。「セカンドチャンス」ということばは，人生のなかで失った何か大事なものに代わる次の何かに再び出合う転機をイメージさせる。したがって，何らかの喪失感や挫折感を体験したことのない人には，つまり，職業を手放してもそれを喪失や挫折と認識せず，むしろ肯定的にとらえていた人には興味を惹かないテーマだったかもしれないからである。また，対象者の選定にあたって，再就職経験があることを条件としたことも，離職して専業主婦となったことに満足できなかった人を集めたことになったといえるかもしれない。

　加えて，対象者の属する階層についても考えておく必要がある。性別役割規範の受容が階層によって異なることが想起される。たとえば，SSM 調査の分析において，1985年データ（原・肥和野 1990）でも，1995年データ（木村邦博 1998）でも学歴が高いほど，性別役割分業規範に否定的であることが明らかにされていることからすると，本調査対象者が相対的に高学歴であることが，専業主婦になったときに後悔が見られたことの要因でもあると考えられる。

　さらに，就業に関する価値観は社会階層によって異なる（岩間 2008）。本調査対象者は，妻が離職しても生活可能なだけの収入を夫が得ていたという点で，相対的に豊かな階層に位置し，職業を自己実現の場ととらえる人が多かったといえるのかもしれない。

　だが，これらを留保したうえでも言えることは，「専業主婦＝夫の扶養家族」という妻の認識は，夫と妻の立場の違いのみならず，そこには上下関係が存在することの認識でもあったということである。そして，妻がもった「自分は劣った人間」という感覚は，自分に収入がないことに深く関わっていた。たとえ安定的に見える夫婦間であっても，経済的に妻が夫に全面的に依存している関係においては，夫婦間のヒエラルキーが必然的に生じる。まさに役割関係と

権力関係が密接に関わっており，専業主婦のように収入のない妻にとっては家計要因が夫との関係に大きく影響する（木村清美 2004）のである。

　しかし，いったん専業主婦になった妻がその状況に異議を唱えたり，状況を変更しようとしたときに，退職時の妻自身の決断こそが「きみが辞めたんだよ」という夫のことばとなって妻の意見を封じこめ，分業体制を正当化する働きをしていた。これは第5章で見たように，妻の離職は，夫は妻に対して「きみの好きにすればいい」と言い，しかし，夫には仕事を辞めたり妻が働き続けられるように自分の仕事を調整するという意識はまったくなく，したがって夫は仕事を辞めたり調整したりしないという前提条件のもとで，妻が決断した結果であった。妻から見れば選んだのではなく，夫は辞めないという決定後に残った限られた選択肢のなかで選ばされた結果である。だが，その際の妻自身の決断が，その後の妻の異議申し立て，すなわち，分業体制の組み換えの申し出を夫が却下する際の切り札として持ち出されることになる。ここに，見せかけの選択によってその後の交渉が封じ込められるという，二重の落とし穴があった。

　さらに，性別分業夫婦にあっては，夫が妻に対して「～しないと許さない」という顕在的な権力の作用が見られた。第5章では，共働き夫婦が第1子の誕生に際して妻が就業を継続するか否かについての決定に関わって，この顕在的な権力の作用が確認されなかったことを振り返ると，この点は両者間の大きな違いとして注目したい。第5章と本章とでは対象者が異なっていること，そして，本章の対象者の年齢幅が第5章の対象者に比べてひろく，しかも，性別分業に比較的肯定的な考え方をもつと思われる50代，60代の夫の発言も含まれているという点で，単純な比較には注意を要する。だが，第5章の対象者が有業であり，それに対して本章の分析は対象者が無業の時期のことであった点は，看過できない。

　そしてここでは，妻が夫に「意見を言うのを躊躇する」という潜在的権力の

作用も見られた。また，妻自身が時間や金銭の使い方などにおいて自由を制限されている状況も語られた。江原由美子は，「特定の社会的場において，自分が社会的行為を行うことによって他者の行為選択肢が限定されたり，逆に他者の社会的行為によって自己の行為選択肢が限定されたりすることを『主体』が認知すること」を「権力経験」と呼んでいる（江原 2001：ii）。本調査対象者に即して述べるなら，「特定の社会的場」とは夫婦関係であり，「主体」とは妻となる。「他者」である夫が行いうる社会的行為の範囲は，明らかに妻が行いうる社会的行為の範囲よりも広い。専業主婦として対象者たちが感じていた夫からの抑圧は，「権力経験」そのものであるといえよう。夫との分業体制という構造から必然的に生じる権力経験によって夫との対等性が失われたことを妻は強く実感することになる。

　ここで，夫と妻の社会的行為の範囲を規定しているのは，生産労働への参加の有無である。市場労働への参加は，社会的行為を可能にする多様なリソースの獲得につながる。となれば，妻が職業を手放すということは，夫婦関係における権力基盤となるリソースを剥奪されるということにほかならない。

　さらに分析から明らかになったことは，上記の夫婦間のヒエラルキーの基盤は必ずしも収入だけではないということである。仕事を手放すことにより，当然妻は収入を失ったのであるが，それとともに「自分の道，自分を表現する所」や「仕事をしていることで同等」という意識を同時に失っていたのである。職業に従事することで，時間的拘束や心身の疲労，課題達成の重圧などの負荷を伴いつつも，自分の所属する集団，職場や仕事を介したネットワーク，情報，他者からの承認など，収入に付随してさまざまな資源を獲得することができる。人間の存在とは，その現実にとりむすぶ社会的諸関係の総体にほかならず，その諸関係の解体は，その人間の存在そのものの解体をもたらす（見田 1979：22）といわれている。それまで築いてきた社会的諸関係こそが，夫と対等であるために不可欠な要因となっていたのである。収入によって不平等が象徴的に

語られるのは，収入自体のもつ影響力の大きさとともに，収入は数字によって可視化され具体的でわかりやすいという特徴をもつからであろう。

　対象者たちは，短い期間であっても夫と共に働き，働くことによって夫と対等であるという意識をもつことができたと考えている。たとえ夫婦間に収入の差や家事時間の差があっても，である。「対等」ということばには，1人の人間として社会でどのように評価されるのかという点が含まれていた。ここまで見てきたとき，第5章で対象者たちが口にした「平等」あるいは「フィフティ・フィフティ」ということばには収入の多寡や家事・育児時間だけしか視野に入っていなかったように思われる。それは，振り返って見れば，表面的ないわば楽観的な平等主義であった。それというのも，まだ子どもが生まれてもいない若い夫と妻のシンプルな二者関係において，しかも本章での対象者たちが経験したように，失って初めて知ることになる仕事の意味を現実的に理解する状況に至っていなかったことによるのだろう。

　しかし，いったん退職し専業主婦になってみると，夫婦間において生産労働と再生産労働の極端にアンバランスな配分によって妻は夫と対等でいる足場を失うことになるため，妻から見た夫婦の対等感は容易に崩壊してしまう。共働き時代に「並んでいた」と思っていた夫との距離は性別分業夫婦においては大きく離れていく。

　専業主婦においては，職業人から主婦へとシフトした時，その落差がアイデンティティの危機をもたらすことがある（岡村 1996）と指摘されている。杵渕幸子は，「主婦であることに落ち着けないのは，社会進出を果たしている女性からくる圧力であり，それは働く女性に比較して自分たちが遅れていくという感覚にとらわれることです」（杵渕 1993：100）と述べ，専業主婦の葛藤が活発に働く他の女性との比較によって生み出されているとした。だが，本章で見たのは，他の誰かとの比較によってではなく，職業人であった過去の自分との比較によって，生み出された葛藤であった。

　こうして見てくると，長い夫婦生活において，一時的な経済的依存も許容されないのかとの疑問もあろう。ある時期は夫が働き，またある時期は妻が働いて生計を維持するといった柔軟な役割シフトが考えられてもよいはずである。結婚の最後に帳尻が合うような生き方があってもよいではないか。だが，仕事を辞めて専業主婦になった妻たちは，夫への経済的依存に安住できなかった。それはなぜなのか。その答えは育児休業中のｋさんの発言にあった。すなわち，職場復帰，あるいは再就職の実現可能性が閉ざされている点にある。

　現状ではいったん職業を手放してしまうと，再び同じような条件で再就職できる可能性はほぼゼロに等しく，望んだとしても元どおり夫と「並んでいた」関係をとり戻すことは非常に困難である。したがって，自分の離職によって出現した夫との非対称的な役割とそれによって生じる夫との対等感の喪失を取り返しのつかないものととらえ，そのことに妻は焦りと哀しみを覚えるのである。そしてそれ以上に注目すべきことは，この心情を夫が理解していないことに妻は傷つき，夫と夫婦関係に失望していく。「もがいた」と表現されるほど妻が悩み苦しんでいるときも，夫の考え方や態度は何も変わっていないと妻たちは感じていた。とすれば，妻が一方的に感じるこの距離感こそが，妻の側の夫婦関係満足度を低下させる重大な要因といえるのではないだろうか。

親密性の基盤を失う妻

　この点を夫婦のつながりの根幹にある親密性の問題として考えてみよう。A. Giddens（1992＝1995）は，今日，女性たちに見られる変化として「純粋な関係性」，すなわち，性的にも感情的にも男性と対等な関係が実現できる可能性が出てきたことについて論じており，「そうした対等な関係性の構築は，性差に基づく既存の権力形態の打破を暗に意味している（Giddens 1992＝1995：13)」と，男女間の対等な関係性の実現はこれまでのジェンダー編成の再構築と一体のものであると述べている。ここで「純粋な関係性とは，社会関係を結

ぶというそれだけの目的のために，つまり，互いに相手との結びつきを保つことから得られるもののために社会関係を結び，さらに互いに相手との結びつきを続けたいと思う十分な満足感を互いの関係が生み出していると見なす限りにおいて関係を続けていく，そうした状況を指」（Giddens 1992 = 1995 : 90）すものであり，「純粋な関係性は，親密な関係性が包括的に再構築されていく過程の重要な要素をなしている」（Giddens 1992 = 1995 : 90）のである。

　夫婦という社会関係に即していえば，１組の男女が互いに相手との結びつきを保つことから得られるもののために夫婦という社会関係を結び，さらに互いに相手との結びつきを続けたいと思う十分な満足感を互いの関係が生み出していると見なす限りにおいて関係を続けていく，そうした状況を純粋な関係性ということばで示すことができるというのであり，これが夫婦という親密な関係性が包括的に形成されていく重要な要素であるということになる。

　このとき，「自由な，率直な意思の疎通の要請は，純粋な関係性の《必須条件》」（Giddens 1992 = 1995 : 285）であり，その前提に，個人の自立が置かれている。個人の生活の場における自立とは，「平等主義的な形で他の人々と関係をもつための条件」（Giddens 1992 = 1995 : 278）の実現である。それは何を意味するのか。Giddens は，次のように述べている。「親密な関係性を，対等な人間どうしによる人格的きずなの交流と見なすのであれば，（中略）親密な関係性は，公的領域における民主制と完全に共存できるかたちでの，対人関係の領域の掛け値なしの民主化という意味合いをともなう」（Giddens 1992 = 1995 : 14）ものであり，政治的民主制は一人ひとりが民主的過程に自立したかたちで参加するのに十分な資質を有していることを言外に意味しているが，同じことは「経済的還元主義を避けるのが重要であるとはいえ，純粋な関係性の領域にも当てはまる。（中略）民主制にたいする切望は，（中略）資源を含めて考えていくことを，確かに必要としている」（Giddens 1992 = 1995 : 286）。つまり，対等な関係性は，何の根拠もなく宙に浮かんでいるものではなく，資源に裏打ち

された個人の自立が実現されてはじめて可能となるという主張である。

　それでは，この純粋な関係性に向かう変化の流れをもとの方向に押し戻すことは可能なのだろうか。Giddensはこの点について触れていない。しかし，いったん民主的な関係，あるいは，平等な関係を経験したことのある人が，それを否定するような流れに違和感をもたないでいられるだろうか。いられないとすれば，同じ理由から，純粋な関係性から「純粋ではない関係性」への変化に無頓着でいられることは想像しにくい。

　そうであれば，現代の夫婦が直面している問題の本質は非常に根深く，自らが抱える矛盾に引き裂かれている状態にあると指摘できる。すなわち，共働き時代に主観的ではあれ，夫と対等であると認識していることで純粋な関係性をもつことができた夫と妻において妻が離職するということは，純粋な関係性の成立を可能にしていた足場を妻だけが失う，という事態が起こっているということである。このとき妻が，自ら再び資源を獲得し純粋な関係性の基盤を取り戻せるかといえば，それを許す社会状況は整備されていない。それでは，資源を失いもはや純粋な関係性を築くことができないのであれば，「純粋ではない関係性」を受け入れられるのか。否である。これこそが前進も後退も阻まれた妻たちが置かれた窮地なのである。

　本章で取り上げたのは，夫婦関係に関する妻側の一方的な解釈であった。たしかに，Giddens自身「男性は，現在生じている変化についていけない」（Giddens 1992＝1995：91）と述べており対等性に関する女性の敏感さが増している事態に対して，男性のポジションがこれとは異なることについて述べている。だが，重要なのは，単に女性に比べて男性が敏感さに欠けるという問題ではなく，なぜ対等性に関して女性のほうが敏感なのかということである。ここに女性の声に耳を傾けなければならない理由がある。すなわち，ヒエラルキーの上位に位置するものにとっては当然のことあるいは取るに足りないことであっても，下位に位置するものにとってそれが権力経験となることは多々あり

えるからであり，ひとつの同じ出来事が異なるヒエラルキーに属する者にとっては，別様の経験となるからである。そうであればこそ下位に置かれた女性の経験を明らかにすることで初めて，夫と妻という二者間の関係をとらえることができるのである。

　では，妻が一方的に感じる非対等感であれば，夫婦の関係に影響を及ぼすことはないのか。そうではない。たとえ夫婦のどちらか一方だけしかこの非対等感をもたないとしても，夫婦の危機が深刻であることに変わりはない。なぜなら，「純粋な関係性の示す特徴のひとつは，いつの時点においてもいずれか一方のほぼ思うままに関係を終わらすことができる点にある」（Giddens 1992 = 1995：204）のであって，どちらか一方でも自分たちの関係継続に異議を唱えることがあれば，その時点で他方がいかに継続を主張しようとも，もはや関係は継続しない。これこそが，対象者たちが直面する問題の本質といえるだろう。

注

(1) 第5章の調査実施は2005年であった。2007年にその後の夫婦の状況を確認するために3組の対象者にパイロット調査の位置づけでインタビューを行ったが，第1子がまだ幼く，第2子の妊娠中や妊娠のタイミングをはかっているという状況にあった。妻の再就職について同じ対象者での調査をするには少なくともさらに数年待つ必要があった。

(2) 「女性のセカンドチャンス」事例公募の方法は，2007年12月に全国の女性センターおよび類似機関へのポスターおよびちらしの配布，日本女子大学HPでの呼びかけ，さらに，2008年1月の『朝日新聞』への公募記事掲載による。この企画は，ライフコースを余儀なく変更することになっても，その後に軌道修正ができる「セカンドチャンス」社会を実現するには何が必要なのかを明らかにするために，まず，女性のライフコースの現実を分析することを目的として実施された。女性のキャリア類型を抽出すること，および，キャリア中断を経験した女性のキャリア再開発という視点から，それを支える社会的条件や生涯学習プログラムを総合的に検討することを研究目的として，佐々井啓研究室を中心に行われた。応募事例の一部は『私たちはどのようにしてセカンドチャンスをつかんだのか？——女性の再挑戦30の事例』（日本女子大学現代女性キャリア研究所 2008）および「女性のセカンドチャンス経験事例」（日本女子大学現代女性キャリア研究所）http://search.rjwac.jp/secondchance に掲載されている。

(3) これらの女性たちがどのようなライフデザインを描き，どのような理由で離職にい

たったか，専業主婦時代をどのようなものと解釈しているか，専業主婦を脱するために
どのような方法をとったかについては，「職業中断という経験の諸相とセカンドチャン
ス——インタビュー調査より」（三具 2010a）に記載。

(4)　本章でのデータ使用については，日本女子大学現代女性キャリア研究所所長の許可を
得た。

(5)　表6-1にある「経済的依存度」は，2009年に日本女子大学現代女性キャリア研究所
が実施した「セカンドチャンスと資格取得に関する調査」データ（三具 2010b）を使
用して，第3章に示した方法により算出した。本データの使用については，同研究所所
長の許可を得た。

(6)　会話文中の〔　　〕は筆者による補足を示す。「……」は，発話の間にことばを探す
ような沈黙があったことを示す。

第7章
妻の再就職と夫婦関係の再編

1　脱専業主婦への挑戦

　本章では，第6章で用いたデータを引き続き使用して，共働きを経験した後に専業主婦となった対象者のその後の軌跡を追いながら，夫婦関係がどのように再編されていくのかその変化を探っていく。

　いつになれば再就職が可能となるのか。その時期を子育てが一段落したときと考える女性たちは多い。「子育ての一段落」の時期について具体的に尋ねたとき，2人の娘をもつjさんは「孫がある程度育つまで」と答えた。「孫」である。これは，調査時点でまだ教育期にある娘が仕事と家庭を両立させるのを見届けることが，自分の子育てのゴールであるという意味であった。このことばにはjさん自身が，50代となった現在，もはやそれを自ら実現させる可能性はほとんど残っていないことからくる諦めと悔しさが混じっている。

　こう語った背景には，jさんと実母との確執があった。母親の要求水準は常に高く，jさんが難関である国立大学の工学部を「紅一点で卒業」しても，母親はjさんの頑張りを認めてはくれなかった。化学系の会社にエンジニアとして就職してからは「なるべく続けられるように自分の環境を整えようと思って，夫選びから気をつけたはずだった」。しかし，子どもが生まれたとき「母は，一切手伝わないということをはっきり言いまして，（中略）私はすごく，母を

179

……，母のために戻れなかったみたいな気持ちがありました」と語る。同時期に，親族に子どもを預けることができた同僚2人が出産後仕事に復帰したのを目の当たりにしていただけに，jさんは，離職の大きな原因として母親の手助けを得られなかったことを忘れることができないでいる。

　ここまで子育ての時期を長く見る人は例外的かもしれないが，対象者の多くはいずれも子どもの成長段階を1つの目安にしながら，再就職のチャンスをうかがっていた。就業継続を希望していながらやむを得ず退職したoさんは，仕事に携われないことが悔しくて，退職直後は最悪の精神状態だったという。このとき「このままじゃ絶対に終わらない，終わらせない」と強く思った。だが，この思いをエネルギーとして実際に行動に移し，専業主婦を脱するのは容易なことではない。それは，分業体制そのものが夫の側にも妻の側にも深く浸透していることによる。再就職に向けた思いを実現しようとする妻たちを阻むものは何か。当然ながら雇用側の問題が大きく立ちはだかっていることは視野に入れつつも，ここでは本章の課題に沿って，まず夫婦の分業体制そのものに内在する夫側の要因と妻側の要因から見ていく。

分業変更に対する夫の拒否と抵抗

　第6章で見たeさんの場合は自分が仕事を辞めてからというもの，共働き時代には家事に協力的だった夫が，どんどん家事から遠ざかっていった。その夫は専業主婦となったeさんに向かって，自分が家事労働へ再び戻ることへの「NO」を突きつけた。

　　eさん：あるとき酔っぱらって，「鍋釜に囲まれた生活はしたくない」ってことを夫がポロっと言いまして，私はもう忘れられないですね。「ふざけるな，私だってしたくないわ」って。それがきっかけで，もう我慢できないと。夫には言ってないけど，すごくショックだったんですよ。

　ｅさんは，共働き時代には聞かれなかった夫のこの言葉は，自分が専業主婦になったことで何の遠慮もなく発せられるようになったと理解した。そして現状維持を主張する夫に対して，自分が再び仕事に就かなければ，この状況は変えられないと思った。これが再就職を考えるきっかけだったと語る。

　再就職にあたって「自分〔夫〕の仕事に差し障りがなければやっていい（ｖさん）」「働くのはいいけど，協力は一切できないよ（ｉさん）」と夫から言われたと語る妻たちは，行動を起こす前に夫から一定の制約を突きつけられていることになる。それは，夫側からの分業ライン変更の拒否である。これは第５章で見た，第１子の出産を前にした夫たちの態度と一致する。すなわち，夫自身は何も変わらないとするスタンスである。この点について，夫を「敵」と語るｙさんは，そのいきさつを次のように述べた。

> **ｙさん**：子どもが生まれた後に，〔夫が〕子どもがいない時と同じ生活の内容を私に要求してきてました。たとえば，食事についてはこれだけのものを必ず出せとか，家のなかは常にこうあってなきゃいけないとか，そういうことを要求してきました。……下の子が小学校に入って，私が家で仕事をしたいと言ったときに，「わかった，じゃあその代り今までと同じライフ・スタンダードをキープできなかったら許さないぞ」と言われ，〔夫を〕敵だと思った。

　「～しないと許さない」という顕在的な権力を行使して，夫は自分の生活に影響が及ばない範囲でのみ妻の「自由な」行動に許可を与えている。これまでの分業の境界線をずらして，妻側にあった家事負担を多少でも夫側に移行することは，夫にとって迷惑である。なぜなら，夫の収入が生計の基盤であるこの分業体制においては，妻が一歩踏み出してわずかばかりの収入を得ても，夫からみればそれは「趣味の世界（ａさん）」でしかない。夫は稼得責任を十分に

果たしているのだから，妻の趣味の世界のためにさらなる負担を受け入れる理由はないということだろう。その背景には，夫自身が職場での成果を求められ，長時間の勤務や通勤に耐えている厳しい現状がある。夫からすれば，すでに手一杯の感があり，自分が妻を手伝うどころか，妻のサポートがなくては成り立たないというのが本音であろう。

　本調査対象者は，少なくとも妻が離職した当時は夫1人の収入で生活が可能であり，妻が働かなくては生活ができない状況ではなかった。この場合には，妻が外で働くことは，夫にとって必要とは認められず，したがって，必要でないもののために分業の境界がずらされることに夫は納得しない。このことは，働く場が見つからないという問題と同様に，妻にとっては再就職の可能性を阻むもう1つの分厚い壁となっている。アルバイト的な仕事を始めた妻が，都合でいつもより早く出勤しなければならなくなったときでさえ，妻の代わりに通常よりもわずか10分早く家を出て子どもを幼稚園へ送ることを断固拒否したり，妻に従来どおりの家事レベルを要求するなどの夫のこうした行為は，自分のこれまでの生活を変えたくない，変えられないという分業変更に対する拒否，あるいは抵抗である。

　先のyさんの夫は，結婚して間もない共働き時代にyさんが働くことに反対はしなかった。だが母親となったyさんが働くことは許さなかった。母親は子どものそばにいるべきだという主張である。共働きの家庭で育ったため，寂しい思いをしたのでそれを自分の子どもに味わわせたくないと夫から言われたyさんは，「この人はそんなかわいそうな育ちかたをしたんだったら言うことを聞いてあげようじゃない，とちょっと優しさを出してしまった」と語る。

　oさんの夫も同様の理由で，oさんが働くことに「いい顔をしない」。

　oさん：〔夫の母親が〕パートに出ていたときに，自分が家に帰ったらお母さんがいなくて，ものすごく寂しかったんですって。それが今でも心のどこか

に。あのときの口に出せない寂しさみたいなものがあって，そのときからお母さんが家にいないということはよくないことだというのが，おそらくは染み付いているんですね。

　夫が家事・育児をすることを突っぱね妻にだけそれを要求するなら，妻は夫に対して怒りも感じるだろうし異議も唱えるだろう。しかし，それが子どものためであると言われれば，妻は抵抗の根拠を失ってしまうのである。

二重労働受け入れという妻の戦略

　それでは，妻たちはこうした夫の主張を黙って受け入れて再就職の思いを断念しただろうか。夫の主張が力をもつのは，彼らが明らかに生活の基盤を担っているという点にあり，これは妻が容易に変えられる問題ではない。したがって，当面妻がとれる行動の範囲は，この分業体制を崩さないという枠の内側となる。

　ｙさんは，下の娘が小学校 1 年生になったときに夫に「子どもがまだ 1 年生で早く帰ってくるから，家で英語を教える」と宣言した。それまでは，妻が働くことに反対だった夫の前で仕事の話をすると「とんでもないことになりそうなので」，夫の出しそうな条件をクリアできる仕事の仕方を考え，話を切り出す時期をうかがっていたのだ。

　ｙさん：連れ合いと一緒に生活していると，敵がどういう考え方をもっているかわかりますよね。連れ合いはずっと敵でした。それで，隙あらば働きたいなというのを見せると潰されてましたので，これはうまく〔話を〕もっていかないと潰されると思ったので，とにかく〔子どもが〕小学校に入るまで「働きたい」ということは一言も言いませんでした。

ａさんの場合，夫は「部屋とかがめちゃくちゃだったりするとすごくいやな顔をする」ため，英語教室の仕事を続けるにあたってそれまでの家事のレベルを落とさないように，毎朝４時に起床して家事を片付け，子どもの勉強を見てやり，夫の帰宅から遅くとも10分後には食事ができるようにテーブルセッティングまで済ませておくよう気を配っている。「なんでここまで気を遣わなきゃいけないのだろうと思う」が，夫からのクレームを回避するために手は抜かない。

　完全な分業体制を逆手にとることで一歩を踏み出した人もいる。大学教員である夫は仕事中心で家庭内のことには「ノーアイディアなんだということがわかりました」というｊさんは，これまでも家の引越しや，子どもの転校など家族にとって重大な転機となる問題に関して，すべて夫には事後承諾で済ませてきた。ｊさんが数年前に大学院を受験したことも「全部事後承諾。ただ，あなたに迷惑は何もかけないからって」と語り，その後自分が自宅で近所の子どもに勉強を教えていることなども夫には言わないできた。それは「隠すつもりはなかったんだけれども，協力が得られないので途中でストップがかかるとまずいと思った」からである。

　ｎさんの夫は子どもを保育園に入れることに反対だった。「でも私は働きたい。で，〔夫は〕俺の給料でやりくりできないのかって。そういう問題じゃなく，そこがわかってもらえなくて。何でそこまでして働かなくてはいけないのかって。ずっと平行線です」と語る。当然，夫が家事を手伝うことはない。ｎさんは「好きで働いているから，家で疲れたとは一言も言わないと自分で決めて」いる。家では夫の助けもなく仕事先でも忙しく働き，「電車に飛び乗って，走って家に帰って。……常にもう闘いながらですよ」と言う。こうして妻は自ら家事と仕事の二重労働を引き受けることとひきかえに，市場労働への第一歩を踏み出していた。

母親役割をベースにした再挑戦

自転車の範囲内で　　だが，妻たちの行動を制限するものは夫だけではなかった。専業主婦時代を振り返って，対象者たちは「子どもの世話がいやだというわけではない（ｙさん）」と語る。母親役割自体を否定しているわけではない。だが，いずれ子どもが巣立っていくことはわかっているので，そのためにも新たな世界に挑戦しようとするのである。したがって，再就職を考える際に重要なことは，母親役割を果たせる環境を確保することである。対象者は，経済的自立や社会とのつながりを求める点では再就職に前向きであるが，子どもに手が回らなくなることは望んでいない。そのため，実家からの日常的なサポートを期待できる人や相当の覚悟をもったわずかな人を除いて，前職と同じようなフルタイムの仕事を目指すことはできない。すでに受け入れた母親役割に抵触しないデザインが描かれる。

　ファミリー・サポートセンターのアドバイザーとして働くようになったｐさんは「今度は私は限定したんです。子どもに何かあったときにはすぐに戻れるところ」と語り，それは「全部自転車の範囲内」であるという。妻自身のなかに深く根付いた母親役割を中心とした家庭責任（西村 2009）から，再就職の際の仕事選びには初職時とは異なる基準を採用することになり，妻自らが新しい仕事の種類や時間的・地理的範囲を限定していく。

　ここで興味深いのは，転職・再就職を経験した女性たちの満足度に関する調査結果である。これは2011年に首都圏在住の25～49歳の短大・高専卒以上の女性5155人を対象にした調査（日本女子大学現代女性キャリア研究所 2013）のなかで，転職・再就職経験のある人にその経験を総合的に判断してもらった。子どものある人だけに限定して分析したところ，約7割が満足であると答えた。しかし，項目別に見ていくと，「仕事と家庭の両立」については「よくなった」「ややよくなった」と答えた人が6割近くにのぼるが，「給与などの職場の待遇」「やりがいなど仕事の内容」「職場の人間関係」ではいずれにおいても，

「よくなった」「ややよくなった」と答えた人は5割に満たない。[(1)] 子どもをもって家庭生活のレベルを一定に保ちながら働き続けられるということが，転職・再就職の満足となっていると推察される。本章で見た調査からも，母親役割を十分に果たしつつ外で働こうとするときの職業選択の基準は，初職で重視したような大企業志向や待遇のよさから通勤時間や両立可能性へとシフトしていることがうかがえる。

3歳児神話の乗り越え　子どもを保育園に入れることに対する抵抗感は非常に大きい。yさんは，母親は子どものそばにいてやるのがよいという夫の意見と，「3歳までは子どもは親が育てるのが一番よ」との実母からの教えに自分でも「そうか」と思って従った。病気がちの子ども2人に手がかかっても家事の手抜きを夫が許さなかったというyさんは，傍目にも疲れきっているように見えたようだ。仕事を手放してしまったことの空しさも感じていたという。近所の母親たちが「3時間〔子どもを〕見ていてあげるから，どっか行ってらっしゃい」「ちょっと寝なさい」「夕ごはんに煮物つくったから食べなさい」というように，yさんを助けてくれた。「あのとき助けていただかなかったら，きっとノイローゼになっていたと思うんです」と当時を振り返る。

　aさんの場合も，子どもを保育園に入れることは選択肢になかった。aさんはビジネスで成功した母親を尊敬していたが，その母に「3歳までは子どもを見なきゃっていうふうにぎゃんぎゃん言われ」たのである。それに加え，子どもの発育の遅れは自分が小さく産んだせいだとの思いもあった。「この償いをしなきゃ，みたいな気持ち」だった。

　nさんは，yさんやaさんとは異なっていた。子どもは保育園に入れると決めていたのである。だが，母親である本人が子どもを保育園に入れることに抵抗がなくても，nさんの周囲はそれを許さなかった。客室乗務員だったnさんは，就職5年目で結婚し間もなく妊娠した。「チーフパーサーの厳しい資格を取って，（中略）私もこの飛行機の責任者として乗務できるという」一番充実

を感じる時期だった。nさんは仕事を続けたいと考えていたが，夫は反対であった。妊娠がわかってからも夫は「子どもが学校から帰ってきたら，『ただいま』『お帰り』と〔母親が〕言うのは当たり前という感覚だったので，〔仕事の継続については〕ちょっと相談できなかったですね」と語る。さらに，「向こうのお母様も，子どもがいて仕事なんてとんでもないわよ，みたいな」考えをもっていた。

当時は，男女雇用機会均等法施行からすでに10年が経過しており，育児休業を取得し復帰している先輩もいたが，一方で，復帰に至らず退職するケースが多かった。このため，会社は，育児休業を取るには復帰後の子どもの預け先を具体的に示すことを要求していた。nさんは，夫にも就業継続を言い出せないまま，会社から提出を要請されている保育園に関する情報を十分に集める余裕もなく，結局は退職することになった。しかし，退職はnさんの本意ではなく，突然の専業主婦生活は「本当に辛かった」と話す。

そこで妊娠中のnさんがとった方法は，「どうにか主人にも向こうの母にも角が立たないような（中略）いろいろ資格を調べ出して」ネイリスト検定に合格するための勉強を開始することだった。このネイリストの資格を取って，その後nさんは自宅で近所の母親たち向けのネイルサロンを開くようになった。そして，子どもが3歳になったとき保育園入園の問題が再び持ち上がった。

nさん：私が保育園に入れたくて相談はしたんですけど，〔夫から〕頭ごなしに反対されて，「保育園なんて入れるところじゃない」って。まず，そこ〔保育園か幼稚園か〕でもめましたね。（中略）〔義母〕あそこの幼稚園の制服はかわいいとかそういうのがあったみたいで，うちの主人もそこの幼稚園だったから。もうなんか勝手にそこに入れようなんて感じで盛り上がっているなか，私ひとり保育園の申し込み状況とか，かげでこそこそこそこそ調べたら，やはり反感買って。でも反対されたから，もう内緒で申し込むしかな

かったから。（中略）お母様には，「子どもがかわいそうよ」とか言われて。そこまで言うこと聞いて，「じゃあやめます」って言えなかったんです。（中略）もうこれは離婚かしらと。でも，もうそれでもいいと思って。でも，一生懸命やればわかってくれるんじゃないかと思って。子どもにも一生懸命愛情を注げばわかってくれるんじゃないかという気持ちがあったので，もちろん仕事もしたけれども家のことも絶対手を抜かなくて。

　ｎさんと夫は，将来の働き方や子どもの育て方などについて語り合うこともなく，出会ってからわずか３カ月で結婚に至っている。ｎさん自身が思い描いていたライフデザインが結婚以降思いがけない方向に進んでいくことに，ｎさんは「今考えると，そのタイミングで結婚しなくてもよかったという感じですよ」と後悔の色を浮かべつつも，その後も仕事を拡大し，調査時点では正規社員につながる非常勤職のチャンスをつかんでいた。周囲の反対を押して自分の意思を通した分，弱音は吐けないと思っている。
　これらは，幼児期における母親のかかわりを重視する３歳児神話が親から子へと世代を超えて深く浸透していることを改めて認識させられる事例である。しかし，次のｍさんの場合は，意外なところから３歳児神話が乗り越えられていくことを示している。1990年代の半ば，約２年間の地方転勤から東京に戻ってきたときのｍさんは，保育園に対する考え方が転勤前と大きく変わっていた。

　ｍさん：ダンボールの荷物のひもをほどくのも開けるのもそこそこに市役所に保育園の申し込みに行けたのは，仲間はもう保育園に入ってたから。預ける不安が私にもなくなってきたんですね……〔上の子どもが〕０歳，１歳のころは，周りにそういうお友達もいなくて，みんな専業主婦の友達で，「まさかこんなちっちゃな子を預けられないよね」って，自分でも思ってたんですけど。（中略）〔転勤から戻ってみると〕皆さんさっさと再就職して，パート

とかフリーランスばっかりなんですけど，みんな「保育園預けたよ」とか言っているんで。預けても大丈夫なんだっていうのがありました。身近な人が預けていると，「あ，そっか」みたいに思って。それで私も，「じゃあ，預けよう」と市役所に行ったんですね。そこがすごく不思議だなって，自分でも思うんですけれども。保育園はかわいそうと思っていたので。

　身近な知人が子どもを保育園に預けているという事実が，自分でも不思議だと思うほどにそれまでの保育園に対するマイナスイメージを払拭したのである。このときmさんの第1子は4歳，第2子は1歳であった。

再挑戦に必要な準備

　母親役割に抵触しないことを条件としているため，対象者のなかには，そもそも雇われて働くということ自体が家事や子育てと両立困難であると考え，「自分で時間を決めて働けるような働き方を選ぶしかない（kさん）」と専業主婦から抜け出す道を自営やフリーランスの仕事に求める人もあった。対象者のなかではその際に社会保険労務士や行政書士などの資格取得が目指される場合が多かったが，それには費用の捻出が問題になってくる。現在フィナンシャルプランナーの資格をとり少しずつその活動が広がってきたと語るvさんは，この点について「夫のお金からやると，収入ないくせに減らしていく」と言われるため，「私にかかる経費は自分で貯めたお金でやるので，〔夫には〕文句を言わせなかった（vさん）」と語り，新しい挑戦をするにしても妻が自由に使えるある程度の資金をもつことが重要であると強く主張した。

　これらの資格取得においても，社会の動向に敏感であることがその後の再就職に影響する。pさんは，幼稚園教諭として13年間働いた後に専業主婦となったが，10カ月ほど過ぎたころから児童館の非常勤職員や学童クラブでの障害児対応のパート職員などの仕事を始めた。だが，いずれも有期雇用であったため，

40代半ばのときに「これはいよいよその次はないかな」と思い始めた。そのときにとったpさんの行動が，現在のファミリー・サポートセンターのアドバイザーという仕事につながっている。

　pさん：私，幼稚園教諭の1級しかもってなかったので，これからの時代は保育士がいるなと思ったので，独学で保育士の国家資格をとったんですよ。それは自宅で勉強しながらね。だからその45だから今から10年くらい前から，だんだん認証とか認可とか一時保育なんかもまた。時代がついてきたっていうか，変わってきたので。私がにらんだとおり，保育園の保育士というのであればパートとかそういうのでも結構年配でもだんだん採ってくれる時代になってきたんですよね。……〔私は〕わりと好奇心強くて，アンテナ張っている方だと思います。いろんなところに。だから，区にはこういう仕事があるのかなっていつも見てて，これだったら応募できるかなとかいうのは見ながら，タイミングを見ながらいつもいろいろやっていたので，それはあるかもしれないけど。

　こうした社会の変化は，小学校の教員を目指していたbさんにも転機をもたらした。1990年代なかばの教員の採用は高倍率で，合格に至らなかったbさんは塾講師を半年ほど勤めたところで産休補助をきっかけとして講師となった。だが，結婚して妊娠した時点で非常勤講師だったため，産休すら取れず退職となった。bさんは，その後10年ほどを専業主婦として暮らしていた。ちょうどそのころ，団塊の世代の大量退職が教員の採用にも影響を及ぼし，採用枠の拡大や採用年齢の基準が緩和されるという動きがあった。東京都の教員採用の年齢制限が35歳であることを知ったbさんは，2年後に下の息子が小学校に入学するのと同時に自分が35歳になるタイミングなら，かねてからの教員になる夢が実現できると考え，教員試験に向けて勉強を開始した。子育てのかたわら，

夫の協力を得ながら通信講座や単発の講座を利用して2年間周到に準備を重ねた。その甲斐あって現在は公立中学校の教員として国語を教えている。

　さて，先にvさんは再就職のために資格取得をするにも妻が一定の資金をもっていることが重要だと指摘していたが，事例のなかには，夫の協力があったからこそ念願の資格を手に入れ仕事に就くことができたと考えている人もあった。bさん，tさん，uさんの場合は，夫は妻の再スタートを支えてくれた協力者であった。

　先に見たbさんは，教員採用試験を目指して専業主婦だった最後の2年間を勉強に費やすことができた。もちろん，子育てや家事の合間を縫ってではあったが，夫が生活を支えているという大前提がなければ成り立たないことであった。その意味ではuさんも夫の支援に感謝している。

　高校卒業後，国家公務員となったuさんは東京都に配属となった。「最初はもうずっとやっていくつもりで」入国管理局で警備官としての仕事を続けていたが，月に数回は24時間勤務のシフトが回ってくることで「すごく体力的にきつい仕事」であると思うようになっていた。さらに，収容者の監視という仕事をとおして「いろんな環境の」外国人女性に対応するなかで，「やっぱりあの仕事が，同じ人間なのに私たち上からなんですよね。……同じ人間なのにちょっとこう，あまりにも」と感じるところがあり，「これはずっとやっていく仕事ではないな」と思い始めていた。そのころuさんは結婚した。

　uさん：主人に，昔そういえば学校の先生になりたかったんだっていう話をして，そしたら，「やってみたら」っていうことで。自分では無理だと思っていたんですよね。20歳すぎて，22だったんですけど，そこから大学行って教員免許とって，教員になるっていうことはまぁ難しいだろうなっていう思いは最初ありました。でも，とりあえずやってみようかと。その，結婚を機会にというか。結婚したら終わりじゃないっていうか，自分のなかに終わり

にしたくない〔という気持ちがありました〕。

　1980年代に出産したuさんの時代にはまだ育児休業法は施行されておらず，実家の遠いuさんが仕事を続けるには，産休後すぐに子どもを保育園に預けて復帰する道しかなかった。「子どもは生まれてからじゃないと申し込みができない」と保育園で言われて，4月に息子が生まれてから申し込んだときには，すでに定員が埋まっていた。周囲からは「もったいないから辞めるな」という声もあがったが，結局，uさんはここで退職した。それ以降は，このときすでに通信教育で開始していた教員免許取得の勉強に本格的に取り組むようになる。夫は協力的であった。

　uさん：試験に行くときも全部主人が子守してくれてましたし，休暇もふつうの会社員そんなにないのですけど，夏休みなんかも私がスクーリングに行く間も。（中略）〔学費に関しては〕ちょっと〔自分の〕貯金があったので。でも多分それだけでは全部足りてなかったと思うのですけど，私も主人もお金に関してはあまりきっちりしていないので，いくらがどうなったかは分からないのですけど，とにかく自分でもっていた分は全部大学に使っていいからって言われて。多分それ以上は使っていると思いますけど。

　夫は再スタートのよき理解者であり，育児においても，金銭面においても協力者であったとuさんは思っている。
　税理士という難関の資格試験を突破したtさんも，夫の応援なしには実現しなかっただろうと思っている。tさんは，短大卒業後大手電気メーカーに就職した。男女雇用機会均等法が施行された年だった。仕事は面白かったが長く勤める気はなく，4年で辞めて花を扱う企画会社で正社員となった。子どもが生まれてからも続けたいと思ったが，この仕事は土日が忙しいため，保育園では

対応できず結局退職した。30代はじめには派遣社員として働き始めたが，年齢が高くなれば将来的に派遣の仕事はなくなるだろうと思うようになった。そして，「派遣だと決められた仕事だけで，自分で考えてできるという仕事でもないので。お金はそこそこいただけるんですけど，やりがいがないというか，子どもを預けてまでというのもあって。どうせだったら自分に任せられる仕事というか，自分次第でいろいろ工夫ができる仕事をしたいと思った」ところから，「経理だったら，どんな時代でも仕事はあるだろう」と簿記の勉強を始めた。「簿記は独学で3級，2級と簡単に受かってしまったので，なんか1度勘違いして，自分はできるんじゃないかと思ってしまって。それで，どうせだったらもっと上の資格を取ってみようと思って税理士試験を受けようと思ったんです」と語る。本格的な勉強は子どもの小学校入学を待って開始した。

　　tさん：一番は金銭的なサポートがあったというのと，そうですね，自分の貯金も受講料とかに使いましたが，その間働いてないので。やはり通常であればある程度自分の生活費を稼ぎながら勉強している人たちもいるので，そういう意味でそこで専念できてよかったのと，あとは税理士試験が8月のはじめなんです。それで，子どもの夏休みが7月半ばぐらいから始まるので，その一番のピークというか直前が何もできないので，夫に遊びに連れて行ってもらったり，出かけてもらってたりとか。そういうサポートはやっぱり〔ありがたかった〕。

夫はこの挑戦を応援してくれていたとtさんは感じている。

受け皿としての「学び」

また，専業主婦にとどまってはいられない，何かを始めなければという強い焦りを感じるものの，自分が何をしようとしているのか，何をすればいいのか

193

がわからなかったというモラトリアムの状況も見られた。調査対象者のなかで資格取得に挑戦したり進学した人は多く，学びの場が新たな進路を模索する妻たちの受け皿となっていた。ｈさん，ｊさん，ｌさん，ｍさん，ｏさん，ｔさん，ｕさん，ｘさんは，離職後に大学または大学院（通信課程を含む）での勉強を終えている。その経験がすべて再就職に直結したわけではないが，専業主婦時代の閉塞感や孤立感，焦燥感から脱するきっかけとなっていた。

　子ども２人を育てながら激務を切り抜けてきたｏさんは，長男が小学校入学というときに学童保育が見つからなかったことを理由に，やむなく仕事を辞めた。共働き時代に，子どもの病気ではどちらが休むかでいつも夫と喧嘩になった。結局はｏさんが休むか母に応援を頼むことになる。ある年，ｏさんは有給休暇を使いきって欠勤になった。夫はどうかというと，前もってわかっている子どもの運動会などのときは会社を休むが，突然の子どもの病気では決して休まない。「余った有給は捨てるんですよ。それ使ってよって。……そんなこんなして続けていたんで，それこそ学童保育がないくらいで，私はなんで仕事を辞めなきゃいけなかったのって，ずっとずっともうね，今でこそあれをうつ病というのかもしれないけど，本当に気持ちがおかしくなって」いた。

　そして，退職後もあきらめきれずに細々と以前の会社から仕事をもらっていたのであるが，働き続ける後輩の姿を妬ましい思いで見る自分自身がいたたまれず，「藁をもつかむような思い」で大学院での勉強を開始した。「ものすごく不純な動機です。……今の，私のこの気が狂いそうな日常を変えたかった。ただそれだけで。学び始めたらそれが面白くて，それが生きがいになって。そのうち妬んだりとかそういうことを何も思わなくなって。だからもう命を助けてくれたっていうとすごい大げさですけど」と，精神的に苦しかった自分にとって大学院生活が救いだったことに言及した。このように，脱専業主婦を目指す気持ちがあっても，その具体的な方向を見定めることができない場合に教育機関が一定の受け皿になっていることが，事例から明らかになった。また，ｈさ

んのようにアサーショントレーニングを受けてようやく自信を回復し一歩を踏み出すことができた事例も見られた。

　多少議論から外れるが，修士課程から博士課程へと進んだとき，先のｏさんは自分の母親から「旦那より高い学歴になる」ことを指摘された。そもそもこの点をまったく気にしていなかったため，こうした母の発想はｏさんにとって意外であったという。ｏさんの夫は理系の修士課程を修了しており大企業に勤めるサラリーマンである。それぞれの専攻分野がまったく異なること，そして自分は博士課程に在籍中であるが博士ではないことで，夫は気にしていないだろうと考えた。後日夫に聞いたところ，「自分と同じ科目でもしとっていたら，ちょっとなぁ」との返事がかえってきたという。こうしたところにも，男性が上であることをよしとする考えが浸透していることに気づかされる。

再就職に向かう気持ちを支えたもの

　それでは，多難な再就職を可能にしたものは何だっただろうか。それは妻たちの内部に蓄積したエネルギーだったといえるだろう。第６章でも見たように仕事を失った悔しさや挫折感から「いつか見返してやろう（ｌさん）」「このままでは終わらない，終わらせない（ｏさん）」ということばが聞かれた。社会とつながることへの希求が爆発寸前のレベルに達していた。

　第２に，専業主婦という夫に生活を依存する立場から一人前の社会人になることへの強い思いである。たとえば前出のｐさんは第３子出産を機に13年間にわたる幼稚園教諭の仕事を辞めて専業主婦になった。当時を「保険証なんかも〔夫の被扶養者として自分の名前が記載されていることに〕へえって，ちょっと思いました。それは抵抗ありました」と語っている。

　ｐさん：私は「やっぱり一人前になりたいわ」って言うの。だから，何ていうの，扶養のなかでの働き方，あれ私はしようとは思いませんでした。扶養

の百何万円にならない働き方で次の仕事を探そうとは思いませんでした。〔だから，税金がかかろうと〕私が働くわと。〔自分で健康保険料を払うことになっても〕それが一人前じゃないって。それはありました。……だから，その扶養内で働くとか，それを操作するっていうのは今も考えられないですね。……非常勤でも何でも，自分で税金は払い，それ以上もらったって税金は，保険証は自分で。扶養家族はいやだっていうのは今もありますね。いやだ。養われるのって。

　ｊさんの場合は，自分の生活について「充実してるじゃない，傍から見れば」と前置きし，「そうなんですが，何か心のなかで，稼げない，夫のように稼げないっていうのがあったんですね」と語った。それは人が「お金で評価されることって多い」からである。

　ｊさん：私は，最初の仕事を続けていた時と同じだけの年収が稼ぎたかった。それは無理だというのはわかっているんですが，（中略）私は1000万，あるとき稼いでたことがあるのよっていうのを，人に言うわけではないけれども。私，1000万稼げたっていうのが１つの目標。

　つまり，今は夫の扶養下にあるけれども自分は決して夫の下位の人間ではなく，夫と同じくらいの能力のある人間なのだということを，稼ぐということで証明したいということだろう。
　第３に，現実的な必要である。すなわち，夫の仕事が順調といえなくなってきたり，子どもの成長に伴って家計が膨らんで夫の収入だけでは十分ではなくなってきた場合に期待される妻の収入である。
　ｗさんは，かつて編集者として働いていた。結婚前には「夜中まで仕事してそのまま会社に泊まり込んで朝まで，みたいなことを平気でやって」いたが，

徐々に限界を感じ始め，結婚当時は「フリーライターでボチボチ仕事をしていた」。しかし，子どもを3人育てるなかで仕事はだんだんできなくなっていった。一番下の子が2歳くらいのとき，夫が脱サラして自営業となったことで，wさんは「これは，もしかしたら私も働かないといけないのかな」と思い，編集の仕事を少しずつ再開した。幸い，料理も洗濯も掃除も夫の方がうまい。「うちはずっと夫が家事をする人」だったという。wさんは子育て中の母親のための情報誌の作成に関わったことをきっかけとして，現在は子育て支援のNPOを主催している。しかし，なかなか思うような額の収入を確保するには至っていない。

wさん：結局夫が稼いで。夫がよく言っていたのは，俺はプロフィットだ，おまえはノンプロフィットだ。共働きだけど共稼ぎじゃないって。でも，今，だいぶ対等になりましたけどね。夫の仕事も今うまくいかなくなっちゃったので，私がもうちょっと頑張らなきゃと思っています……私が，「もうちょっと収入アップして頑張るね」と言ったことには，ちょっと安心感があるのかなとは思いますね。

wさんは，自分が働き始めたことで生計の一端を担うようになって夫の立場に少し近づいた実感がある。しかし，女性が男性と同程度に家計を支えられるだけの収入を得ることの難しさも同時に味わっている。

第4に，実際に自分で収入を得ることそのものである。次のhさんは，生活をより豊かなものにしたいと思っていた。調査時点で，大手企業に再就職しそこで正社員として採用教育研修を担当している。結婚から1年間の共働きの後に退職し，出産を経て日本語教師を6，7年経験。その後に大学院博士課程を修了したあとのことである。生活を夫に依存する専業主婦当時を振り返って，「いやでした」と語るhさんは次のような考えをもっていた。

ｈさん：攻めでいくか，受け身でいくかっていうことでダイエットも同じだと思うのですが，専業主婦の時，節約の方法，『楽しい奥さん』とか読んでいたんですよ。今はやっちゃいけないらしいんですけど，おトイレにペットボトルを沈めてお水をとか。ああいうのを読んだときにちょっとうんざりしちゃったんです。ダイエットと一緒で私は多分，食べないで痩せるタイプじゃなくて，動いて痩せるタイプで，それはこの生活していくのも，節約してお金を余らせるのではなくて，自分が動いて稼いでお金を余らせるタイプだな，と思ったんです。……自分は攻めてお金を稼いでいくタイプだなっていうのはわかりましたね。

こうした思いもあり，「私の思考として働くっていうことは，対価をいただくというのがあったので」ボランティア的な待遇の日本語教師ではなく，30代後半で企業への就職に転じた。その結果，ｈさんは夫と並ぶ収入を得るに至っている。

　ｍさんの場合は，第１子出産後に母親たちのサークルに３つもはいって育児関係のイベントを企画実行した経験があった。だが，転勤から２年後に東京に戻ったとき，気持ちは再びそうしたサークル活動へは向かわなかった。

ｍさん：やはり仕事ですね。やっぱりサークル活動だけじゃ，私の心の隙間は埋まらないなって。あと，経済的なこととか大きいですよね。夫の収入でも暮らしていけるけれども，自分の好きなものを買いたいとか，自分の評価にもなるわけですよね。それがまったくゼロというのは辛いなって。（中略）ある程度，自分の評価というか自分のやったもののやりがいが，やりがいと共に経済的にも評価されていることがないと。

対象者たちの再就職に込めた意味はそれぞれであるが，いずれも専業主婦時

代に感じた共働き時代との落差を埋めようとする切なる思いであった。

2　再就職が夫婦関係にもたらしたもの

　それぞれの紆余曲折を経て，妻たちはなんらかの仕事を手に入れた。この変化によって，夫婦関係は妻たちにとってどのようなものととらえられるようになっただろうか。

生活世界の広がりによる夫婦関係の相対化

　冒頭に示したように，対象者は調査時点ですでに何らかの職業に就いているが6人の常勤職を除いて非常勤職あるいはフリーランスの仕事である。当然，これらの間には仕事の拘束時間や収入においてばらつきがある。しかし，妻が仕事を得たことにより一様に見られた変化は，妻の生活世界に占める夫や夫婦関係の比重が相対的に縮小したということである。新たな生活は，「忙しくてばたばたしているけど，夜は眠れるし。〔専業主婦のころは〕眠れないときもありました。こんなもんだと思ってましたけど。〔不満を言う〕相手もいなかったです。(中略) 今は自分はとても忙しいと言いながら幸せにやってるんです（yさん)」と語り，yさんが夫を「敵」と思う気持ちはトーン・ダウンしている。

主観的対等性の回復

　かつて，自分の仕事と同時に失ったと感じた夫との対等感は再就職によって取り戻すことができたのだろうか。夫とほぼ同じ収入を得るようになったことを背景に対等性を取り戻したと感じているnさんは次のように語る。

　nさん：私もきちんとした収入を得るようになったので。扶養に入っていると何となく食べさせてもらってるかのようで，じゃあ夫が倒れたらどうしよ

うというのがあったんですけど，今はもう自分で独立して。〔夫の〕扶養で
もないから自分で何となく地に足がついた生活というので，やはり気持ち的
にも強くなりますよね。

　しかし，多くの対象者は夫に並ぶ収入を得るには至っていない。調査時点で
生活の70％を夫に経済的に依存しているａさんは「いまでもまだその〔扶養さ
れているという〕意識はあります。喧嘩すると必ずそれが出てくるので，私が
もし夫と同程度の収入があれば同権なのに，ってね，よく思うんです」と語り，
職業を再開しただけでは夫と同等の立場で発言できないと感じている。ａさん
の発言は，夫婦の経済的地位の差が夫婦関係を規定する大きな力となっている
ことを示唆しており，「喧嘩すると必ずそれが出てくる」という発言から，収
入における夫婦のアンバランスは，夫の顕在的な権力行使を可能にしている点
も確認できる。
　ただし，職業を得たことによる影響は収入面だけではない。たとえば名刺を
もつ立場となったことが社会とのつながりの実感や自信の回復をもたらし，夫
婦関係にプラスの影響を与えていることについて，女性センターで事業の企画
などの仕事に就いているｍさんはこれまでの経験を次のように語った。

　ｍさん：〔夫は〕とにかく仕事が忙しい人なので，それは子どもが生まれる
前も生まれてからもそうなんですけど。残業がもう常にどかーって，11時12
時に帰ってくるような人なんですね。したがって平日は，結局，朝早くか夜
遅くしかいないので。土日に結構シェアしてくれて，平日は私が抱えなく
ちゃいけないぐらいな感じでしたね。いない者には頼めないっていうか。た
だ，本当に手のかかる子だったんで，これは自分が手伝わないと私がもたな
いってのはすぐ思ったみたいなので，よく面倒は見てくれて，夜中でも夜泣
きのとき抱っこしてくれたりとか。

　ｍさんは「自分の周りとの関係が〔夫の〕転勤ですっぱりと切られてしまった」なかで第1子を育て，第2子を出産した。育児が予想を超えて大変であったことと，転勤先の社宅での人間関係にうまくとけ込めなかったことが当時の記憶を「つらかった」ものにしている。夫は，多忙な仕事で時間的制約を受けつつも，孤立感を深めるｍさんに協力的であった。それでもｍさんは専業主婦という自分の立場を「対等でいきたいから結婚したはずなのに一方的にこっちが依存してるみたいな感じで，すごくいやだった」と振り返った。

　東京に戻ってから，ｍさんは就職活動を始めたがなかなか成果は得られなかった。39歳という年齢に焦りを感じるとともに，女性の生きにくさに疑問をもつようになったことがきっかけで，大学院に進み2年間社会学を学んだ。そこで学んだことが，現在の女性センターでの仕事につながっている。

　仕事を始めてから「うちはほんとうによく話をします。仕事の話を。よく聞いてくれる相手だなって感謝してるんですけど。ほんとに，こうつらかったこととかよかったこととか，今すっごくよく話をしていて。だからそういう意味ではほんと仕事してよかったな，と。（中略）自分として責任ある仕事をしているんだっていうことで，対等に話せるので（ｍさん）」と話しており，社会的な立場の獲得も夫との対等性を認識する重要な要素となっていることが認められる。

夫のまなざしの変化

　既出のｈさんは正社員としての再就職を果たした。結婚当時，妻は家にいることになるだろうと思っていた夫は妻の転身に「だまされた」と言いつつも，現状を受け入れている。

　ｈさん：私が言うのも何ですが，やはりお給料2つ，ダブルインカムっていうのも大きいのではないでしょうか。今月はもうお金がないわ，というのが

うちはないので。

　妻の再就職によって，家計収入は文字通り倍増した。このインパクトは大きく，「だまされた」ことについて夫からのクレームはない。ｈさんの場合は再就職が決まるとすぐに実家の近くに引越し，日常的に両親のサポートを受けられる環境を確保した。夫は，料理をしたりすることに抵抗がなく，子どもが生まれたころから毎日朝食の支度をするなど協力的である。ただし，夫には家事の負担を過剰に感じさせないようにしようとするｈさんの配慮も見られた。

　ｈさん：旦那のほうは思っているかもしれません，俺ばっかりとか。あるかもしれませんが，そこは〔そうならないように〕気をつけているのと，土日あったら土曜の午前中は彼に自由にしてもらう，私が土曜日出勤の時は無理なのですが，休みだったら私が家にいる。そうすると彼は，朝一番でジムに行って好きに体動かして，4〜5キロ走って，自分で食べたいもの買ってきてみんなでお昼食べるみたいな。その間に，私は掃除洗濯全部やっておく，そうして1週間の帳尻あわせてもらっています。

　家計の無視できない割合を妻が担うようになると，妻がその役割から降りることは夫にとって不都合である。その事実が夫をアンペイドワークに引き込む正当な理由となるのであるが，そこには夫が不公平感をもたないように，意識的に「帳尻をあわせる」妻の努力が見られた。
　ｙさん夫婦においては，妻の就業が明らかに夫の態度を変えさせた。かつてｙさんが自宅で高校生に英語を教えてわずかばかりの収入を得ていたときには，夫の機嫌を損ねないように細心の注意を怠らなかった。早めに夕食の支度をして夫の帰宅に備え，すぐに食べられるように別の部屋に並べておいていた。「でないと，吠えますから」とｙさんが言っていた夫である。

　ｙさん：今はだいぶ向こうも歳とともに折れてきたし，私も収入もあるので，大きなことはあまり言わなくなりました。〔収入があるのは〕大きいですね。子どもたちが大学に行くころは，私は学費は折半で出してました。他にも，家のローンの損失部分が1000万円あったんですけど，〔私が〕就職してから500万円貯めたお金を「どうだ」と出したら黙りました。妻が働くというのはこういうことかと，そのときやっと思ったんでしょう，きっと。

　攻撃的だった夫が黙ったのである。妻の収入が実際の生活のなかで力をもつようになると，夫の妻に対するまなざしもそれに伴って大きく変化していった。下の子どもが小学校に入学するのを機に，自宅で近所の子どもに英語を教える仕事を始めると夫に宣言したときのことを振り返って，ｙさんは次のように語った。

　ｙさん：〔働きたいと〕あのときに言い出さなかったら，きっと今でもずっと家のなかで掃除ばっかりしてたと思います。

　そのときからおよそ20年が経過して，ようやくｙさんは自信を取り戻し「敵も少しは考え方を変えたのかもしれない」と思っている。
　ｂさんの夫は，ｂさんより10歳ほど年齢が上である。念願の中学校教員として正規に採用されたｂさんは「今働けるのは，本当に主人のおかげで，今全部主人にやってもらってる状況」だという。再就職して２年目に入るが，この協力体制はずっと続いていて「〔夫は〕自分も頑張ってここまで協力しているのに，〔私に仕事を〕辞めるとか言われたら，ちょっとむっとするよね」というほどである。妻が安定した仕事に就いていることは，夫にとっても心強いものであり夫自身が仕事を辞めるという選択も考えられるようになる。

bさん：旦那のほうも仕事で一時期きつい時期とかもあって。で，どうしようかな仕事辞めようかなと悩んでいる時期もあったりしたんですね。……自分がやりたくない仕事を無理やりやったりするくらいだったら，仕事はやっぱり一番生活のなかで大きく時間的には占める割合だから，それが嫌だったらきついじゃん，だったらいいよ，別に辞めても，みたいな。

　妻の就業は，役割分業の境界線を夫と妻の双方から乗り越えるのに不可欠な，しかも強力な要因であることが確かめられた。

夫婦関係再構築における二極化

　第6章で取り上げたvさんは，専業主婦時代に夫に対して改めてほしい点を指摘した際に「だったら離婚しよう」と言われたことがある。「私びっくりしまして，何か改めようって言ったときに，うちの夫にしてみたら面倒くさいわけですね。それがずっと尾を引いて今でもだめですね。話し合いから〔家庭を〕作るんだっていうのは崩れましたよ。ずっと私は結婚生活に悩み続けました。それが何かしなきゃいけないと思う原点です」と語る。夫の態度は現在も依然として変わらないなかで，vさんが悩みを訴える相手は夫ではなく，公的機関などの電話相談であった。自分の思いを「私，吐いて，吐いて，吐いて。吐いてここまできた」という。vさんの場合は，再就職後も相変わらず夫とのあいだにお互いの気持ちが通うような回路はできていない。当然ながら，夫および夫婦関係そのものへの評価は低いままである。

　一方，関係の悪化から一時は別居に至ったこともあるlさんは，「本当に別れようって，土壇場のところまで行ったんですけれど。でも冷静に考えた」。離婚にむけて依頼していた自分の側の弁護士が，パイロットである夫の職業を蔑む言葉を発したときに，それに対して強い怒りを感じると同時に，自分のなかに夫への愛情がまだ残っていることに気づいたのがきっかけだった。

　突然妻に出て行かれて落ちこんでいた夫は，話し合いに応じることさえも拒んでいたが，ようやく機会を得て，Ｉさんは自分のつらかった思いを率直に夫に伝えた。話したがらない夫の思いも時間をかけて聞くうちに，ようやくお互いの気持ちがわかるようになり，再びやり直すことになったという。Ｉさんは，現在，目標だった臨床心理士の職についており，夫とほぼ同じ収入を得ている。夫の退職による生活の変化もあった。「その件〔危機〕があったので，今は私がこうやって働いてもサポートしてくれていますし，私のいろんなその日の愚痴とかを聞いてくれますし」と夫との現在の良好な関係を語る。こうした関係の修復には夫婦双方の気づきと日々の交渉プロセスが重要な鍵を握っており，その有無によって夫および夫婦関係に対する妻の評価は二極化する。

　ところで，こうした妻の心情の変化に対して，妻の側から見ると夫は無関心，無理解であるように見える。なぜだろうか。

　そこで考えられるのは，夫と妻の経験の違いである。妻が離職や再就職という大きな変化を経験したのに対して，夫は，こうした変化を何も経験していない。妻が仕事を辞めた後も共働き時代と同じように，あるいは，稼得責任が自分ひとりの肩にかかっている分，家族に対する責任感をより強くもって仕事に邁進している夫は，「今までどおり」なのである。しかも，妻が仕事を辞めるかどうかを妻の意思に任せたのだという点で，むしろ妻の気持ちを優先させた結果だとの思いもあるだろう。

　一方，立場が変化したのは妻だけである。妻は，先に見たように離職によって収入を代表とする多様なリソースを剥奪されたことにより，自尊感情は低下し，夫との対等感を失っていた。対等感を失ったことから，夫は自分の意見を言うのも遠慮するような相手になっていった。妻のこうした内面の変化は夫からは見えにくい。

　この点は，権力に注目すると理解できる。すなわち，権力経験は，被抑圧者が敏感に感じ取るものであり，抑圧者は往々にして痛痒を感じないため鈍感で

ある。特に，個人として妻を意図的に攻撃しているわけではなく，誠実に夫役割（＝稼得役割）を遂行しているつもりの夫は，妻との間にヒエラルキーが生じていることには気づきにくい。夫にしてみれば，性役割に従い，よき夫として期待に応えるべく日々の暮らしを支えていることの何が不満なのかとの思いをもつだろう。こうして夫が夫役割に邁進すればするほど，皮肉にも妻との心理的距離は広がっていく。妻からすれば，このずれが夫との溝を深め，夫婦関係を悪化させる原因となる。

　これに対して，妻が再スタートに向けた準備に取り組んでいるときに，夫がそれを後押ししてくれたと感じている妻は，自分が今の仕事に就けたのは夫の理解と協力のおかげであることを忘れてはいない。自分を支えてくれた相手に対する評価は当然高く，妻にとって夫との精神的な距離は近い。ｙさん流に表現すれば夫は「味方」なのである。

3　妻の再就職が意味するもの

マクロレベル――合理的判断の名の下になされるジェンダーの再生産

　共働きを経験した後に専業主婦となり，そこで味わった夫や夫婦関係に対するさまざまな思いは妻の次の行動を後押しする起爆剤となっていた。本章で見た妻たちの脱専業主婦の実践は，マクロなレベルでは何を意味するのだろうか。

　浸透した分業体制においては，変化を拒否する夫の発言は先のヒエラルキー構造を背景にして力をもつ。夫の収入が家計を支えるに足るもので，しかも安定している場合には，妻の再就職への意欲は，すでに確立した夫の分業領域を脅かさないという範囲でのみ，実現が許されるものであった。すなわち，夫はこれまでどおり稼得責任を果たす代わりに家事はしないという条件，そして妻は家事は夫に頼らないという条件の下で，外で働きたければ働いてもよいという「自由」が与えられている。

　一方，妻自身は子どもをもつことが自分の職業継続と対立することを自覚しているため，妊娠自体を喜べなかったと語ることもあったが，出産後は分業体制のなかで，母親役割を中心とした家庭責任を重要なものと位置づけている。子どもの発達の遅れや，交通事故，「手のかかる子」など子育ての苦労があっても，子どもをもったことの後悔や母親役割を否定する声は聞かれなかった。妻たちは，この家庭責任に支障をきたさないことを自らの行動枠組として設定し，再就職の際にもそれを重視するため，分業体制に不満や疑問があったとしても全面否定には至らない。したがって，夫と妻の間に引かれた分業の境界線をずらさないという条件，母親としての役割をおろそかにしないという条件，これらの間でいかにして自分の働きたい気持ちを実現させるかという三つ巴のせめぎあいのなかで，妻たちは前述のようにもがきながら出口を求めることになる。こうしたメカニズムによって，いったん性役割を受け入れた夫婦の分業体制は非常に変更されにくいものとなっている。したがって，再就職したとしても，結婚の初期にそうだったように正規雇用の職に就き，納得のいく収入を手に入れた人はきわめて少ない。象徴的なのは，チャンスがあったにもかかわらず正規雇用の教員になる道を選ばなかったｅさんの次のことばである。

　ｅさん：私が働こうと思ったときに，私はいつでも正解がほしいタイプなんですけど，結論は，正解はないと〔思いました〕。……一番いい方法っていうのはないということで，中途半端な方法を取ったわけですね。でも，私にとってはそれが最善でした。

　これはいったい何を意味するのか。重要なのは，対象者たちは家族を崩壊させなかったということである。ある時期夫に絶望しても，自分が精神的に辛い思いをしても，離婚やアルコール依存などいわゆる家族問題の範疇に入るような行動には出なかったのである。

斉藤茂男の『妻たちの思秋期』[(2)] (1993) は，1980年代，都市中流のサラリーマン家庭の妻たちを通して，現代資本主義社会の裏側を鋭く抉り出したとして，高い評価を得た。そこには仕事に打ち込む会社中心の夫と，夫に顧みられることなく不安と虚無感からアルコール依存へ向かう妻，外見は幸福そうにみえる家庭を振り捨てて出て行く妻が強いインパクトをもって描かれ，それによって，物質的な豊かさのかげにある現代のひずみや家族の内部崩壊が浮き彫りにされた。だが，上野千鶴子は同書の批評「『ふつうの女』が事件になった」のなかで，「アルコール依存症にもならず，自分を追い詰めることもせずに，何とか日々をやり過ごした多数派の適応者たちはいったいどうしているのだろう？」（上野 1993：291）と問うている。第6章，第7章で扱った調査対象者たちの専業主婦時代は，その年齢幅を反映して1970年代の半ばから2000年代にまで及んでおり，『妻たちの思秋期』が書かれた時代状況と完全に重なっているとはいえないが，この上野の問いに対する答えの一端を提示している。

　そして，この「中途半端な方法」によって，妻たちはそれまで社会のなかに占めていた中間層という相対的に安定した恵まれた位置に，家族という形を維持したままでとどまった。これは，大学生になる息子がcさんに対して「勝ち組じゃないか」と言ったように，明らかに既存の社会構造における利益である。現代の社会のなかで，夫や子どものいる暮らし，しかも「傍から見れば充実（jさん）」している暮らしを手放すことは，現在はもちろん将来的に考えてもあまりにもリスクが大きい。

　ところで，日本では，1960年代後半から1970年代半ばに向けて「主婦化」が顕著となったが，一方で，1970年代半ば以降は農業を中心とした家族従業者に代わって雇用者となる既婚女性が増加し，1990年代末には女性就業者全体の8割を雇用者が占めるのを後押しした。だが，この雇用者となった既婚女性の働き方は，おもにパート就労である。

　階層研究の立場からマクロな視点で女性の就業について論じた白波瀬佐和子

（2000）は，既婚女性のそうした働き方について次のように述べている。まず，階級は労働市場における地位を中心的な指標として決定される概念であり，伝統的な階級理論の枠組みでは，既婚女性は夫の就業上の地位をもってその社会的地位が代表されてきたわけであるが，増加しつつある，夫と異なる職業や仕事にパート労働者として就く既婚女性の階級構造上の地位をどのように決定していくべきか，ということが問題となった。そこで，家族や夫とは独立した妻個人としての立場で評価する「個人的アプローチ」，夫の階級を妻のものと見なす「伝統的アプローチ」，夫と妻の職業を，フルタイム，パートタイム就労の別などの基準から優位な方を決め，優位な方の階級を妻のものとする「優位者選択アプローチ」の3つのアプローチに沿って，1995年のSSM調査データを分析した。結果は，まず，「個人的アプローチ」と他の2つのアプローチによる違いが大きいこと，次に，「優位者選択アプローチ」は女性の就業状況から，階級決定者となるケースが少ないため「伝統的アプローチ」と類似のものとなった。すなわち，既婚女性の家庭外就労が増加しても，階級決定への実質的影響力はもたないということである。本章に取り上げた事例の多くもこれにあてはまる。

　こうした既婚女性の働き方について白波瀬は，きわめて安定的な「家族的戦略」の枠組みのなかで実現されたものであるという状況の反映と解釈している（白波瀬 2000：152-153）。従来の階級論の代表的な論者である J. Goldthorpe は「妻の就業のタイミングや継続期間と夫の階級は深く関係しており，家庭責任に大きく影響される」（Goldthorpe 1983：469）とした。

　ただし，それは皮肉にも，性役割に疑問をもつ妻たちにとって，まったく意図せざる作用を伴った利益である。第5章で，目に見えない権力が作用する要因には，ジェンダー・イデオロギーと同時に合理的判断の優位性があることを指摘した。この合理的判断とは，たとえば，収入の多い夫が仕事を辞めて子育てするよりも，もともと収入が夫より少なくしかも家事能力の高い妻がそうす

るほうが効率的だというように，当該社会のもつしくみのなかで合理的とされる基準をもとになされるものである。本章で見た対象者たちにも，この社会のなかで，何をすることが有利なのか，少なくとも何をすることが不利になるのか，という判断があったと考えられる。

　ｊさんは，リスクが高まるといわれる30歳以降の出産を回避するために，逆算して結婚相手を急いで探した。だが子どもが欲しいとは言っても，「とにかく未婚の母とかいうのは論外」であって，国立大学の工学部に入学した自分を「東大じゃなかったら大学じゃない」といって認めてくれなかった母親を「見返したかった」思いを実現させるためには「やっぱり賢いDNAが欲しかったです」とも語っている。これまでのそうした選択をｊさんは「戦略的に」やってきたという。その戦略を確かなものにするべく参照していたのが，社会にある合理的とされる基準である。その意味では，社会における自分の位置を客観的に把握していたともいえるだろう。

　だが，その社会はすでに固有のジェンダー編成を組み込んでいる。したがって，当該社会における合理性に適応するということは，必然的に既存のジェンダー構造の再生産に加担することになる。この点について主体的行為と構造に言及したGiddensは，規則に則した社会的実践は，社会システムを再生産させる（江原 2001：71）ことを指摘している。そして，江原が「『ジェンダー化された主体』が状況のなかで有利に行動しようとする選択自体が，行為の条件を再生産するような『性支配』の構造性を記述しうる」（江原 2001：iv）と述べているのはまさにこのことであろうと考えられる。

ミクロレベル──ジェンダー再編にむけた布石

　前項では妻の再就職が，既存のジェンダー構造の再生産に加担した点を指摘した。しかし，次世代となる子どもに対しては，ジェンダー編成の変容にむけた実践が行われていたことを記しておきたい。対象者は子どもに対して，女性

が職業を持ち続けることの重要性を子どもの性別にかかわらず日常生活を通して意識的に伝えている。ｖさんが娘の初節句に立ち雛を買って経済的自立を願ったエピソードは印象的であるが，他にも，娘より息子に対して意識的に家事をやらせるように仕向けたり，子どもの進学，就職，結婚などの将来に関わる重要な決定を要する場面では，ジェンダー・ニュートラルな人生が歩めるようなアドバイスを心がけている。とりわけ，娘に対しては，自分が実現できなかった反省から女性が仕事をもち続けられることが重要であると考えているために，教育に熱心である。

　専業主婦時代に味わった屈辱と空しさを克服しようと，必死で出口を模索する姿は子どもに語りかけるものがあった。ｃさんは，大学生の娘がミクシイに自分のことを書いていると友人が知らせてくれたときのことをこう語った。

　　ｃさん：〔私のことを〕尊敬してるって書いてあった。うれしかったです。その友達も，絶対見せなくちゃ，と思ってもって来てくれた。いろいろあったけど母は次から次へと乗り越えて次へ行ってるって。

　ｃさんにとっては，決して満足のいく再就職ではない。だが，そこに至るまでの姿を子どもは見ていたのである。

　ｙさんには孫がいる。育児休業からの復帰に悩んでいる娘に対して，「自分が孫を保育園に迎えに行って娘がピックアップに来るまで世話をするから早く復帰するように」と背中を押した。娘は新聞記者としての仕事にもどり「今はもう生き生きしています」と語った。「私はあんなみじめな気持ちを娘に味わわせたくない」との思いが，ｙさんにはある。

　これらは，親子というミクロレベルにおけるジェンダー再編に向けた布石といえるだろう。

妻が望む夫との関係

　分業体制の変更に向けたエネルギーは専業主婦時代の妻たちの内部に蓄積されており、「このまま終わらせない」「見返してやる」という思いが語られた。この点に注目したい。このことばに続く妻たちの一連の行動は、第5章で論じたKomterの権力論が、権力の行使を夫から妻へという一方向的なものとしてしかとらえていなかったことを気づかせてくれる。本調査から明らかになったことは、夫婦の間に働くのは一方向からの力だけではないということだ。妻はそれまでの主婦役割を完璧に遂行しつつ、したがって「夫に文句を言わせない」範囲で、じわじわと再就職へ向けて負のエネルギーを貯めこんでいった。それはまさに夫との平等化を求め失地回復に向けて力を蓄える雌伏の姿である。その過程で妻は徐々に自信を回復し、一定の満足を伴って夫との対等な関係に近づいた。そして、水面下でなされていた反撃は、ｙさんのように夫に「妻が働くとはこういうことか」と知らしめるという形で、ある日その姿をあらわし相手を黙らせる。そこには、まるでゲームの展開を思わせる駆け引きがあった。夫婦の間には生活のさまざまな場面でのネゴシエーションがあり、そこでは、常に夫からの一方的な権力行使が見られるわけではなく、妻からも、夫の力を押し返すような行動が見られ、それによって夫婦の関係もダイナミックに再構築されていく。ただし、妻が求めているのは夫を支配することではなく、夫に自分が同等の立場の人間であることを認めてもらいたい一点にある。

注
(1)　第4章で使用した調査研究データである。既述のように、この調査に筆者は調査メンバーとして参加した。データの使用に関しては、日本女子大学現代女性キャリア研究所所長の了解を得た。
(2)　初出は1982年に新聞の全国紙に連載記事を発表、本書はそれをまとめたものである。

ジェンダー・アレンジメント変革への内なる挑戦

1　縦断的アプローチから見えてきた夫婦の権力関係

　平均寿命の延びは，結婚のスタートからゴールまでの時間を大幅に拡大した。夫と妻の関係は，長期にわたる結婚生活のなかで果たしてどのような変遷をたどるのだろうか。夫婦関係，特に夫婦の平等な関係の編成に妻の就業が大きく関わることは，すでに先行研究から明らかである。それでは，結婚後に妻が就業状況の変化を迫られることの多い現代社会において，「働くこと」をめぐって夫婦間にいかなる相互行為が展開され，いかなる関係の変化が生じるのか。この問いに向けて本書は，夫婦を権力関係，時間，ジェンダーを分析枠組みとして取り組んできた。

　第3章「既婚女性の『経済的依存』の実態」では，欧米での「経済的依存」に関する研究に基づき，日本における夫婦の経済的依存度を算出しマクロなレベルで夫婦関係を把握した。夫婦を一体のものとしてとらえると，夫と妻という個人対個人の関係が見えにくくなる。ここに経済的依存度という指標を用いることによって，あえて個人の置かれた経済的立場を明確に浮かび上がらせようとするものである。既婚女性の就業は増加してきたが，1990年代においてそれが直ちにカップル内の女性の経済的依存度を低下させるには至っていないことがわかった。日本では，既婚者の就業は特にパート・アルバイトという雇用

形態においての増加が大半を占めていることがその理由であり，労働時間の短さと低賃金がその原因として指摘できる。結果はまた，アメリカやオランダの状況から見て経済的依存の程度がかなり高いことを示した。

第4章「『働くこと』と夫婦関係に関する意識」では，夫婦の対等な関係を築くことと働くことの関わりについて，25〜49歳の首都圏に住む短大・高専卒以上の女性の意識を探った。全体的に見ると，働くことは夫婦の対等な関係に影響しないと考える人が4割弱と多いが，そう考えない人，すなわち，働くことは夫婦の対等な関係に影響すると考える人は4割以上いる。そのうち，収入の影響を重視する人のほうが，働くこと自体を重視する人よりも多い。この傾向は，既婚女性の場合も同じである。

既婚女性についてさらに見ていくと，実際に仕事をして収入を得ている人ほど，収入を得ることや働くこと自体が夫婦の対等な関係を築くためには重要であると考えているが，また一方で，同じ考えをもっているにもかかわらず，実際に仕事に就いていない人や低収入の人が一部に存在していることが明らかになった。

この調査結果から，夫婦の対等な関係と働くことのかかわりについて，どのような立場の女性がどのような考えをもっているのかについての全体像と，おおよその分布をとらえることができた。しかし，従来の夫婦関係研究がそうであったように，横断的調査の限界として，夫婦関係のありようと実際の働き方の因果関係や，就業状況が変化したときにその考え方がどのように変わるのかという疑問は残される。

この点をさらに追及しようとしたのが，第5章以下の個別の事例を対象とした調査分析である。第5章「平等志向夫婦における妻の労働市場からの退出」では，夫婦関係が変化するきっかけとして第1子の出産に注目した。第1子の出産に伴って起こる妻の労働市場からの退出に，どのような権力が作用しているのかを明らかにするために，出産を間近に控えた夫と妻へのインタビュー調

査を行った。共働き時代には，夫と妻それぞれが家計を分担し，食事の準備や洗濯などの家事も2人のあいだで都合をつけながら行うことで，日常の生活が成り立っていた。現実には，この実践が必ずしも生産労働と再生産労働の全体量の2分の1ずつを正確に負担するものではなかったが，しかし，少なくとも意識のうえでは自分たちは「フィフティ・フィフティの関係」と認識することが可能であった。だが，多くの妻たちは，第1子の出産において，夫との対立を経験しないまま労働市場から退出する選択をしていた。この過程において，夫と妻の顕在的な対立は見られなかった。確認されたのは，妻の就業継続を阻害する社会的要因に対してのあきらめによる「潜在的権力」であり，母親が子どもをみるものだというジェンダー・イデオロギー，そして，収入の多い夫が就業を継続し，家事スキルの高い妻が家事・育児を担当することが合理的であるという判断に規定された「目に見えない権力」の作用であった。

　この選択で夫は，まず，自分の仕事は変わらないという決定を，妻の決定に先立って行っていた。したがって，妻の，仕事を辞めて子育てを引き受けるという決断は，夫の決定が終わったあとの残余部分での決定であったといえる。ここに，男女の間に決定に関わる序列があった。さらに，これらの作用が，平等を志向する夫婦において夫と妻がそれぞれ異なる役割に振り分けられるというミクロレベルの実践を促し，結果として社会全体のアンバランスなジェンダー・アレンジメントを作り上げていくというメカニズムが明らかになった。

　第6章「妻の離職と夫婦関係の変容」，第7章「妻の再就職と夫婦関係の再編」では，結婚後もしばらくは仕事を続けて共働きを経験し，その後出産や夫の転勤などによって離職して専業主婦となり，さらに，その後に何らかの仕事に就いた女性たちの，夫婦関係についての語りを分析した。有業から無業へという妻の就業状況の変化が夫婦の関係を変容させ，とりわけ妻から見た夫婦関係を大きく揺さぶるものであるということが明らかになった。

　妻にとって職業を手放すということは，共働き時代には認識することのな

かった夫との立場の違いを思い知らされるという経験であった。その違いとは，対等と認識していた二者関係から，夫が優位に，自分が劣位に変化したことを指す。なぜ夫婦関係にそうした変化が起こったと妻が認識したかといえば，共働き時代に妻がもっていた夫との対等感は，実は，自分が職業に就いていることのうえに成立していたものだからである。職業を失うことでこの対等性の基盤が剥奪された結果である。夫の妻に対する認識とは独立に妻自身がもつこの認識は，夫婦の親密性を危機に晒すことになる。

　この状況から脱け出そうと妻たちは「もがいた」。夫の抵抗や，自ら設定した母親役割に抵触しない範囲という枠との間で折り合いをつけ，どうにか職業と呼べるものに到達することで，夫婦関係は再び組み替えられていく。十分とは言えないまでも収入を得ること，および，仕事を通して得られる他者からの評価が妻の自信を回復させ，それが，夫と対等な立場に立つ自分をよみがえらせる。

　また，職業に就くことによって生活世界が広がることは，妻にとっての夫婦関係を相対化させその重要度を低下させる。しかし，根本的な問題として，夫に対する評価は，妻自身のなかでの気持ちの切り替えという一方的な対処によってではなく，夫との直接的な，場合によっては仕切りなおしをせまるような交渉を通してのみ再び高めることが可能となることがとらえられた。

　以上は，類型化された夫婦パターン間の一時点の比較によってではなく，関係の連続性に着目し夫婦関係のスタートから始まる変化のプロセスを通時的に把握することで初めて明らかにされた。過去に経験した夫婦関係が現在の夫婦関係を再帰的に規定してくることをデータは物語っているのである。

2　つくられた妻の「自由な選択」

　本書では，夫婦の権力関係の変容に焦点を当てて分析を進めてきた。そこか

らいえることは，既婚女性の就業行動を，本人の自由な意思決定の結果ととら
えられるべきではないということである。

　第5章では，「フィフティ・フィフティ」の夫婦関係でありたいと考え，共
働きをしてきた夫婦において，第1子の出産を契機に多くの妻が労働市場から
退出していくという事態を取り上げたが，そこでは，まず，妻が仕事を辞める
かどうかという重大な問題が，そもそも夫婦の間で相談すらされないまま決定
されていることがわかった。それは，夫婦ともに，夫の側は仕事を辞めないこ
とを前提にしているからである。さらに，子どもを育てながら就労する環境が
整っていない現実に対するあきらめや，母親が育児を担当することが当然であ
り，子どものためでもあるというジェンダー・イデオロギーと，収入の多い夫
が就業を継続し，家事スキルの高い妻が家事・育児を担当することがもっとも
効率がよいという合理的判断が作用して，「潜在的な権力」「目に見えない権
力」となって妻を労働市場から退出させるメカニズムが浮かび上がってきたの
である。

　また，第7章で取り上げた専業主婦から再就職を目指した女性たちにおいて
も，必ずしも自由な選択の結果として調査時の職業に就いていたわけではない
だろう。再就職は，妻自身が模索してようやくたどり着いた道である。しかし，
妻たちは夫婦関係に疑問や不満があったとはいえ，そもそも夫や子どもとの暮
らしを捨てて自分だけの新たな生き方を選びたいと思っていたわけではない。
むしろ，その暮らしを守るためにこそ，再就職という方法で自分自身に折り合
いをつけることで，行き詰まった夫婦関係に風穴をあける行動をとったとも解
釈できる。すでに受け入れた主婦役割・母親役割を放棄しないという前提で，
「中途半端な」働き方に甘んじるしかなかったのはそのためだろう。

　労働研究においては，男女の賃金格差の要因の1つに統計的差別があること
が指摘され（中馬・樋口 1997），それを作り出しているのは出産時の退職や
パート労働などに見られる女性の「選好」としての就業行動であると見る。し

かし，本書を通して見れば，女性の就業行動を単に「選好」あるいは「自由な選択」ととらえることがいかに表層的であるかがわかる。

　権力論に立って妻の就業行動を分析していくと，そこには，「自由な選択」とはいえない重層的な権力の作用を指摘しないわけにはいかないのである。しかも，妻たちの就業行動が，むしろ「選ばされた」結果であるにもかかわらず，決定に加わらなかった夫からは妻の「自由な選択」として解釈されてしまうため，離職したことの後悔や不満を妻が口にしたりすると夫からは「きみが辞めたんだよ」ということばによって，離職が妻自身の決断であり，したがってその責任は妻自身にあることが再確認され，妻の現状に対する異議が封じ込められていくというトリッキーなメカニズムも見られたのである。こうして妻の表向きの「自由な選択」は，実際には，男女非対称的なジェンダー・アレンジメントを存続させることに加担する働きをする。

3　「働くこと」の意味

　第6章，第7章で見たように，共働きを経験した後に専業主婦となり，さらにその後に再就職を果たした女性対象者たちを1つの「状況のカテゴリー」（Bertaux 1997＝2003）としてとらえた。この対象者たちの年齢は，30代前半から60代前半に及んでいる。ここには親子ほどの年齢差があり，当然，育った時代や結婚のスタート時期が異なっているため，それぞれの社会状況や価値観の違いを考慮して分析する必要がある。したがって，たとえば，男女雇用機会均等法が施行された1986年を境としてその前後の世代を区分して分析する方法もありえた。しかし，対象者が異なる社会背景をもっていたとしても，同じ経験をもつこと——ここでは「共働き⇒専業主婦⇒再就職」という就業上の変化を経験したこと——が何らかの共通の語りを生み出すことは十分考えられる。

　Bertaux（1997＝2003）の示す「状況のカテゴリー」は，共通の活動をもっ

てはいないが，同じ出来事の経験をもつという状況そのものが共通していると
いう対象を括る概念であり，「状況のカテゴリー」を対象としてそこから共通
の意味を引き出そうとするものであるため，本書の関心に合致したのである。

　それでは，本書が分析を進めてきたこの「状況のカテゴリー」のもつ経験は
何を意味していたのか。彼女たちは，共働き時代には夫と対等な関係を築くこ
とができたと認識していた。それは，主観的なものであったかもしれないが，
少なくともそのように認識できる基盤をもっていた。その基盤とは，夫婦それ
ぞれが，就業をとおして得る収入と社会的諸関係にほかならない。したがって，
妻の離職は，結果としてこの対等な夫婦関係の継続にストップをかけたことに
なる。離職によって，妻は夫に扶養される立場になる。それだけでなく，夫が
満足するか否かを自分の行動基準として採用するようになり，自分が夫の下位
に置かれていると認識するようになる。そして妻から見ると，共働き時代に
「並んでいた」と思っていた夫との関係は，「意見を言うのも躊躇してしま」う
関係へと変化していく。妻が夫と対等だと認識できていたのは，それを可能に
する基盤を自分ももっていたからであり，離職によってこれを失えば，もはや
自分が夫と対等であるとはいえないという考えに帰着するからである。

　ここで彼女たちが直面したものこそ，「近代家族」の矛盾そのものである。
すなわち，性役割を受け入れることと，夫婦の対等な関係は同時に成り立たな
いということである。それまでの職を手放し，専業主婦となって夫の稼ぎに
頼って生活する「近代家族」モデルを受け入れたとき，夫との対等な関係は崩
壊してしまうという事実を，彼女たちは職を失って初めて実感として知ること
になったのである。いうなれば，共働き後に専業主婦を経験した妻たちが味
わったのは，「気づきの不幸」である。なぜなら，この事態に気づくことは，
夫婦を親密性の危機に陥れることになるからである。

　Giddens（1992＝1995）に依拠すれば，夫婦において純粋な関係性とは，1
組の男女が互いに相手との結びつきを保つことから得られるもののために夫婦

という社会関係を結び，さらに互いに相手との結びつきを続けたいと思う十分な満足感を互いの関係が生み出していると見なす限りにおいて関係を続けていく，そうした状況を指すものであり，純粋な関係性は，夫婦という親密な関係性の重要な要素をなしている。

このとき，自由な，率直な意思の疎通が純粋な関係性の必須条件であり，その前提に，個人の自立が置かれている。そして，個人の生活の場における自立とは資源に裏打ちされたものと考えられている。つまり，資源に裏打ちされた個人の自立が確保されなければ，夫婦という親密な関係は成立しないということになる。

しかし，離職した妻たちが自立の基盤を失ったことを認識したからといって，夫との親密ではない関係を受け入れることは難しい。そうであるがゆえに，これらの夫婦が直面する問題の本質は非常に根深く，自らが抱える矛盾に引き裂かれている状態にあると指摘できる。すなわち，共働き時代に主観的ではあれ，夫と対等であると認識していることで純粋な関係性を築くことができた夫と妻において，妻が離職するということは，純粋な関係性の成立を可能にしていた足場を妻だけが失う，という事態が起こっているということである。この「気づき」から，妻が，自ら再び資源を獲得し純粋な関係性の基盤を取り戻せるかといえば，それを許す社会状況は整備されていない。それでは，資源を失いもはや純粋な関係性を築くことができないのであれば，「純粋ではない関係性」を受け入れられるのか。否である。これこそが前進も後退も阻まれた妻たちが置かれた窮地，「不幸」なのである。

しかも，これが夫婦関係に対する妻側の一方的な解釈であり，夫にその認識がないとしても，夫婦の危機が深刻であることに変わりはない。なぜなら，「純粋な関係性の示す特徴の1つは，いつの時点においてもいずれか一方のほぼ思うままに関係を終わらすことができる点にある」（Giddens 1992＝1995：204）のであって，どちらか一方でも自分たちの関係継続に疑問をもったり異

議を唱えることがあれば，その時点で他方がいかに継続を望んだとしても，もはや関係は継続しないのである。

　共働き時代に夫との間に対等な関係があったという記憶は，仕事を失った妻に，それとは異なる夫婦関係への変化を敏感に，しかも，重大なこととして感じ取らせた。だからこそ，彼女たちは，夫ひとりの収入で生活できる環境にあったにもかかわらず，「働くこと」を真剣に考えなければならなかった。これほどまでに「働くこと」を望み，そのことで苦しみ，戦わなければならなかったのは，この矛盾に満ちた夫婦の関係への抗いからであった。

　「働くこと」がこの矛盾の乗り越えのために不可欠であることは共働きの経験から学んでいた。だからこそ，この矛盾に気づいてしまった以上専業主婦であり続けることは受け入れがたく，わずかでもその解消に近づくためであれば，再生産労働との二重労働をもあえて受け入れた。

　ただし，彼女たちが再就職したといっても，既存の権力関係を覆すほどの役割シフトではないことを勘案すれば，性役割を否定したといえるわけではない。むしろ，既存の社会に適応する形で家族や自分を守ろうとするがゆえに，近代家族モデルを甘んじて受け入れるしかなかったといえるだろう。結果として見れば何ら表面的な変化をもたらさなかったと見える彼女たちの再就職行動であるが，実は，近代家族に埋め込まれた矛盾に満ちた夫婦関係に対する異議申し立てであり，主体性をもった挑戦であったということができないだろうか。

　さて，第 1 章では，日本に「近代家族」論が登場した1990年代半ばには，その10年ほど前から現れ出した家族をめぐる変化に対して関心が高まり，これを「近代家族」のゆらぎとしてとらえる論調が強まっていったことに言及した。家族をめぐる変化とは，未婚化，結婚しても子どもをもたない人の増加，高齢者の一人暮らしなどであり，典型的な「近代家族」モデルにあてはまらないこうした多様な現象が，「近代家族」の存続を危うくすると考えられたのである。

　それでは，「状況のカテゴリー」として注目した女性たち，すなわち，共働

きを経験した後に専業主婦となり，さらにその後に再就職を果たした女性たちは，「近代家族」とのかかわりからどのように意味づけることができるだろうか。

　この女性たちは，結婚の当初から専業主婦になったわけではない。性別役割分業を特徴とする「近代家族」から見ると，それはむしろ逸脱であったといってよい。だが，夫の転勤や出産などによって，それまでの職業から退き専業主婦となった。主婦役割，母親役割の受容である。まさに「近代家族」モデルにおさまったことになる。その後の再就職にあっては，いったん受け入れた主婦役割，母親役割を返上したわけではない。軸足は主婦役割，母親役割に置いたまま，生産労働へほんの一歩だけ足を踏み入れたにすぎない。それも再生産労働との二重労働を引き受けることで，生産労働へのアクセスが可能になったのである。したがって，彼女たちは結婚当初の逸脱した「近代家族」から，結局のところ「近代家族」に回収されたかに見える。

　しかも，第6章，第7章で見てきたように，彼女たちは，たとえば，離婚に踏み切ったり，自分がアルコールに依存したりという行動はとっていない。この意味でも，彼女たちは，形態的に見ても，対外的・対内的機能から見ても「近代家族」であり続けることで社会に適応したともいえる。

　だが，こうしたとらえ方は一面的である。「働くこと」をめぐる夫婦の相互行為に着目することで，本書が照らし出したのは，こうした一般的なとらえ方からは見落とされてきた夫婦関係の内実である。それは，夫婦関係が過去の夫婦関係に再帰的に規定されるものだという発見とつながっている。過去に，夫と対等な関係にありたいと思い，それが実現できたという認識をもった経験のある妻にとっては，夫と対等と思えない関係を継続することは苦痛である。この苦痛を解消するためには夫婦という関係そのものに終止符を打つか，それをしないためには，再び夫との対等な関係を手にいれるための行動が必要となる。それが，彼女たちにとっては，再就職であった。就業によって，夫との対等性

を確保するための基盤，すなわち，収入と多様な社会的諸関係を獲得するための行動である。一般に，平等化の流れは，これを後戻りさせることは不可能であり，それは夫婦という関係においても同様である。かりに，平等化を押し戻すような変化が起これば，夫婦の間においてもそれに対する抵抗感は大きく，再び平等化に向けた主体的な挑戦が繰り広げられるのである。こうした点から，彼女たちの行動を単純な「近代家族」への回帰と位置づけることは適当ではないといえる。「近代家族」をそのまま再生産しているかに見える彼女たちの経験は，実は，その水面下では「近代家族」のもつ矛盾を，自ら「働くこと」によって解消せねばならなかった止むに止まれぬ想いとその表現行動なのであり，この点を見なくては時代の変化を読み解くことは難しい。

　夫の家事・育児参加が夫婦の平等化には欠かせない。だが，どれほど夫が再生産労働を担うようになったとしても，妻が自ら生産労働に加わり夫との対等感をもてる基盤を整えなければ解決しない問題があるということではないか。女性が「働くこと」を見るという切り口はこのことを明らかにしたといえる。

　家族が今後どのように変化していくのかという問題は，家族研究にとっても重大な関心事である。これまでのところ，「ポスト近代家族」ということばは提示されているが，そのモデルが明確に示されているわけではない。本書をとおしていえることは，家族の変化はその形態や目立った行動だけに目を奪われるべきでなく，家族の深部で起こりつつある不可逆的な変化に目をむけて検討される必要があるということである。「近代家族」の矛盾に気づいた妻たちが「働くこと」に付与した意味とそれに基づいた行動は，その1つを示している。

4　1990年代以降の夫婦が直面する課題

　第6章，第7章で注目した「状況のカテゴリー」は，たしかに都市のサラリーマンを夫とする相対的に高学歴の，相対的に豊かな階層の女性たちであっ

た。だが，それを留保したとしても彼女たちの経験のもつ意味はこの特定の対象者だけに限定されるものではない。なぜなら，彼女たちと同じ経験を生み出す構造が，1990年代以降の既婚女性の働き方に見られるからであり，したがって，この「状況のカテゴリー」から得られた示唆を敷衍することが可能だからである。

　すでに見てきたように，1990年代は，それ以前の専業主婦がマジョリティだった時代から共働き主婦がマジョリティとなる時代への移行期と位置づけられる。それだけでなく，既婚女性の離職理由が，25〜34歳では1979年以降，全年齢では1997年以降，結婚から出産へ移行した。これは，結婚で離職する人は減少傾向にあるということであり，結婚後しばらくは共働きをする人が増加しているということである。この背景には，長引く経済不況による夫の収入の減少や雇用の流動化があり，妻の就業に対する期待はますます高まっている。しかし，1980年代後半以降の調査では，第1子の出産によって離職する人は，妊娠前に就業していた人の約60％にのぼり，改善の兆しはなかなか見えてこない（「平成27年版男女共同参画白書」）。

　したがって，子どもを産み育てながら仕事を継続することが可能な環境が整備されない限り，結婚の当初に共働きをし，その後出産・育児を理由に離職を余儀なくされる人は後を絶たない。これは，本書で「状況のカテゴリー」とした女性たちが「気づきの不幸」を経験したのと同じ道筋であり，「近代家族」の矛盾が露呈する環境といって差し支えない。この点において，一方で結婚のスタートから共働きを続ける夫婦にも多様なコンフリクトが存在していることを十分に認識しつつも，それとは位相の異なる重要な問題が妻のM字型就労に伴って生じているという事実を看過することはできないのである。重要なことは「気づきの不幸」は，女性たちの内なる変化を促しつつも，その「気づき」自体が「不幸」になるという社会状況が，未婚化や離婚の増加，子どもをもたない夫婦の出現など家族の形態に関わる変化への注目へと連なっていると考え

られる点にある。

　ここまで，本書で得られた知見と，それが既存研究に対していかなる意味を
もつのかについて考察してきたが，最後に，今後の課題について述べておきた
い。夫婦関係研究という以上，実際のカップルへの調査は欠かせないと考える
が，本書のなかでもそれを実現できたのはほんの一部にとどまっている。その
結果，実際にはかなりの部分は妻側（女性側）から見た夫婦関係を論じている
という偏りがある。特に，第6章，第7章で見た妻たちの経験を夫はいったい
どのようにとらえているのか，それを明らかにしなければ夫婦関係の全体像に
迫ったとはいえないだろう。夫にとって妻が「働くこと」はどのような意味を
もっているのか，夫婦のあいだで「働くこと」をめぐってどのような交渉があ
り，その結果どのような夫婦の関係が築かれてきたのか，これらを男性の側か
ら明らかにすること，これが今後の課題と考える。

引 用 文 献

赤川学, 2000, 「女性の階層的地位はどのように決まるか？」盛山和夫編『日本の階層システム 4』東京大学出版会, 47-63.

有賀喜左衛門, 1943, 『日本家族制度と小作制度』河出書房.

裵智恵, 2006, 「妻の就業と夫のディストレス——妻の就業に対する夫の意識と実態の一致・不一致から」『共同社会の到来とそれをめぐる葛藤——夫婦関係』SSJDA34：137-148.

中馬宏之・樋口美雄, 1997, 『労働経済学』岩波書店.

江原由美子, 1995, 「ジェンダーと社会理論」井上俊・上野千鶴子・大澤真幸・見田宗介・吉見俊哉編『ジェンダーの社会学』岩波書店, 29-60.

————, 2001, 『ジェンダー秩序』頸草書房.

藤枝澪子, 2002, 「ケイト・ミレット『性の政治学』」江原由美子・金井淑子編『フェミニズムの名著50』平凡社, 92-100.

古田睦美, 1997, 「マルクス主義フェミニズム——史的唯物論を再構築するフェミニズム」江原由美子・金井淑子編『フェミニズム』新曜社, 318-339.

布施晶子, 1980, 「共働き家族」望月崇・木村汎編『現代家族の危機』有斐閣, 131-164.

————, 1984, 『新しい家族の創造』青木書店.

原田尚, 1989, 「家族形態の変動」望月崇・目黒依子・石原邦雄編『リーディングス　日本の社会学 4　現代家族』東京大学出版会, 19-33.

原純輔編, 1993, 『SSM 職業分類（改訂版）』出版社不明.

原純輔・肥和野佳子, 1990, 「性別役割意識と主婦の地位評価」岡本秀雄・直井道子編『現代日本の階層構造　④女性と社会階層』東京大学出版会, 165-186.

原純輔・盛山和夫, 1999, 『社会階層』東京大学出版会.

平山順子・柏木惠子, 2001, 「中年期夫婦のコミュニケーション態度——夫と妻は異なるのか？」『発達心理学研究』12(3)：216-227.

広田照幸，1999，『日本人のしつけは衰退したか』講談社.

本田由紀，2008，『「家庭教育」の隘路』勁草書房.

ホーン川嶋瑤子，2000，「フェミニズム理論の現在——アメリカでの展開を中心に」
　　『ジェンダー研究』3：43-66.

伊田久美子，1997，「ラディカル・フェミニズム」江原由美子・金井淑子編『フェ
　　ミニズム』新曜社，15-36.

池岡義孝，2010，「日本の家族社会学は今——過去20年の回顧　戦後家族社会学の
　　展開とその現代的位相」『家族社会学研究』22(2)：141-153.

稲葉昭英，1999，「なぜ常雇女性のストレーンが高くないのか？」石原邦雄編『妻
　　たちの生活ストレスとサポート関係——家族・職業・ネットワーク』東京都立
　　大学都市研究所，29-51.

————，2002a，「家族と職業へのストレス論的アプローチ」『家族と職業：競合
　　と調整』ミネルヴァ書房，107-132.

————，2002b，「結婚とディストレス」『社会学評論』53(2)：214-229.

————，2004，「夫婦関係の発達的変化」渡辺秀樹・稲葉昭英・嶋﨑尚子編『現
　　代家族の構造と変容』東京大学出版会，261-276.

井上輝子，1995，『母性』岩波書店.

井上輝子，2012，「女性学と私——40年の歩みから」『和光大学現代人間学部紀要』
　　5：117-135.

井上輝子・江原由美子編，1999，『女性のデータブック　第3版』有斐閣.

————，2005，『女性のデータブック　第4版』有斐閣.

犬塚協太，2006a，「ポスト近代家族における性別分業規範の変容とその類型化
　　(1)」『国際関係・比較文化研究』4(2)：253-273.

————，2006b，「ポスト近代家族における性別分業規範の変容とその類型化
　　(2)」『国際関係・比較文化研究』5(1)：1-19.

石原邦雄，1985，『家族生活とストレス』垣内出版.

————，1992，「日本における家族社会学の確立と展開」『人文学報』233：61-79.

石井クンツ昌子，2004，「共働き家庭における男性の家事参加」渡邉秀樹・稲葉昭
　　英・嶋﨑尚子編『現代家族の構造と変容：全国家族調査［NFRJ98］による軽
　　量分析』東京大学出版会，201-214.

岩井紀子・稲葉昭英，2000，「家事をする夫，しない夫」盛山和夫編『家族・市
　　場・ジェンダー』東京大学出版会，193-216.

岩間暁子，2005，「女性の就労と夫婦の勢力関係」毎日新聞社人口問題調査会編『超少子化時代の家族意識』毎日新聞社，247-276.

————，2008，『女性の就業と家族のゆくえ』東京大学出版会.

岩田美香，2000，『現代社会の育児不安』家政教育社.

家計経済研究所編，1994，『消費生活に関するパネル調査　第1年度』大蔵省印刷局.

————，1995，『消費生活に関するパネル調査　第2年度』大蔵省印刷局.

————，1996，『消費生活に関するパネル調査　第3年度』大蔵省印刷局.

————，1997，『現代女性の暮らしと働き方　第4年度』大蔵省印刷局.

————，1998，『現代女性の暮らしと働き方　第5年度』大蔵省印刷局.

鎌田とし子，1999，「社会構造の変化とジェンダー関係——ダブルインカム家族の『世帯単位主義』からの離陸」鎌田とし子・矢澤澄子・木本喜美子編『講座社会学　ジェンダー』東京大学出版会，31-73.

上子武次，1975，「家族社会学の二つの課題」『社会学評論』25(4)：51-68.

————，1993，「結婚満足度の研究」森岡清美監修『家族社会学の展開』培風館，280-302.

賀茂義則，2001，「結婚満足感の日米比較」石原邦雄編『公開雇用データの活用による家族の国際比較の試み』平成8〜10年度文部科学省科学研究費報告書，78-90.

神原文子，2000，「家族社会学からみた家族危機」清水新二編『家族問題——危機と存続』ミネルヴァ書房.

柏木惠子，2003，『家族心理学』東京大学出版会.

柏木惠子・平山順子，2003，「結婚の"現実"と夫婦関係満足度との関連性——妻はなぜ不満か」『心理学研究』74(2)：122-130.

春日キスヨ，1997，「フェミニスト・エスノグラフの方法」井上俊・上野千鶴子・大澤真幸・見田宗介・吉見俊哉編『ジェンダーの社会学（岩波講座　現代社会学)』岩波書店，169-187.

片岡佳美，1997，「現代夫婦の勢力関係研究についての一考察——バーゲニング・モデルの提示」『家族社会学研究』9：57-66.

加藤邦子・石井クンツ昌子・牧野カツコ・土谷みち子，1998，「父親の育児参加を規定する要因——どのような条件が父親の育児参加を勧めるのか」『家庭教育研究所紀要』20：38-47.

川島武則，1948，『日本社会の家族的構成』日本評論社.

吉川徹，1998，「性別役割分業意識の形成要因——男女比較を中心に」尾嶋史章編
　　『ジェンダーと階層意識　1995年SSM調査シリーズ14』1995SSM調査研究会，
　　49-70.

木本喜美子，1995，『家族・ジェンダー・企業社会』ミネルヴァ書房.

木村清美，2000，「家計の中の夫婦関係」善積京子編『シリーズ〈家族はいま〉結
　　婚とパートナー関係——問い直される夫婦』ミネルヴァ書房，168-190.

————，2004，「家計内の経済関係と夫婦関係満足度」『季刊家計経済研究』64：
　　26-34.

木村邦博，1998，「既婚女性の学歴・就業形態と性別役割意識」尾嶋史章編『ジェ
　　ンダーと階層意識』（1995年SSM調査シリーズ14）1995年SSM調査研究会，
　　23-48.

杵渕幸子，1993，『ワーキングウーマン症候群』大月書店.

木下栄二，2004，「結婚満足度を規定するもの」渡辺秀樹・稲葉昭英・嶋﨑尚子編
　　『現代家族の構造と変容』東京大学出版会，277-291.

小玉亮子，2010，「日本の家族社会学は今——過去20年の回顧〈教育と家族〉研究
　　の展開——近代的子ども観・近代家族・近代教育の再考を軸として」『家族社
　　会学研究』22(2)：154-164.

菰渕緑，1991，「夫婦の勢力構造に関する理論枠組み——研究史に見る問題点の考
　　察を中心として」『社会問題研究』41(1・2)：205-220.

————，1992，「『夫婦の勢力構造』再考——測定・分析に向けて」『社会問題研
　　究』42(1)：19-36.

厚生労働省，2002，「第1回21世紀出生児縦断調査の概況」（2006年4月15日取得，
　　http://www.mhlw.go.jp/toukei/saikin/hw/syusseiji/01/）.

————，2004，「保育所の状況（平成16年4月1日）等について」（2007年3月24
　　日取得，http://www.mhlw.go.jp/topics）.

————，2014，「平成25年我が国の人口動態統計」（2015年12月5日取得，http:
　　//www.mhlw.go.jp/toukei/list/dl/81-1a2.pdf#search='%E4%BA%BA%E5%8F
　　%A3%E5%8B%95%E6%85%8B%E7%B5%B1%E8%A8%88+2013'）.

小山静子，1991，『良妻賢母という規範』勁草書房.

増田光吉，1965，「現代都市家族における夫婦および姑の勢力構造——神戸市の場
　　合」『文学界論集』甲南大学，27(5)：49-66.

————, 1972, 「勢力関係」森岡清美編『社会学講座第3巻　家族社会学』東京大学出版会, 84-100.

松田茂樹, 2000, 「夫の家事・育児参加の規定要因」『年報社会学論集』13: 134-145.

————, 2006, 「近年における父親の家事・育児参加の水準と規定要因の変化」『季刊家計経済研究』71: 45-53.

松信ひろみ, 1995, 「二人キャリア夫婦における役割関係」『家族社会学研究』7: 47-56.

————, 2002, 「夫婦の勢力関係再考——勢力過程への着目とフェミニスト的視点の導入」『新潟ジェンダー研究』4: 31-46.

目黒依子, 1988, 「家族理論におけるジェンダーとパワー」『社会学評論』39(3): 238-249.

————, 1998, 『個人化する家族』勁草書房.

見田宗介, 1979, 『現代社会の社会意識』弘文堂.

水落正明, 2007, 「夫婦間で仕事と家事の交換は可能か」永井暁子・松田茂樹編『対等な夫婦は幸せか』勁草書房, 47-61.

望月崇, 1987, 「概説　日本の社会学　現代家族」望月崇・目黒依子・石原邦雄辺『リーディングス　日本の社会学4　現代家族』東京大学出版会, 3-14.

森岡清美編, 1972, 『社会学講座第3巻　家族社会学』東京大学出版会.

森岡清美・望月崇編, 1983, 『新しい家族社会学』培風館.

森岡清美・青井和夫編, 1985, 『ライフコースと世代——現代家族論再考』垣内出版.

————, 1987, 『現代日本人のライフコース』日本学術振興会.

牟田和恵, 1996, 『戦略としての家族』新曜社.

永井暁子, 2001, 「父親の家事・育児遂行の要因と子どもの家事参加への影響」『季刊家庭経済研究』49: 44-53.

————, 2005, 「結婚生活の経過による妻の夫婦関係満足度の変化」『季刊　家計経済研究』66: 76-81.

長津美代子, 1991, 「共働き夫婦における第一子出生にともなう対処——常雇と自営の場合」『日本家政学雑誌』42(2): 127-139.

内閣府, 2002, 「平成13年度国民生活選好度調査」. (2013年11月15日取得, http://www5.cao.go.jp/seikatsu/senkoudo/h13/).

―――――, 2006,「平成18年版国民生活白書のあらまし」（2007年3月24日取得, http://www.gov-online.go.jp/publicity/book/kanpo-shiryo/2006/060927/siry 0927.htm）.

―――――, 2009,「男女共同参画社会に関する世論調査」（2014年8月2日取得, http://www8.cao.go.jp/survey/h21/h21-danjo/index.html）.

―――――, 2015,「平成27年版男女共同参画白書」（2015年8月5日取得, http://www.gender.go.jp/about_danjo/whitepaper/h27/zentai/index.html）.

日本女子大学現代女性キャリア研究所, 2008『私たちはどのようにしてセカンドチャンスをつかんだのか？――女性の再挑戦30の事例』日本女子大学現代女性キャリア研究所.

―――――, 2013,『「女性とキャリアに関する調査」報告書』2011～2015年度文部科学省私立大学戦略的基盤形成支援事業研究成果報告書（中間報告）, 日本女子大学現代女性キャリア研究所.

西川祐子, 2000,『近代国家と家族モデル』吉川弘文館.

―――――, 2003,「ポスト近代家族とニュータウンの現在」『思想』岩波書店, 955：237-260.

西村純子, 2001,「女性の就業と家族生活ストレーン――女性の就業は誰の利益か？」『哲学』慶應義塾大学, 106：1-29.

―――――, 2009,『ポスト育児期の女性と働き方』慶應義塾大学出版会.

西岡八郎, 2004,「男性の家庭役割とジェンダー・システム」目黒依子・西岡八郎編『少子化のジェンダー分析』勁草書房, 174-194.

野尻依子, 1974,「現代社会の社会的ネットワーク」『社会学評論』25(2)：37-48.

落合恵美子, 1989,『近代家族とフェミニズム』勁草書房.

―――――, 1994,『21世紀家族へ――家族の戦後体制の見かた・超えかた』有斐閣.

―――――, 2000,『近代家族の曲がり角』角川書店.

小笠原祐子, 2005,「有償労働の意味――共働き夫婦の生計維持分担意識の分析」『社会学評論』56(1)：165-181.

岡村清子, 1996,「主婦の就労と性別役割分業」野々山久也・袖井孝子・篠崎正美編『いま家族に何が起こっているのか』ミネルヴァ書房, 91-117.

岡村清子・長津美代子・細江容子, 1996,「夫婦関係研究のレビューと課題――1970年以降の実証研究を中心に」野々山久也・袖井孝子・篠崎正美編『いま家族に何が起こっているのか』ミネルヴァ書房, 159-186.

尾嶋史章, 1998, 「女性の性別役割意識の変動とその要因」『ジェンダーと階層意識 1995年 SSM 調査シリーズ14』1995年 SSM 調査研究会, 1-22.

斉藤茂男, 1993, 『妻たちの思秋期』岩波書店.

酒井計史, 2006, 「育児期における男性の家事・育児分担——分担の現状と男性の家事・育児分担を促進するための課題」労働政策研究・研修機構『仕事と生活の両立——育児・介護を中心に』労働政策研究報告書, 64：126-144.

桜井厚, 2005, 「ライフストーリー・インタビューをはじめる」桜井厚・小林多寿子編『ライフストーリー・インタビュー』せりか書房, 11-55.

三具淳子, 2002, 「カップルにおける『経済的依存』の数値化——欧米の研究動向と日本における分析」『家族社会学研究』14(1)：37-48.

————, 2007, 「妻の就業決定プロセスにおける権力作用」『社会学評論』58 (3)：305-324.

————, 2010a, 「職業中断という経験の諸相とセカンドチャンス——インタビュー調査より」『日本女子大学総合研究所紀要』13：218-233.

————, 2010b, 「セカンドチャンス事例応募者にみる資格取得の状況」『日本女子大学総合研究所紀要』13：189-217.

————, 2015, 「初職継続の隘路」岩田正美・大沢真知子・日本女子大学現代女性キャリア研究所編『なぜ女性は仕事を辞めるのか——5155人の軌跡から読み解く』青弓社, 51-89.

沢山美果子, 1990, 「教育家族の成立」中内敏夫他編『〈教育〉——誕生と周縁』藤原書店, 108-131.

盛山和夫, 2000, 『権力』東京大学出版会.

千田有紀, 2011, 『日本型近代家族——どこから来てどこへ行くのか』勁草書房.

嶋﨑尚子, 2005, 「家族に関する意識」『第 2 回家族についての全国調査 (NFRJ03) 第 1 次報告書』日本家族社会学会全国家族調査委員会, 175-192.

————, 2006, 「男性の性別役割分業意識——家族関係・家族経験による形成過程」西野理子・稲葉昭英・嶋﨑尚子編『第 2 回家族についての全国調査 (NFRJ03) 第 2 次報告書 No.1 夫婦・世帯・ライフコース』日本家族社会学会全国家族調査委員会, 125-137.

清水浩昭, 1985, 「家族形態の地域性」『人口問題研究』176：33-37.

白波瀬佐和子, 2000, 「女性の就業と階級構造」盛山和夫編『日本の階層システム 4 ジェンダー・市場・家族』東京大学出版会, 133-155.

庄司洋子，1986，「性別分業論の検討」布施晶子・清水民子・橋本宏子編『現代の夫婦』青木書店，182-212.

袖井孝子・直井道子編，1983，『中高年女性学』垣内出版，195-249.

袖井孝子・岡村清子・長津美代子・三善勝代，1993，『共働き家族』家政教育社.

総務省，2013，「平成24年就業構造基本調査　結果の概要」（2015年12月 2 日取得，http://www.stat.go.jp/data/shugyou/2012/pdf/kgaiyou.pdf#search='%E5%B9%B3%E6%88%9024%E5%B9%B4%E7%89%88%E5%B0%B1%E6%A5%AD%E6%A7%8B%E9%80%A0%E5%9F%BA%E6%9C%AC%E8%AA%BF%E6%9F%BB+%E7%B5%90%E6%9E%9C%E3%81%AE%E6%A6%82%E8%A6%81').

総務庁統計局，『家計調査年報』

―――，『労働力調査』

総理府，1992，『男女平等に関する世論調査』.

―――，1997，『男女共同参画社会に関する世論調査』.

末盛慶，2001，「妻の就業と夫婦関係満足度――「専業主婦」の多元化に向けて」石原邦雄編『公開個票データの活用による家族の国際比較の試み』平成 8 ～10年度科学研究費報告書，91-106.

―――，2002，「母親の就業は子どもに影響を及ぼすのか」『家族社会学研究』13(2)：103-12.

鈴木栄太郎，1940，『日本農村社会学原理』時潮社.

竹中恵美子，2011，『竹中恵美子著作集第Ⅶ巻　現代フェミニズムと労働論』明石書店.

田中重人，2000，「性別分業を維持してきたもの」盛山和夫編『日本の階層システム 4　ジェンダー・市場・家族』東京大学出版会，93-110.

立岩真也，2006，「家族・性・市場」『現代思想』青土社，34(5)：8-19.

戸田貞三，1937，『家族構成』弘文堂.

上野千鶴子，1993，「『ふつうの女』が事件になった」斉藤茂男『妻たちの思秋期』岩波書店，273-291.

―――，1994，『近代家族の成立と終焉』岩波書店.

―――，1995，「差異の政治学」井上俊・上野千鶴子・大澤真幸・見田宗介・吉見俊哉編『ジェンダーの社会学』岩波書店，1-26.

渡辺美知，1977，「家族勢力研究の意義と限界」『家政学研究』24(1)：58-63.

渡辺深，1980，「夫婦間の勢力関係についての試論――勢力―依存理論とネット

ワーク分析の適用」『家族研究年報』6：29-41.

─────，1988，「欧米における夫婦間の勢力と安定性──妻の就業の影響」『家族研究年報』14：31-43.

渡邉吉利，1989，「二つの時点間の世帯類型変化」『人口問題研究』189：31-41.

山田昌弘，1994，『近代家族のゆくえ』新曜社.

─────，2001，『家族というリスク』勁草書房.

山西裕美，1991，「日本における『核家族化』について──核家族主義の再検討」『年報人間科学』大阪大学人間科学部，12：117-133.

山手茂，1969，「140　近代家族における夫婦関係の特徴は，どういうところにあるか」塩原勉・松原治郎・大橋幸ほか編『社会学の基礎知識』有斐閣，148.

大和礼子，1995，「性別役割分業意識の二つの次元──『性による役割振り分け』と『愛による再生産役割』」『ソシオロジ』40(1)：109-126.

吉原令子，2013，『アメリカの第二波フェミニズム──1960年代から現在まで』ドメス出版.

善積京子・高橋美恵子，2000，「夫婦の権力関係の日本・スウェーデン比較研究」『追手門学院大学人間学部紀要』9：57-79.

湯澤雍彦・鈴木敏子，1973，「漁村家族における権威構造とその規定要因──志摩漁村安乗の場合」『家政学雑誌』24(3)：61-69.

(財) 兵庫県長寿社会研究機構家族問題研究所，1998，『夫婦の勢力関係に関する調査研究報告書』兵庫県.

Ahrne, G. & C. Roman, 1997, *Hemmet, barnen och makten: Forhandlinger om arbete och pengar i familjen, Rapport till Utredningen om fordelningen av ekonomisk makt och ekonomiska resurser mellan kvinnor ovh man*, SOU 1997: 139.（＝日本・スウェーデン家族比較研究会／友子・ハンソン訳，2001，『家族に潜む権力──スウェーデン平等社会の理想と現実』青木書店.）

Arber, S. & J. Ginn, 1995, "The mirage of gender equality: occupational success in the labour market and within marriage," *British Journal of Sociology*, 46(1): 21-43.

Ariès, P., 1960, *L'enfant et la vie familiale sous l'Ancien Régime*, Paris: Éditions du Seuil.（＝杉山光信・杉山恵美子訳，1980，『〈子供〉の誕生──アンシャン・レジーム期の子供と家庭生活』みすず書房.）

Badinter, E., 1980, *L'amour en plus: histoire de l'amour maternel, XVIIe-XXe siècle*.
（＝鈴木晶訳，1998，『母性という神話』筑摩書房.）

Becker, G., 1974, "Theory of Marriage," T. W. Schults ed., *Economics of the Family*,
Chicago: University of Chicago Press: 299-351.

Belsky, J. & K. John, 1994, *The Transition to Parenthood*, Delacorte Press, Bantam
Doubleday Dell Publishing Group, Inc., New York.（＝安次嶺佳子訳，1995，
『子供をもつと夫婦に何が起こるか』草思社.）

Berkel, M. & D. Graaf, 1998, "Married Women's Economic Dependency in the
Netherlands, 1979-1991," *British Journal of Sociology*, 49(1): 97-117.

Bertaux, D., 1997, *Les Récits de vie: Perspective Ethnosociologique*, NATHAN, Paris.
（＝小林多寿子訳，2003，『ライフストーリー——エスノ社会学的パースペク
ティブ』ミネルヴァ書房.）

Blood, R. & D. Wolfe, 1960, *Husbands and Wives: The dynamics of married living*,
Westpoint: Greenwood Press.

Blumstein, P., & P. Schwartz, 1984, *American Couples, Money, Work and Sex*, New
York: Pocket Books.

Brines, J., 1994, "Economic Dependency, Gender, and the Division of Labor at
Home," *American Journal of Sociology*, 100(3): 652-688.

Burgess, E. & H. Locke, 1945, *The Family from Institution to Companionship*,
Oxford, England: American Book Co.

Chodrow, N. 1978, *The Reproduction of Mothering: Psychoanalysis and the sociology
of Gender*, Berkeley & London: The University of California Press.（＝大塚光
子・大内菅子訳，1981，『母親業の再生産——性差別の心理，社会的基盤』新
曜社.）

Connell, R. W., 1987, *Gender and Power*, Oxford, England: Basil Blackwell Ltd.（＝
森重雄・菊地栄治・加藤隆雄・越智康詞訳，1993，『ジェンダーと権力——セ
クシュアリティの社会学』三交社.）

————, 2002, *Gender*, Cambridge: Polity Press.

Dalla Costa, M., 1986.（＝伊田久美子・伊藤公雄訳，1986，『家事労働に賃金を——
フェミニズムの新たな展望』インパクト出版会.）（本書は，イタリアにおいて
出版された書籍の翻訳ではない。1970年代〜80年代の論文を，筆者自身が選
択・編集した全く独自の日本語版論集である。）

Delphy, C., 1977, The Main Enemy: *A Materialist Analysis of Women's Oppression*, London: Women's Research and Resources Centre.（＝井上たか子・加藤康子・杉藤雅子訳，1996，『なにが女性の主要な敵なのか——ラディカル・唯物論的分析』勁草書房.）

Firestone, Shulamith, 1970, *The Dialectic of Sex: The Case for Feminist Revolution*, New York: William Morrow & Company, Inc.（＝林弘子訳，1972，『性の弁証法』評論社.）

Friedan, B., 1963, *The Feminine Mystique*, New York: Norton.（＝三浦冨美子訳，1965，『新しい女性の創造』大和書房.）

Forte J., D. Franks, J. Forte, & D. Rigsby, 1996, "Asymmetrical Role-Taking: Comparing Battered and Nonbattered Women," *Social Work*, 41(1): 59-73.

Giddens, A., 1992, *The Transformation of Intimacy: Sexuality, Love and Eroticism in Modern Societies*, Polity Press.（＝松尾精文・松川昭子訳，1995，『親密性の変容——近代社会に置けるセクシュアリティ，愛情，エロティシズム』而立書房.）

Goldthorpe, J., 1983, "Women and class Analysis: In Defense of the Conventional View," *Sociology*, 17(4): 465-488.

Good, W., 1963, *World Revolution and Family Patterns*, New York: Free Press.

Gramsci, A., 1971, *Selections from the Prison Notebooks of Antonio Gramsci*, Hoare, Q. & G. Nowell-Smith eds. & trs., London: Lawrence & Wishart.

Hartman, H., 1976, "Capitalism, Patriarchy and Job Segregation by sex," *Signs*: Journal of Women in Culture and Society 1, No. 3, Part 2: 137-169.

Hochschild, A., 1989, *The Second Shift*, New York: Viking Penguin.（＝田中和子訳，1990，『セカンド・シフト』朝日新聞社.）

Hood, J., 1983, *Becoming a Two-Job Family*, New York: Praeger.

Komter, A., 1989, "Hidden Power in Marriage," *Gender and Society*, 3(2): 187-216.

————, 1991, "Gender, Power and Feminist Theory," K. Davis, M. Leijenaar & J. Oldersma des., *The Gender of Power*, London: Sage, 42-62.

Lukes, S., 1974, *Power: A Radical View*, London: New York: MacMillan.（＝1995，中島吉弘訳『現代権力論批判』未來社.）

Lupri, E., 1983, "The Changing Position of Women and Men in Comparative Perspective," Lupri. ed., *The Changing Position of Women in Family and*

Society, E. J. Brill,

Millet, Kate, 1970, *Sexual Politics*, Doubleday & Company Inc., New York, N.Y.（＝藤枝澪子・横山貞子・加地永都子・滝沢海南子訳，1973，『性の政治学』自由国民社.）

Mitchell, Juliet, 1971, *Woman's Estate*, Harmonds worth: Penguin.（＝佐野健治訳，1973，『女性論——生徒社会主義』合同出版.）

Murdock, G., 1949, *Social Structure*, New York: MacMillan.（＝内藤莞爾訳，1986，『社会構造——核家族の社会人類学』新泉社.）

Oakley, A., 1972, *Sex, Gender and Society*, London: Harper Colophon Books.

————, 1974, *Woman's Work: The Housewife Past and Present*, New York: Pantheon Book.（＝岡島芽花訳，1986，『主婦の誕生』三省堂.）

Office for National Service, 1988, 1989, 1990, "The General Household Survey".

Parsons, T. & Bales, R., 1955, *Family, Socialization and Interaction Process*, New York: Free Press.（＝橋爪貞雄・高木正太郎・山村賢明・溝口謙三・武藤孝典訳，1981，『家族』黎明書店.）

Paul, J., 1989, *Money and Marriage*, Frances Kelly Agency.（＝室住真麻子・木村清美・御船美智子訳，1994，『マネー＆マリッジ』ミネルヴァ書房.）

Reinharz, S., 1992, *Feminist Methods in Social Reserch*, Oxford University Press.

Russell, D. E. H., 1982, *Rape in Marriage*, New York: MacMillan.

Scanzoni, J. & M. Szinovacz, 1980, *Family Decision-Making: a Developmental Sex Role Model*, Beverly Hills CA: Sage.

Schewndinger, J. & H. Schewndinger, 1983, *Rape and Inequality*, Sage Library of Social Research, 148.

Shorter, E. 1975, *The Making of the Modern Family*, New York: Basic Books.（＝田中俊宏他訳，1987，『近代家族の形成』昭和堂.）

Smith, J., 1984, "The Paradox of Women's Poverty: Wage-earning Women and Economic Transformation," *Signs*, 10: 291-310.

Sokoloff, Natalie. 1980, *Between Money and Love*, New York: Praeger（＝江原由美子・岩田知子・竹中千香子・藤崎宏子・紙谷雅子訳，1987，『お金と愛情の間』勁草書房.）

Sorensen, A. & S. McLanahan, 1987, "Married Women's Economic Dependency, 1940-1980," *American Journal of Sociology*, 93(3): 659-687.

Tichenor, V., 1999, "Status and Income as Gendered Resources: The Case of Marital Power," *Journal of Marriage and the Family*, 61(August): 638-650.

Ueno, C., 1987, "The Position of Japanese Women Reconsidered," *Current Anthropology*, 28(4): 75-84.

U.S. Census Bureau, 2003, "2003 Statistical Abstract of the U.S.," http://www.census.gov/prod/2004pubs/03statab/vitstat.pdf（2008年5月8日取得).

Young, I., 1981, "Beyond the Unhappy Marriage: A Critique of the Dual Systems Theory," Lydia Sargent ed. *Women and Revolution*, South End Press: 43-70.

Walker, Rebecca, 1992, "Becoming the Third Wave," *Ms.*, Jan／Feb, 39-41.

Ward,C., Dale,A. & H. Joshi, 1996, "Income Dependency within Couples," Morris, L. & E. Lyon, (ed.), *Gender Relations in Public and Private*, New York: MacMillan Press Ltd: 95-120.

Weber, M., 1922, *Wirtschaft und Gesellschaft.*（＝清水幾太郎訳, 1972, 『社会学の根本概念』岩波書店.）

あ と が き

　私が大学を卒業した1970年代半ばは専業主婦がもっとも多い年であったが，仕事を継続することを当然と考えていた私は，先駆的に育児休業制度を取り入れていた企業に就職した。その後結婚し，出産後は予定通り育児休業を取り復帰に備えていたが，さまざまな事情により，結局，復帰は果たせず就職からおよそ5年で退職となった。このことが，1つは自分自身の挫折として，1つはこの制度を利用しようとする女性を不利にしたのではないかという思いとして，永く頭から離れなかった。

　それから専業主婦として暮らした約20年間は，忙しくも必要とされる存在であることを実感するしあわせな時間であったが，一方で，社会のなかでいったい私は何をしていることになるのか，家族は，そのなかの夫や妻は社会的にどのように位置づけられているのか，なぜ夫と妻は異なる世界を生きることになるのかなど，湧いてくる疑問に自問自答する時間でもあった。

　これらの疑問が学問としてどのように扱われているのかを確かめたいと考えたことが，無謀にも40代半ばになって大学院に進んだ理由である。思いだけでアカデミックな世界に飛び込んだ「晩学」の徒は，学問的基礎がないだけでなく，この世界で期待される振る舞いも身に付けておらず，諸先生方や院生の方々を大いに困惑させたことと思う。今振り返ると冷や汗が出る。

　立教大学大学院でご指導いただいた庄司洋子先生には，もっとも基本となる社会学的なものの見方を教えていただいたと同時に，女性が社会のなかで仕事をしていくことの意味を，ご自身の日常をとおして教えていただいた。庄司先生は，私が修士課程修了後に一橋大学大学院に移った後も，いくつかの調査研

究プロジェクトで社会調査を一から勉強する機会を与えてくださるなど，細やかにご配慮くださった。その経験が，現在の仕事でも大いに役立っている。

博士課程は一橋大学大学院で木本喜美子先生，久富善之先生にご指導いただいた。研究課題を絞り込めず迷走する私を，寛大にも見守っていただいたことに感謝したい。結局のところは，自分で切り開いていかなければ前に進めないということを学んだ貴重な時間であったと思っている。

博士課程を単位取得退学後，2008年度からは，日本女子大学現代女性キャリア研究所で客員研究員として研究活動に参加させていただいている。初代所長の岩田正美先生は博士論文の執筆を励ましてくださり，研究所が実施した調査データの使用を許可してくださった。これらの調査データに取り組むことをとおして博士論文の方向が明確になった。大きなチャンスをいただいたことに感謝申し上げたい。

同研究所の現所長である大沢真知子先生からは，いつも新鮮な学問上の刺激とそれに向かうエネルギーをいただいている。大沢先生が専門とされる労働経済学の研究は，内向きになりそうな私の視野を広げるのに役立っている。

これらの先生方だけでなく，大学院のゼミや研究会をとおして，研究面でも精神面でも多くの方々に支えていただいた。なかでも博士課程在学中にお世話になった宮下さおりさん（現名古屋市立大学），駒川智子さん（現北海道大学），萩原久美子さん（現下関市立大学），石井香江さん（現同志社大学），石黒久仁子さん（現東京国際大学）からは，何よりもそれぞれの真摯な研究姿勢を学ばせていただいたと思う。また，研究を前に進められない私を激励し，多くの示唆で助けていただいたことは忘れられない。

本書は，2013年5月に一橋大学において受理された博士論文をもとにしている。審査をお引き受けくださった同大学木本喜美子先生，同大学小林多寿子先生，同大学山田哲也先生，静岡大学舩橋惠子先生（いずれも当時の職位）にお礼を申し上げます。

ミネルヴァ書房「現代社会政策のフロンティア」シリーズを前出の岩田正美先生にご紹介いただき，明治大学遠藤公嗣先生および岩田先生より査読において貴重なコメントをいただいた。それをもとに博士論文に加筆修正をし，本書を構成した。ミネルヴァ書房編集部堀川健太郎氏には，辛抱強く刊行に導いていただいたことに感謝したい。

本書では，以下のデータを使用している。

第3章　財団法人家計経済研究所「消費生活に関するパネル調査」（1993〜1997年）個票データ

第4章　日本女子大学現代女性キャリア研究所「女性とキャリアに関する調査」（2011年）個票データ

第6章　同大学現代女性キャリア研究所「セカンドチャンスと資格取得に関する調査」（2009年）個票データ

第6章および第7章　「女性のセカンドチャンスと夫婦関係調査」（2009年）データ

これらは，各機関の利用許可をいただき使用が可能となった。いずれにおいても，データ分析によって新たな発見が導き出され，思索が深まった。データ利用を許可していただかなければ，本書の刊行は実現しなかった。心より感謝したい。同時に，筆者が実施した第5章の調査も含め，インタビュー調査に協力いただいた方々にもお礼申し上げます。

なお，初出論文は次のとおりである。

第3章　「カップルにおける『経済的依存』の数値化——欧米の研究動向と日本における分析」『家族社会学研究』14(1)：37-48，2002年.

第5章　「妻の就業決定プロセスにおける権力作用——第1子出産前の夫婦

へのインタビューをもとにして」『社会学評論』58（3）：305-325，2007年．

　執筆を終えて，ようやく約束を果たせたような気がしている。私の関心に応えてそれぞれの体験を聞かせてくださった多くの方々の思いをこのまま埋もれされてはならない，と思い続けてきたからである。

　ここまでの道のりが順調だったわけではない。それでもあきらめるわけにいかないと思ったのは，女性が「働くこと」の難しさが今も何ら変わっていないからにほかならない。教育を受け，志をもって社会へ出ても，家庭生活との両立ができない。私自身が直面した課題は，子の世代になっても相変わらず改善されずに立ちはだかっている。なぜなのか。この現実に対する疑問がエネルギーとなった。本書では，「働くこと」をめぐって性別分業が実践される夫婦に焦点を当てることで，性別分業が維持されるメカニズムやその変容の可能性について検討してきた。十分とは言えないが疑問を解明するために必要な作業であったと考えている。

　ここにお世話になったすべての皆様方に心から感謝申し上げたい。最後に，私の無謀ともいえる冒険を温かく見守ってくれた，両親，妹，そして夫と息子たち家族にもあらためて感謝したい。多くの方々に助けられて本書を刊行することができたが，本書の内容に関する責はすべて著者個人に帰するものである。

　2017年8月

三 具 淳 子

人名索引

事 項 索 引

《著者紹介》

三具淳子 (さんぐ・じゅんこ)

1952年　生まれ。
2008年　一橋大学大学院社会学研究科博士課程単位取得退学。
2013年　博士（社会学）一橋大学。
現　在　日本女子大学現代女性キャリア研究所客員研究員・明治大学他兼任講師。
主　著　『なぜ女性は仕事を辞めるのか——5155人の軌跡から読み解く』（共著）青弓社，2015年。
　　　　『労働の社会分析——時間・空間・ジェンダー』（グラックスマン著，共訳）法政大学出版局，2014年。

現代社会政策のフロンティア⑫
妻の就労で夫婦関係はいかに変化するのか

2018年 5 月10日　初版第 1 刷発行　　　　　　　〈検印省略〉

定価はカバーに
表示しています

著　者　三　具　淳　子
発行者　杉　田　啓　三
印刷者　田　中　雅　博

発行所　株式
　　　　会社　ミネルヴァ書房
　　　　607-8494　京都市山科区日ノ岡堤谷町 1
　　　　　　　　　電話代表　(075)581-5191番
　　　　　　　　　振替口座　01020-0-8076番

ISBN978-4-623-07870-7

Printed in Japan

現代社会政策のフロンティア

岩田正美／遠藤公嗣／大沢真理／武川正吾／野村正實　監修

ミネルヴァ書房

http://www.minervashobo.co.jp/